U0500261

网球运动简明教程

吴松伟◎编著

WANGQIU YUNDONG
JIANMING JIAOCHENG

知识产权出版社
全国百佳图书出版单位

图书在版编目（CIP）数据

网球运动简明教程/吴松伟编著. —北京：知识产权出版社，2016.12

ISBN 978 - 7 - 5130 - 3462 - 3

Ⅰ.①网… Ⅱ.①吴… Ⅲ.①网球运动—高等学校—教材 Ⅳ.①G845

中国版本图书馆 CIP 数据核字（2015）第 081760 号

内容提要

本教材对网球运动的项目概述、教学理论及方法、基本技术、练习方法、项目常识和竞赛规则等方面进行详细介绍，并附简单易学、操作性强的练习手段和指导性强的练习提示，图文并茂，不仅方便教师教学，也可培养学生的自学能力，提高体育教材的利用率。同时附带对网球运动著名赛事、网坛名人和网球鉴赏等内容以及软式网球和短式网球的简单介绍，不仅能够满足学生的好奇心和求知欲，还拓展了学生的体育知识面。

责任编辑：刘雅溪   责任出版：孙婷婷

网球运动简明教程

WANGQIU YUNDONG JIANMING JIAOCHENG

吴松伟 编著

出版发行	知识产权出版社 有限责任公司	网 址	http://www.ipph.cn
社 址	北京市海淀区西外太平庄 55 号	邮 编	100081
责编电话	010 - 82000860 转 8128	责编邮箱	372584534@qq.com
发行电话	010 - 82000860 转 8101/8102	发行传真	010 - 82000893/82005070/82000270
印 刷	北京嘉恒彩色印刷有限责任公司	经 销	各大网上书店、新华书店及相关专业书店
开 本	787mm×1092mm 1/16	印 张	16
版 次	2016 年 12 月第 1 版	印 次	2016 年 12 月第 1 次印刷
字 数	280 千字	定 价	45.00 元

ISBN 978-7-5130-3462-3

出版权专有 侵权必究

如有印装质量问题，本社负责调换。

前　言

　　高雅文明的网球运动在世界各地正蓬勃开展，它是老少皆宜的体育运动项目。网球运动被称为除足球运动之外的世界第二大球类运动，与高尔夫、保龄球、台球并称为"世界四大绅士运动"。人们已把打网球当成一种健身娱乐、陶冶情操、丰富生活、促进身心发展的重要手段。随着我国国民经济的发展和人民生活水平的普遍提高，网球运动在我国也越来越得到普及和发展。

　　近年来，网球在我国普通高等院校中正成为广受学生欢迎的运动项目之一。网球已被列入体育专业、非体育专业本科公共体育课必修课程或选修课程。因此，系统地掌握网球的基础理论、基本知识和基本技能，对于做好学校体育和社会体育教育工作、促进青少年学生身心健康发展具有极大的意义。

　　作者在高校从事了10余年的网球训练、教练及教学工作，积累了丰富的理论、实践及教学经验。鉴于一直没有一本系统、完整并适合自己教学使用的网球教材，作者总结多年经验，根据网球教学的对象及特点，编写了《网球运动简明教程》一书。本书简洁明了，但内容丰富，且通俗易懂，系统、完整、全面地阐述了网球运动的专业基础理论、基本技术和技能要求，并力求结构完整，除可供网球教学使用外，还适宜培养中小学体育教师师资和广大基层网球工作者参考阅读使用。本书着重介绍重要的网球相关理论知识；点明网球各个技术的关键，讲解初学者易犯的错误及纠正方法，总结各个技术的主要练习方法以及临场运用要点；讲解了双打的配对与战术；提出了网球运动员所需的身体素质、心理素质及发展这些素质的练习方法。

　　与其他网球书籍不同的是，本书将大量教育学、心理学的知识与网球运动有机地结合起来，使书的内容更加生动饱满，使网球运动的教学和训练显得有理有据。本书附有简单易学、操作性强的练习说明和指导性强的练习提示，不仅方便教师教学，令学习变得简单有趣，还能培养学生的自学能力，提高体育教材的利用率。此外，本书还附录了网球竞赛的规则与裁判法，使其更具实用性。

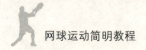

　　本书由湖北工程学院的吴松伟任主编，马顺江、熊友明任副主编。参加本书编写工作的人员有：马顺江（第八章、第九章），熊友明（第七章），吴松伟（第一章、第二章、第三章、第四章、第五章、第六章），陈新、方翔负责图片的拍摄工作，吴松伟负责最后的统稿工作。

　　在教材的编写过程中，得到了湖北工程学院的大力支持，同时编者参考了大量的相关著作和国内外许多优秀的研究成果，谨在此表示诚挚的感谢！由于时间仓促，编写人员水平有限，本书仍存在不妥之处，敬请各位专家、教师、读者批评指正。

编　者

目　录

第一章 网球运动的发展简况

第一节 网球运动的起源与发展

一、网球运动的起源

网球是世界四大贵族运动之一，其起源与发展可用四句话来概括：孕育在法国，诞生在英国，开始普及和形成高潮在美国，现在盛行于全世界。

网球运动起源于公元12—13世纪的法国，是由传教士发明的一种用手掌击打类似小球的物体的运动，方法是两人站在空地上，中间隔一条绳子，各自用手掌将用布包着头发制成的球打来打去，后来传入法国宫廷并改由用木板来拍打球。1358—1360年，法国王储将这种游戏使用的球赠送给英国国王亨利五世，英王对这项运动产生了很大兴趣，下令在宫中修建网球场。15世纪，穿弦的球拍诞生，场地中央的绳子也被改进成为网子；16世纪，古式网球成为法国的国球。

1873年，英国少校温菲尔德改进了古式网球的打法，并将场地从室内移至室外，后又制定了网球的打法，规定了球场大小和球网高低。1875年，英国板球俱乐部修订了网球比赛的规则，并于1877年举办了第一届温布尔登草地网球锦标赛，后来该组织把网球场规格定为23.77米×8.23米，球网中央高度为0.99米，采用古式室内网球"0、15、30、40"的每局计分法。1884年，英国伦敦玛丽勒板球俱乐部把球网中央高度定为0.914米，至此，现代网球运动在英国基本成熟。

1874年，在百慕大度假的美国女士玛丽·奥特布里奇在观看了英国军官的网球比赛后，对这项体育活动颇感兴趣，于是将网球规则、球拍和网球带到纽约。在美国，网球运动最初在东部各学校开展，不久就传到中部、西部，进而在全美范围内得到普及。

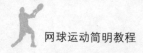

此时的网球运动已经由仅在草地上开展演变到可以在沙土、水泥地、柏油地面上举行比赛，于是"网球（Tennis）"的名称就慢慢取代了"草地网球（Lawn Tennis）"的名称，这是我们今天网球（Tennis）名称的由来。到 19 世纪 70 年代末，澳大利亚也开始进行网球比赛。1896 年，网球成为现代奥运会中最早的比赛项目之一。

1913 年 3 月 1 日，世界性网球运动的最高组织——国际网球联合会在法国巴黎成立。20 世纪 70 年代以后，网球运动取消了职业选手与业余选手的界限，增加了比赛的激烈程度，得到了一定程度的发展。同时，随着科技的进步，先进的器材不断被使用，网球技能战术水平提高迅速，涌现出一批批优秀选手。20 世纪 90 年代至今，网球运动更为普及，并朝着更强力量、更高速度以及综合型方向发展。随着网球各级赛事的奖金水平的不断提高，网球运动的职业化、商业化程度也越来越高。

进入 21 世纪后，我国女子网球在世界上也取得了不俗成绩，引人注目，如李婷/孙甜甜组合于 2004 年夺得雅典奥运会网球女双金牌，郑洁/晏紫组合在 2006 年夺得澳大利亚网球公开赛和温布尔登网球公开赛网球双打冠军。李娜更是在 2011 年夺得法国网球公开赛女子单打冠军之后，又在 2014 年夺得澳大利亚网球公开赛女子单打冠军，刷新了中国乃至亚洲的网坛历史。我国女子网球的骄人成绩对中国网球运动的发展有重要的影响，作为世界第二大运动的网球运动正以其无穷的魅力赢得越来越多的爱好者和观众。

表 1-1-1　网球运动千年历史大事表

事件	年代	地点	主要人物
网球雏形	公元前 5—6 世纪，也许更早	古希腊、古埃及、古代中国	
文学记载的网球游戏	11—12 世纪	法国某修道院	
室内网球形式	13—14 世纪	法国宫廷	
室内网球传入英国	约 1358—1360 年	英国宫廷	爱德华三世
室内网球发展及鼎盛时期	14—17 世纪	法国、英国、意大利等欧洲国家	英国国王亨利五世、亨利八世，法国国王查理二世
球拍的出现	16 世纪末—17 世纪初	法国民间	
橡胶球的出现	约 16 世纪末	法国	

续表

事件	年代	地点	主要人物
草地网球的出现	17 世纪末	英国	拥有私人领地的贵族
Elm 学院室内网球的衰败	18 世纪初	法国	法国国王
现代网球运动诞生的标志	1873 年	美国	温菲尔德上校
草地网球传入美国	1874 年	百慕大	玛丽·奥特布里奇
第一届温布尔登网球锦标赛	1875 年	英国伦敦近温布尔登	全英草地网球俱乐部

二、网球运动的发展

网球运动从宫廷走向社会并普及是在美国。1874 年，在英国百慕大度假的美国人玛丽·奥特布里奇被英国军官所打的网球吸引，并如饥似渴地学了起来，回国后就和她的哥哥埃米勒斯在纽约斯特誉岛的一个板球俱乐部的空地上设置了网球场练习起来。由于当时只有女性打网球，所以男性认为网球是女性运动，很少涉猎。但由于网球运动具有独特的魅力，逐渐在美国其他地区开展起来，不久便在纽约、纽波特、波士顿、费城等大城市传播开来。1881 年，世界上第一个全国性网球协会，即美国全国草地网球协会成立。该协会于当年8 月 31 日至 9 月 3 日在罗得岛纽波特港举行了第 1 届美国草地网球的男子单打和男子双打锦标赛，采用了温布尔登的比赛规则。参加比赛的有 26 人，单打冠军是理查兹·西尔斯（他连得 7 年冠军），双打冠军是克拉克与泰勒。1887年，美国开始举行草地网球女子单打锦标赛；1890 年，开始举行女子双打锦标赛；1892 年，开始举行混合双打锦标赛。

罗斯福任美国总统时期是美国网球运动发展最快的时期，他经常邀请陪同其骑马散步的朋友在白宫球场上打网球，所以人们称他为"网球内阁"，他还曾在全国修建了很多网球场来举行网球比赛。在第二次世界大战期间，其他国家的网球比赛都中断了，唯独美国不仅没有停止，而且还出现了发展的高峰，在极盛时期竟有 4000 万人参加网球运动。由于美国网球运动的历史基础好，直到今天，在世界网球大型比赛中美国运动员的比赛成绩及世界排名一直处于领先地位。

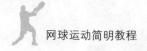

图1-1-1　网球运动的历史图片

1878年以来，草地网球逐渐由来自英国的移民、商人和驻军等传至全球范围内，如加拿大和斯里兰卡（1878年）、捷克斯洛伐克和瑞典（1879年）、印度和日本（1880年）、澳大利亚（1880年）、南非（1881年）。当时，爱好网球的人士绝大多数来自富裕的资产阶级。他们有条件在自家的草坪上设置网球场，作为他们社交活动的场所。在19世纪90年代中期，网球进入了初步发展的阶段，许多国家和地区组织了网球协会，并定期举行比赛。

1900年，21岁的美国网球运动员戴维斯为了推动现代网球运动的发展，捐赠了一只黄金衬里的纯银大钵，名为"戴维斯杯"。后来，它成为国际网坛声望最高的男子团体锦标赛的永久性流动奖杯，将每年的冠军队和队员的名字刻在杯上。当1920年奖杯被刻满名字后，戴维斯又捐赠了一只垫盒，此后又增添了两只托盘。

1904年，澳大利亚草地网球协会成立，并于1905年开始主办澳大利亚公开赛，设男子单打、男子双打2个项目。1922年又增加了女子单打、女子双打和混合双打3个项目。法国网球公开赛、英国温布尔登网球公开赛、美国网球公开赛和澳大利亚网球公开赛为全球最高级别的网球赛事，被称为"四大网球公开赛"。任何一名选手或一组双打选手只有在同一赛季中赢得这4个公开赛的冠军，才能获得"大满贯"优胜者的荣誉。

1913年3月1日，英国、澳大利亚、法国等12国的网协在巴黎召开会议，成立了世界网球的最高组织——国际网球联合会（ITF），总部设在伦敦。它主要协调国际网球活动，安排全年比赛日程，修订网球比赛规则并监督其的执行。1919年，网球运动中的抽签采用"种子"制度。1927年，英国首创无缝网球，使球速加快。1945—1960年，网球运动趋向职业化。1963年，开始举办联合会杯赛。1968 年，温布尔登首先实行不区分业余选手和职业选手的参赛制度。

20 世纪 50 年代，双手握拍击球技术被网球运动员采用，此后网球赛事比赛时间越来越长，争夺也越来越激烈。

20 世纪 70 年代以后，网球运动又得到了进一步的发展。其发展较快的主要原因如下：第一是允许职业选手参加温布尔登等公开赛，开创了职业网球巡回赛的先河，取消了职业选手与业余选手的界限，增加了大赛的激烈程度，从而促进了运动员技术水平的提高，吸引了广大网球爱好者从事该项运动的热情和观看、评论网球比赛的积极性。第二是高新科技在球拍等器材制造中的应用，带动了先进网球器材的生产并促进了网球技术水平的提高，同时也造就了一批年轻的优秀选手，从而促进了网球运动的快速发展。

1972 年，世界男子职业网球协会（ATP）成立。1973 年，世界女子职业网球协会（WTA）成立。

1896—1924 年间，草地网球曾先后 7 次被列为奥运会正式比赛项目。1924 年，由于在技术、设备和运动员资格问题上发生了争执，网球项目从此退出奥运会，直到 1984 年才作为表演项目又被列入奥运会。1987 年 5 月，在伊斯坦布尔举行的第 92 届国际奥委会全会上，网球被重新列入奥运会正式比赛项目。1987 年 12 月 23 日，国际网联召开会议，通过了关于职业运动员可以参加 1988 年第 24 届汉城奥运会网球比赛的决议，从此网球项目彻底回到了奥运会的大家庭。

进入 20 世纪 90 年代后，网球的发展有以下 4 个特点：一是普及度高，据有关资料显示，自 1990 年起在国际网联注册的组织协会就有 156 个；二是水平高，争夺激烈；三是随着器材的改革，尤其是球拍的研制，网球将向着力量型、速度型方向发展；四是随着网球各种大赛奖金额度的不断提高，网球的职业化、商业化程度会越来越高。总之，网球运动将以其无比的魅力和不断发展的技术赢得越来越多的爱好者和观众。

目前，由国际网球联合会、世界男子职业网球协会和世界女子职业网球协会三大机构举办的不同等级、不同年龄的各类网球赛事贯穿整个年度，三大机构共同遵循一个赛程安排计划，并互相协调各项工作。

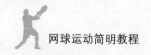

第二节　世界网球运动发展趋势

一、世界网球的发展特点

（一）网球运动发展迅猛

自19世纪末温布尔登网球锦标赛拉开现代网球运动的帷幕，网球运动一直以它特有的魅力吸引着越来越多的参加者。尽管这项运动对场地与器材条件要求较高，仍不能阻挡其成为一项世界性的热门运动。人们普遍认为，网球在各项球类运动中的地位仅次于足球，这种看法并不夸张，尤其是在欧美地区，网球运动的普及度几乎是任何其他项目无法比拟的。如在美国、法国、英国、德国、瑞典、澳大利亚、西班牙等一些网球运动传统强国中，人们对网球运动的热情仍与日俱增，从修建的网球场地看，确实称得上星罗棋布。据统计：仅截至1983年，美国经常打网球的就有4000多万人，其中青少年占一半；意大利有3000多个网球俱乐部，会员达100万人；法国打网球的人更多，仅俱乐部的会员就有150万人。至于网球场地，据美国1960年统计，仅加利福尼亚州的21所大学就有452片；人口只有600多万的瑞士，1971年有1384片网球场，到1980年增加到2589片。在亚洲地区，网球运动的开展规模虽比不上欧美国家，但仅从几个统计数字亦可窥见其在人们心中的突出地位。众所周知，中国香港地皮紧缺，寸土寸金，但到1980年，已有110多片网球场地；而在我国台湾地区，仅台北市就有172片网球场，网球协会的登记会员已达14950人。进入21世纪后，随着网球运动的进一步普及和优秀青少年网球选手的不断涌现及其在国际大赛中产生的巨大影响，一个世界性的网球热潮已经形成。

（二）网球赛事举办频繁

在世界体坛所有体育项目的比赛中，网球比赛赛程安排最为活跃。虽然它曾长期徘徊于奥运会比赛门槛之外，但这并不能阻碍网球运动的蓬勃发展和网球比赛的日渐增多。特别是从1968年规定职业和业余网球运动员均可参加同一比赛以后，网球比赛的次数和名目日益增多，有锦标赛、大奖赛、挑战赛、巡回赛、卫星赛等分类，在世界范围内几乎每周都有这种大型的国际网球赛。

在国际性的网球大赛中，影响大、水平高、久负盛誉的重大比赛为：温布尔登网球锦标赛、美国网球公开赛、法国网球公开赛、澳大利亚网球公开赛和戴维斯杯赛、联合会杯赛。前 4 个是单项比赛，号称世界"四大网球公开赛"，并均为"大满贯"比赛项目，各设男、女单打，男、女双打和混合双打5 个冠军。比赛采用淘汰制，男子为 5 盘 3 胜制，女子为 3 盘 2 胜制。戴维斯杯赛和联合会杯赛分别是男女团体比赛，比赛场次规定为 4 场单打和 1 场双打，在 5 场中先赢 3 场者为胜。这 2 个比赛被公认为是最重大的国际团体锦标赛。上述 6 个比赛都得到国际网联的正式认可，每年举行 1 次。"四大网球赛"以个人名义参加，设高额奖金；戴维斯杯赛和联合会杯赛以国家或地区为单位参加。为确保参加这 2 个团体比赛最后决赛阶段的参赛队都是世界最高水平的队伍，各赛区在赛前都会进行相应的选拔赛，如亚洲的加法尔杯网球赛、欧洲的男子团体杯赛等。

（三）网球运动奖金丰厚

网球运动之所以成为当今世界的热门项目，除了其本身特有的魅力之外，另一个重要因素是国际网球比赛大都设有高额奖金。特别自允许职业网球选手参加各种赛事以来，其奖金数额更是逐年增多。而这些球星在球场之外的收入则更令人瞠目，如伦德尔曾签下了一项使用日本美津浓网球拍为期 6 年的广告合同，其广告费就为 1500 万美元。而贝克尔曾与彪马公司签订了一项广告合同，获得 2000 多万美元收入。数额惊人的奖金和球星们的丰厚收入，自然会吸引更多的关注，这项运动也必然会在世界产生巨大的反响。

（四）世界网球组织机构合理

赛事频繁、奖金惊人的世界网球运动，由谁来组织安排呢？自然是能够驾驭国际网坛的组织机构，首先是国际网球联合会（下文简称国际网联）。它成立于 1912 年 3 月 1 日，总部设在巴黎，其成立的时候只有澳大利亚、英国、法国等 12 个国家的网协代表参加，现在已发展为至少拥有 60 多个会员国和 30多个非正式会员国的大型组织，主要负责组织最高层次的"四大网球公开赛"和戴维斯杯及联合会杯团体赛。1972 年，由 60 名男子职业网球选手组建了"国际男子职业网球协会"，同时规定其会员必须是名列世界前 200 名的网球运动员。该会成立的目的是维护职业网球运动员的利益，为他们提供比赛的机会和高额奖金，并发行《国际网球周刊》。1973 年，女子职业网球运动员又组建了国际女子职业网球协会。该协会为女子职业选手提供比赛条件，为她们获取健康和伤残保险。随后，为适应国际网坛繁多的比赛，又成立了国际男子职业网球理事会（后更名为男子网球理事会）。该理事会是由国际网联、网球职

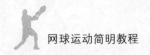

业协会和竞赛大会代表 3 方面共 9 人组成的一个执法实体，商议并制定一系列规章制度，审核有关部门、地区或单位有无实力与资格举办职业性比赛，以及运动员的参赛资格等，统辖全年 90 多项由职业选手参加的各种大小型国际性比赛，该理事会在 20 世纪 80 年代拥有绝对权威。

进入 21 世纪后，"网职协"已有自成体系的趋势。他们包揽了每年 75 项以上的国际性职业比赛，并出版发行每年 52 期、总订购价为 600 美元的《世界网球排名表》，以扩大网球的社会影响力，为职业选手争取更多的利益。当然，他们对"四大网球公开赛"和戴维斯杯赛十分尊重，也绝无插手之意，因为这几项最高层次的比赛是由国际网联负责安排的。

当今世界体坛上，网球比赛能如此活跃，奖金数额能如此惊人，著名职业球星能获得如此巨额收入，显然与这些国际网球组织根据形势的发展与需求互相配合、协作，同时又充分发挥各自的作用与效能有着直接的关系。

（五）网球运动群星荟萃

在现代网球运动 100 多年的发展进程中，曾涌现了许多杰出的选手，他们以自己的天才、勤奋及创造精神，为网球运动技战术的进步与发展做出了卓越的贡献；以其超群的技艺与竞技能力赢得了比赛胜利，一次又一次登上了世界冠军的领奖台，成为世人仰慕的璀璨球星。如在男子比赛中，美国的威廉·塔特姆·蒂尔登，曾于 1933 年以炮弹式的快速发球，使网球运动进入了新的发展阶段；第一个男子"大满贯"优胜者——美国的巴奇以攻击性发球、快速截击、强劲的抽球、准确的落点和敏捷的动作，形成了能攻善守的最早的全面型打法；20 世纪 40 年代末至 50 年代初，美国运动员杰克·阿尔伯特·克雷默最早成功地使用上网打法而被后人所肯定；世界著名球王——瑞典的博格以其冷静、顽强和独具一格的打法，在法国公开赛中 6 次折桂、温布尔登赛中连续 5 次夺魁；在女子网坛中，澳大利亚选手杰克·克莱福特因在 1933 年的比赛中赢得了澳大利亚、法国和温布尔登网球公开赛的 3 项冠军，并有希望在美国公开赛的决赛中取胜，而使人们首次提出"大满贯"的称谓，并确立了"大满贯"的"四大网球公开赛"项目；第二个"大满贯"项目的锦标赛得主——美国的康诺利曾于 20 世纪 50 年代获得了 9 次"大满贯"；第三个"大满贯"获得者——澳大利亚姑娘玛格丽特·蕾特，自 1960—1973 年共赢得 25 次国际性比赛，长期称雄国际女子网坛；美国的劳埃德于 1974 年以"深、快、准"的底线抽杀和双手反拍击球的绝招，一举获得温布尔登、法国和意大利公开赛的 3 项桂冠，并以一年连赢 50 场的比赛纪录首次登上了世界"网球皇后"的宝座，随后又雄踞宝座达 7 年之久。这些国际网坛的超级明星大都在一个时期甚至是整个时代中称雄世界网坛，在现代网球史上闪耀着灿烂的光辉。

进入 20 世纪 80 年代，世界网坛的竞技场上出现了一种新趋势，并形成了一种新格局，即随着网球运动的普及，新秀在不断地崛起，随着一个个网球明星的飞升，老将、球王面临着日趋严峻的考验和猛烈的冲击。球王的霸主时代在缩短，一人长期雄踞网坛霸主地位的一统天下的局面被突破。

自 1981 年声名赫赫的一代球王博格被美国球星麦肯罗拉下宝座之后，曾有人声称，世界男子网坛的麦肯罗时代开始了。然而，他第二年却败在了宿将康纳斯的拍下，尽管麦氏于 1983 年重新将桂冠夺回，并将这种荣誉保持到 1984 年，但他称霸世界网坛前后却只有 3 年时间。到 1985 年，便进入了伦德尔时代。伦德尔这位颇具智慧与修养的著名球星，虽然直到 1990 年仍在世界网坛上驰骋，被国际网联排为世界头号种子选手，而他保持霸主地位的时期也只不过在 1985—1987 年，并且他还与温布尔登大赛的冠军无缘。到 20 世纪 80 年代末，一人称雄网坛的局面彻底破裂，世界男子网坛呈现新秀崛起、群星璀璨、名将争雄的局面。联邦德国的贝克尔、瑞典的埃德博格和韦兰德、美国的契斯德科夫、法国的诺阿、捷克斯洛伐克的迈奇尔、南斯拉夫的伊万尼塞维奇以及阿根廷的曼奈尼等，都是颇具实力并曾分别夺得 2 次或 3 次温布尔登赛的冠军。20 世纪 90 年代的世界网坛似乎将形成以贝克尔和埃德博格对峙和争霸的局面，然而 1991 年却是由伦德尔、桑普拉斯、哥麦斯分获了澳大利亚、美国和法国公开赛的冠军，其他球星也有过击败世界前 3 名种子选手取得国际大赛冠军的成绩。20 世纪 90 年代至今，世界男子网坛仍然呈现群星争辉的格局。

20 世纪 80 年代的世界女子网坛中，美籍捷克斯洛伐克选手拉芙纳蒂洛娃不愧是最杰出的网球巨星，自 1982 年她从劳埃德手中夺下"网坛皇后"的宝座，直到 1986 年她都统治了世界女子网坛。1987 年，联邦德国 17 岁的新秀格拉夫崛起，在法国网球公开赛上首次战胜了拉芙纳蒂洛娃，并以女子网坛有史以来的第三位"大满贯"锦标得主的战绩于 1988 年成为新的"网坛皇后"。而 20 世纪 80 年代末的世界女子网坛也像男子网坛一样，出现了老将名宿不甘泯没、小将新星竞相升腾、群星璀璨的新格局。自 1989 年始，格拉夫的皇后宝座出现了大角度的倾斜：4 月在博士伦大赛上受挫于阿根廷 17 岁的选手萨巴蒂尼；6 月两败于西班牙 17 岁姑娘桑切斯的拍下，痛失法国网球公开赛的

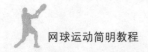

冠军；11 月在其本土举行的女子网球邀请赛上半道受挫，冠军被南斯拉夫 15 岁的姑娘莫妮卡·塞莱斯夺走。网坛巨星拉芙纳蒂洛娃发誓要第 9 次夺取温布尔登公开赛冠军，美国老将劳埃德则力争在世界大赛中有个好的结果。新星升腾，老骥伏枥，世界女子网坛上一人当"皇后"的一统天下的格局已经突破，随之而来的 90 年代也是群芳争艳的新局势。20 世纪 90 年代后期，世界女子网坛最耀眼的明星当属瑞士姑娘辛吉斯。她 14 岁成为职业网球运动员，1996 年获温布尔登公开赛双打冠军；1997 年，年仅 17 岁的辛吉斯获得澳大利亚公开赛、美国网球公开赛冠军和法国公开赛亚军，世界排名升至第一位。辛吉斯在网球场上不仅击球凌厉，而且头脑冷静，善于判断场上形势，常打出落点很深、角度很大的球，人们常说她是用脑打球。进入 21 世纪，随着美国姑娘卡普亚蒂的复出，威廉姆斯姐妹的日渐成熟，以及一大批更年轻、更有力量的青年选手的涌现，像辛吉斯这样以技术见长而力量不足的运动员已很难在比赛中取得好成绩。

（六）网球技战术朝着综合全面方向发展

网球运动自有了比赛以来，各种打法的流派经过多年的演变使网球技术产生了很大变化并得到了迅速发展。近年来，技术发展的一个突出特点就是从防御转变为进攻。例如，过去典型的打法是正手进攻，反手只是防御，反手大多为下旋击法，而正手也只是平击式击球，变化不多。如今，正反手大都采用上旋击法，加大了球落地后的前冲，使对方回击困难。同时，发球技术也采用了大角度的切削发球，使对手更难以回击。此外，各种打法都越来越注重速度和力量，从而加强了进攻的威力。

由于进攻性网球技术的发展，网球比赛变得越发激烈。目前，比赛双方的攻守技术又提高到了一个新的水平；各种打法力求技术全面，突出特点；发球讲究力量大、速度快、落点准并旋转多变；正反手技术日趋平衡，大力上旋抽击被普遍采用；网前进攻和底线破网技术讲求质量，每个优秀选手都能灵活运用几套攻守战术。网球技术正朝着综合战术进攻型的打法发展。

附：《世界网球排名表》简介

《世界网球排名表》实质上是世界网球选手的"浮动金榜"。它根据职业网球运动员在世界网球比赛中所处的地位不停地进行着名次排列，并每周公布一次男子名次，每两周公布一次女子名次。每次公布的名次以其在过去 52 周内比赛的成绩通过电子计算机统计出来的数据为依据，名次排列的方法是按照总的比赛得分数除以参加比赛的场次，以所得平均分值的方法来确定名次的先后。这种排名方法能有效地促使世界优秀选手参加各种级别的网球比赛，从而保证这些国际比赛的高水准和其对观众的吸引力。同时，许多著名球星也把自己在国际网坛的排名位置视为一种比奖金更有价值的荣誉。为此，他们力求在各种级别的国际比赛中打出好成绩，以向世界展现其运动技艺和风姿，同时也可据此取得代表本国或本地区参加世界网坛最高级别的比赛——戴维斯杯及联合会杯团体锦标赛的资格。

当然，这个浮动金榜也另具其他内涵，那就是榜上名次的升降在决定选手能否参加某一个重要比赛的同时，还影响着他们在体育用品行业中的广告价值。不管怎样，"浮动金榜"上产生的世界头号种子，确确实实是在各种国际比赛中拼斗出来的最高水平的世界球星。排名对推动整个网球运动水平的不断提高至关重要。

二、现代网球运动的特点及发展趋势

（一）现代网球运动的特点

1. 比赛的商业化、职业化刺激网球运动的高速发展

重大的网球比赛一直不允许职业球员参加，直到 1986 年国际网联取消了这一禁令，世界各大赛事便充满了商业色彩。如今，澳大利亚、温布尔登、法国和美国四大网球公开赛和不同级别的大奖赛、巡回赛、大满贯杯赛和独资赞助的大赛的奖金额都高得惊人。在高额奖金刺激下，优秀网球选手的职业化和早期专项训练推动了网球训练的变革和技术水平的提高。

2. 比赛场地的多样化促进运动员的技术更加全面

沥青混凝土涂塑硬场地广泛使用于各大网球比赛，场地上的球速快，适于进攻型打法。英国的温布尔登公开赛场地是草地球场，法国公开赛仍用土地，此外还有人造草地、合成材料制成的地毯等新型场地。不同性能的场地的球速和弹跳规律不同，跑动步法和调整方式也不同，要求运动员具有广泛的适应能力，从而促进了运动员的技术更加全面。

3. 各项攻防技、战术不断创新和发展

在技术上，双手反拍大大加强了反拍的攻击力，攻击性上旋高球现已发展

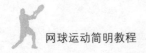

为反拍攻击性上旋高球，提高了防范能力。鱼跃截击球技术、双打中的扑抢网技术、用快速起跳高压来对付攻击性上旋高球等高难度技术不断出现。发球上网战术在快速场地上的运用推动着接发球破网技术的更新。为了取得更好的比赛排名，各国运动员都力争保持更短的战术更新周期。

（二）现代网球运动的发展趋势

1. 世界男子网球发展趋势

1）底线型打法成为主流

目前，为了使网球运动更富于观赏性，达到进一步普及其的目的，网球的体积已经变大，更多的赛事则会选择球速较慢的场地，这样一来，单靠大力发球、大力击球、随球上网取得佳绩的可能性越来越小。发球上网型打法就是以强有力的发球致使对手的回球质量差，从而形成网前有利的攻势。而今，运动员的各方面技术都有了长足的进步，尤以接发球技术最为突出。优秀球员们可把时速达 200 千米以上的发球接回至对方场地的任何一个角落，给对手上网增加了极大的困难，而且经常直接发球得分。网球体积的增大，相应地减慢了球速，增加了击球的回合，这对底线型打法有利，运动员们利用精湛的底线技术和对手打拉锯战，从容化解对手的截击，并打出漂亮的穿越球，给上网选手造成一定的压力；另外，大球也降低了运动员发球的威力，增大了上网截击的难度。这样一来，底线型打法已经成为目前网坛打法的主流，选手在底线打上 3 小时以上的拉锯战已属常见，更有甚者如 2003 年澳大利亚网球公开赛中，美国选手罗迪克和摩洛哥选手阿诺依的比赛打了 5 个多小时，成为一段佳话。

2）技术向精细、全面的方向发展

在比赛中，运动员之间的攻防经常转换，主动与被动经常交替。为了适应这种制约与反制约的需要，运动员必须力求技术向全面而精细化的角度发展，这是网球技术发展的一大趋势。当今运动员更注重发球技术的精细化，将球的旋转变化和发球角度很好地结合在一起。另外，击球回合不断增加，运动员更多地通过提早击球时间、击打精准的落点及极佳的球速以占得先机；这些以上旋球为主的全面型球员正凭着出色的接发球、网前截击、穿越球、放小球以及滑拍等精细而全面的技术主宰着男子网坛。

2002 年的上海网球大师杯赛中，8 位选手无论在网前、底线还是在正手、反手等传统的技术上都很全面，没有什么漏洞。就发球而言，每位选手并不是一味地追求速度，时速在 190 千米以上的发球颇为罕见，而时速在 150～170 千米的发球直接得分现象时常可见。这并不是说现代网球运动员的发球技术不及前人，而是当今运动员更注重发球技术的精细化。

3）快速灵活的步法和充沛的体能是获胜的重要保障

随着底线型打法逐渐占据网坛的主导地位，步法和体能在比赛中就显得尤为重要，成为取得胜利的重要保障。快速灵活的步法一方面可使运动员及时、准确地找到最佳击球点，提高击球质量，还能救起许多令对手认为是制胜球的来球，从而在技术和心理上不断给对手增加压力。另外，由于赛事日趋频繁，底线型打法对运动员的体能提出了更高的要求，要求其体能一定要跟上网坛发展的需要。

4）稳定的心理素质和顽强的意志品质成为取胜的关键

稳定的心理素质和顽强的意志品质是取胜的关键。随着现代网球运动的高速发展，运动员职业化进程不断加快，各国教练员运用了大量科学手段最大限度地挖掘运动员各方面的潜能。所以当今世界级高水平运动员在身体、技战术等方面都不会出现太大差距，而在身体、技术等方面十分相近的情况下，比赛的胜负往往决定于一两球之间，此时运动员的心理因素对比赛的影响很大。高水平选手之间的较量更是心理素质与意志品质的较量，谁心态稳定、捕捉机会的能力强，谁就能赢得比赛。

2. 世界女子网球发展趋势

当今世界女子网球运动的发展和男子网球运动的发展基本一致，即技术向精细、全面的方向发展，打法以底线型为主，既要拥有快速灵活的步法和充沛的体能，更要有稳定的心理素质和顽强的意志品质。除此之外，女子网坛的另一个比较明显的趋势就是力量型选手占主导地位，技术动作男性化。世界女子职业网球协会排名前几位的选手无一不是力量型选手的杰出代表。例如，美国的大威廉姆斯的发球速度令许多男子选手都咋舌，达到每小时 200 千米以上。女子技术动作男性化是女子网球运动的发展趋势。我们说当今女子网坛力量型打法占主导地位的同时，并不否认技术的重要性，像美国的威廉姆斯姐妹等人不仅力量占优，而且底线技术几乎与那些技术型选手一样出色，再加上灵活的步法和充沛的体能，必然获得优异成绩。

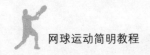

第三节　世界网球运动的重要组织、重大赛事和网坛人物

一、重要国际网球组织

上文已提及，现代网球运动至今已经有 100 多年的历史，从最初只在几个国家开展到目前的近 160 个国家均有参与，技术水平越来越高，规则不断完善，这些都是在世界网球有关组织的统一指导下进行的。世界网球组织主要有以下 3 个：

（一）国际网球联合会

国际网球联合会，英文全称为 International Tennis Federation，缩写为 ITF。它是最早的国际网球组织，成立于 1913 年 3 月 1 日，是世界网球组织的最高权力机构，其主要职责是：负责有关网球比赛的一切事务；负责制定网球规则；为发展中国家的网球教练员开设培训班；推进各国网球协会搞好本地区网球运动的普及；提高人们对网球的兴趣，吸纳更多的人参与网球运动，促进世界网球运动的发展。

国际网联不仅负责组织和管理一年一度的戴维斯杯世界男子团体赛、联合会杯世界女子团体赛和每年的澳大利亚、温布尔登、法国和美国四大公开赛，而且还负责奥林匹克网球比赛最后阶段的比赛事务，16 岁以下的国际男、女青年网球团体赛——世界青年杯赛、世界少年杯赛，世界老年网球锦标赛，女子巡回赛，发展巡回赛，卫星巡回赛，挑战赛等 200 多项赛事。国际网联由它的理事会负责管理。此理事会由网协会员代表组成，并通过常务理事会制订下一年度国际网联的工作计划。常务理事会中的正式会员都是网球运动比较发达的国家，而且有资格参加戴维斯杯和联合会杯比赛，中国网球协会是正式会员之一。国际网联管理委员会是国际网联的最高权力机构，管理委员会每年选举一次，除执行主席和执行副主席外，其他委员均为名誉身份。管理委员会中必须有大满贯赛所在国的代表，并且至少有一名来自亚洲、南非、巴拿马运河以北的国家代表及两名来自欧洲和一名来自非洲的代表。

（二）世界男子职业网球协会

世界男子职业网球协会，英文全称为 Associational of Tennis Professional，缩写为 ATP，成立于 1972 年。它号称"球员工会"，是世界男子职业网球运动员的"自治机构"，其任务是协调职业运动员和赛事之间的伙伴关系，并负责组织和管理职业选手的积分、排名、奖金分配，以及制订比赛规则、给予或取消选手的参赛资格等工作。

世界男子职业网球协会每年所举办的主要大赛有：四大公开赛、大师赛前身"超级九项赛事"、锦标系列赛、挑战赛等80项左右的赛事，分别在6大洲34个国家举办；其中最著名的大师赛事是利普顿锦标赛、新闻周刊杯赛、蒙特卡洛公开赛、松下德国公开赛。为了保证赛事质量，ATP与排名前10位的选手都签订了合同。合同规定这些球员必须准时参加以上赛事，不能在同一时间参加其他低级别的比赛。每年的11月15日在德国法兰克福由8名世界顶尖高手参加的IBM/ATP世界锦标赛总决赛和11月22日在南非约翰内斯堡举行的世界男子双打锦标赛，这两项比赛将决定谁是本年度的单打头号种子和双打头号种子选手。

1990年，ATP曾先采用"最佳14项比赛体系"的电脑排名制度，女子网球协会也采用了与此类似的记分方法。ITF没有自己的排名，但它承认上述两组织的排名是最具权威性的网球选手排名。

"最佳14项比赛体系"的电脑排名方法，只计算运动员在52周内成绩最佳的14项赛事的分数，加上击败排名较高选手的奖励分，以其总分数为排名基数。

（三）世界女子职业网球协会

世界女子职业网球选手协会，英文全称为 Women's Tennis Professional Association，英文缩写WTA。它成立于1973年，是世界女子职业网球选手的自治组织，其主要任务是组织职业选手参加各种比赛。WTA负责的比赛有WTA年终总决赛、各项公开赛、巡回赛等，如意大利公开赛、德国汉堡公开赛、法国斯特拉斯堡公开赛等，全年有60项左右的赛事。WTA管理职业选手的积分、排名、奖金分配，协调与赞助商、赛事主办者之间的关系等与选手有关的一切事务。WTA的年终排名由在美国纽约举行的WTA世界锦标赛最终确定，世界上只有16位选手有资格参加。

表1-3-1　网球百科

第一届美国网球公开赛	1881 年	美国罗德岛新港	
第一届法国网球公开赛	1891 年	法国罗兰加洛斯	
第一届奥运会网球赛	1896 年	希腊雅典	
妇女进入奥运会网球项目	1900 年	法国巴黎奥运会	

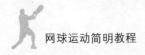

续表

第一届戴维斯杯	1900 年	法国巴黎	美国队队长戴维斯
第一届澳大利亚网球公开赛	1905 年	澳大利亚墨尔本	
ITF 成立	1913 年	法国巴黎	国际草地网球联合会
第一次"大满贯"称呼出现	1933 年	美国网球公开赛	
铝合金拍子出现	20 世纪 50 年代	美国	
国际网球名人堂建立	1954 年	美国罗德岛新港	
第一届联合会杯	1966 年		
ATP 成立	1972 年	美国	
WTA 成立	1973 年	美国佛罗里达州圣彼德斯堡	
职业球赛最后一柄木头拍	1984 年	美国公开赛	
碳拍出现	20 世纪 80 年代	美国	

二、重要国际赛事

(一)团体比赛

1. 戴维斯杯——男子团体比赛

戴维斯杯赛就是世界男子网球团体赛(世界最高水平),它由美国青年德威特·菲利·戴维斯于 1990 年创办,当时他是哈佛大学的学生。第 1 届比赛在波士顿举办,当时只有美国和英国参加。戴维斯杯赛的赛制类似主、客场制,两队首次交锋,由抽签来决定在哪个国家比赛,以后再相遇则改在另一国家比赛,因此该比赛深受参赛国的欢迎。参赛国的网球协会不仅能获得电视转播费,而且在本国比赛还可以出售门票、比赛纪念品等,此收入可用于本国网球运动的普及和提高。戴维斯杯比赛采用 4 单 1 双的 5 场 3 胜制。比赛分 3 天进行,第一天 2 场单打,第二天 1 场双打,第三天 2 场单打。第一天和第二天的比赛采用 5 盘 3 胜制,第三天的比赛采用 3 盘 2 胜制。

2. 联合会杯——女子团体比赛

联合会杯网球赛是每年一度的世界女子网球团体赛(世界最高水平),它于 1963 年为庆祝国际网联成立 50 周年而创办。联合会杯与戴维斯杯齐名,一个是女子网球团体赛,一个是男子网球团体赛,都是每年检阅各国网球整体实力的规模最大的比赛。联合会杯比赛中参赛国集中在主办国,在一周内决出当年的优胜队。比赛由 2 场单打和 1 场双打决出胜负,以淘汰制办法进行。随着女子网球运动的不断发展，参加联合会杯比赛的队伍逐年增加，因此国际网联决定从 1992 年开始采用类似戴维斯杯赛的比赛办法，即前一年联合会杯网球赛的前 16 名作为本年比赛的直接参赛队，后 16 名决出 12 个队参赛，另外，通过组织各大洲分区赛产生 4 个队，参加当年的联合会杯赛。1995 年又采取新赛制，比赛办法与戴维斯杯赛相同，先进行分区预选赛，各区优胜队晋升到世界组进行下阶段比赛。获得联合会杯网球赛冠军次数较多的国家有美国、澳大利亚、捷克斯洛伐克、西班牙等。

3. 霍普曼杯——男女混合团体赛

与久负盛名的戴维斯杯和联合会杯相比，霍普曼杯的名字还不是很响亮。它是以澳大利亚网坛传奇人物霍普曼的名字命名的世界网球混合团体赛，其地位相当于羽毛球的苏迪曼杯。1996 年霍普曼杯被国际网联正式承认为官方的世界混合团体赛，虽然其影响力暂时不足，但相信今后它将会越来越受到重视，比赛也将更加精彩。

（二）世界四大网球公开赛

世界四大网球公开赛，简称四大满贯（Grand Slam Tennis），包括澳大利亚网球公开赛、法国网球公开赛、温布尔登网球锦标赛和美国网球公开赛。世界四大网球公开赛各具特色，而其中蕴含的文化气息也别具一格，澳网的百年成长、法网的浪漫与性感、温网的贵族运动传统、美网的星光与豪华，都令世界各地的球迷流连不已。

1. 温布尔登公开赛

温布尔登公开赛由全英俱乐部英国草地网球协会于 1877 年创办，是现代网球史上最早的比赛。首次正式比赛是在协会所在地伦敦郊外温布尔登镇举行的第一届全英草地网球锦标赛，比赛只限本国人参加，是一种国内赛事，只设男子单打，冠军奖杯叫"挑战杯"。之后公开赛定于每年的 6 月最后一周至 7 月初举行。1879 年增设男子双打，1884 年增设女子单打，1999 年又增设女子双打和混合双打。1901 年才接受国外选手参赛，当时只限于英国自治领地的国家参加，1905 年开始对其他国家开放，美国、法国等其他国家选手才得以跨海来参加比赛。1922 年温布尔登锦标赛进行了两项意义重大的改革：一是修建可容纳 1.5 万名观众的中央球场；二是废除了"挑战赛"，从这一年起，男子必须从第一轮打起，连胜 7 场比赛，女子必须连胜 6 场比赛，方可获得冠军。

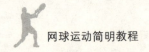

2. 法国网球公开赛

虽然法国开展网球运动最早，但法国第一届网球锦标赛却比全英网球锦标赛晚 14 年，于 1891 年在巴黎西部罗兰·卡洛斯的体育场举行，开始时也只是国内的比赛，到 1925 年才对外开放，成为又一重要的国际赛事。比赛安排在每年 5 月下旬至 6 月上旬举行，因此它又是大满贯赛事的第二大站比赛。法国网球公开赛已经有 100 多年历史了，除了两次世界大战期间被迫停赛 11 年外，其余 90 多年均是每年举行一届。赛事规定每场比赛采用 5 盘 3 胜淘汰制，而罗兰·卡洛斯的球场属于慢速红土场地，利于底线对拉，所以一场比赛打上 4 个小时习以为常。在这样的球场上要获得优胜并不容易，球员必须有超群的技术和惊人的毅力。

3. 美国网球公开赛

首届美国网球公开赛于 1881 年在美国罗得岛新港举行，彼时只有男子单打，每年举办一届，通常在 8 ～ 9 月间举行，开始名为"全美冠军赛"。1915 年起移至纽约林山进行比赛，1970 年改为"美国网球公开赛"，1968 年成为国际四大公开赛之一，是公开赛一年中最后举行的大赛。由于美国网球在世界的地位和高额奖金，以及中速硬地场地，每年它都会吸引众多高手参加，影响力仅次于温布尔登公开赛。

4. 澳大利亚网球公开赛

澳大利亚网球公开赛是四大公开赛中最迟创建的赛事。第一届比赛于 1905 年在澳大利亚墨尔本的威尔霍斯曼板球场举行，当时比赛只设男子赛，女子赛始于 1922 年。在创办后相当长的一段时间里，公开赛的冠军均为本土运动员获得。刚开始举办比赛时使用的是草地网球场，到 1987 年才改为塑料场地。由于是硬地网球场，所以打法全面的选手可以占到一定优势。硬地网球场不仅有利于底线抽击，也适合发球上网，既适合打上旋球和下旋球，也适合吊高球和放短球。澳大利亚网球公开赛由澳大利亚网球运动中心管理，它是每年四大公开赛中开始最早的赛事，比赛安排在年初 1 ～ 2 月举行，正值澳大利亚的盛夏，气候酷热，比赛场地温度高达 60℃。由于赛地远离欧美大陆，欧美选手都不愿长途跋涉来参加比赛。然而到 1968 年国际网球职业化后，它被列为四大公开赛之一，得分和奖金均高于一般巡回赛事，总奖金高达 620 万美金，其中男单冠军的奖金为 36 万美元，其身价的提高使之成为世界上的主要赛事。

（三）年终总决赛

1. ATP 年终总决赛

ATP 总决赛制度始于 1970 年，当时的名称是"精英赛"（The Masters）。精英赛每年年底在不同国家举行，只有在全年比赛中成绩最好的几位选手才有资格参赛。获得参赛权本身就是对选手一年成绩的褒奖，更何况还有奖励的分数和丰厚的奖金，因而比赛规模虽小却极受选手们重视。ATP 的年终排名由每年 1 月在德国汉诺威举行的 ATP 世界锦标赛最后确定，只有获得世界排名前 8 名的选手才有资格参加。对这 8 名选手来说，能有资格参加这项赛事本身就是一种荣誉。ATP 的双打排名由在美国哈特福德举行的 ATP 双打锦标赛最后确定。

2. WTA 年终总决赛

WTA 年终总决赛制度诞生于 1972 年 10 月，于每年的 10 月末左右进行，它是由 WTA（女子职业网球协会）设立的、代表着女子网坛最顶尖水平的赛事。刚开始时单打采取 16 人的淘汰赛制，但从 1977 年起改为 8 人的小组循环赛制。进入 20 世纪 90 年代后曾经再度改为淘汰赛制，直到 2003 年这项横跨欧美大陆的赛事才恢复到小组循环赛制，即入围的 8 名选手通过抽签分为红白两组，通过小组循环赛决出各组的前两名，之后交替进行半决赛（即红组第一名对阵白组第二名，红组第二名对阵白组第一名），胜者将通过决赛决出最终的冠军。双打则为 4 对组合入围，直接抽签进行半决赛、决赛。

赛事奖金也逐年创新高，从 1972 年的 10 万美元提升至 2014 年的 650 万美元。在近几年举办地点相继落户多哈、伊斯坦布尔后，2014—2018 年连续 5 年将落户新加坡。值得一提的是 1984—1998 年 WTA 年终总决赛中的决赛采取的是 5 盘 3 胜制，这在女子网球史上极为罕见。直到 1999 年决赛又恢复为 3 盘 2 胜，一直持续到现在均为 3 盘 2 胜制。

附：网球赛事级别一览（挑战赛和总决赛除外）

（一）大满贯

由 ITF 主办的四大网球赛事级别最高，奖金总额超过 2000 万美金，冠军可以获得 2000 分的排名积分。

赛事：澳大利亚网球公开赛、法国网球公开赛、温布尔登网球公开赛、美

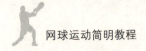

国网球公开赛。

（二）皇冠赛

由 WTA 主办的最高水平的网球赛事，奖金和积分也是 WTA 巡回赛中最高的，冠军可获得 1000 分。

赛事：印第安维尔斯赛、迈阿密大师赛、马德里大师赛、中国网球公开赛。

（三）超五巡回赛

由 WTA 主办的较高水平的网球赛事，奖金和积分仅次于皇冠赛，冠军可获得 900 分。

赛事：迪拜网球公开赛、罗马网球公开赛、辛辛那提网球公开赛、罗杰斯杯（加拿大）网球公开赛、泛太平洋公开赛（武汉）——从 2014 年起，泛太平洋公开赛（东京）已移师武汉举行。

（四）顶级巡回赛

由 WTA 主办的一般水平的网球赛事，冠军可获得 470 分。

赛事：悉尼网球公开赛、巴黎网球公开赛、查尔斯顿网球公开赛（家庭生活圈杯）、斯图加特网球公开赛、伊斯特本网球公开赛、斯坦福网球公开赛、圣迭戈网球公开赛、纽黑文网球公开赛、莫斯科网球公开赛。

（五）国际巡回赛

由 WTA 主办的较低水平的网球赛事，总奖金额为 22 万美元，冠军排名积分为 280 分。2014 年广州和深圳举办的比赛即在此列。

三、世界网坛人物

比尔·泰登（美国）

1916 年，在美国国内排名仅为第 70 位的泰登脱颖而出，登上了冠军的宝座。那时他年仅 23 岁。在之后的 4 年时间里，泰登不但成为了一名世界冠军，而且成功地塑造了网坛神秘人物"大比尔"。1912—1930 年间，他参加了 192 项比赛，共获得 138 项比赛的冠军，胜率达到了 93.6%；他赢得了 16 个美国公开赛的冠军，包括 7 个单打、5 个双打和 4 个混合双打。1920—1925 年，比尔·泰登称霸世界网坛，他以非凡的意志和高超的技术成为网坛名副其实的精神领袖。人们经常把伟大的运动员比作艺术家，比尔·泰登最伟大的作品就是他自己。

苏珊娜·朗格朗 (法国)

朗格朗是 20 世纪世界女子网坛巨变的见证人，她就像从法国巴黎刮来的一阵飓风，其天赋和勇气推动了 20 世纪初期整个世界网坛的巨大变革。1919 年，年仅 20 岁的朗格朗首次参加温网公开赛便拿到了大赛的冠军，从此一发不可收拾。1919—1923 年，她连续 5 年夺得了该项大赛的冠军，并且在 1926 年再度夺冠；她参加了 9 次大满贯赛事，获得了 8 次冠军；1919—1926 年，她共赢得 21 项大满贯赛事单打、双打和混合双打的桂冠；她曾获得 81 项赛事的冠军，在其中 7 项赛事中创造了连续作战未失一局的纪录。

但她引人注目最重要的原因不仅仅是出色的成绩，其舞台明星般的着装和服饰震惊了 20 世纪初期的世界网坛。在她的带动下，觉醒的世界网坛与世俗观念展开了空前的斗争。朗格朗是一位无往不胜的优秀球员，她流畅的跑动、非凡的网前截击和精准的回球落点使对手们不知所措，她是世界网坛的女皇。

海伦·威尔斯·穆迪 (美国)

在 20 世纪，没有哪一位美国女子网球冠军会像她那样不安分，她就是美国著名的女子网球运动员海伦·威尔斯·穆迪。

穆迪是一位优秀的球员，在 1927—1933 年间，她在 27 项比赛（158 场）中保持不败；她赢得 8 次温网公开赛和 7 次美网公开赛的女单冠军；在大满贯赛事中，她保持了 126 胜 3 负的优胜纪录，赢得了 19 项大满贯赛事的冠军。在 1923—1938 年间，穆迪 9 次问鼎非官方的排行榜冠军。穆迪在职业生涯的巅峰时期几乎 6 年时间里未负一场，创造了空前绝后的网坛神话。

弗雷德·佩里 (英国)

弗雷德·佩里在网坛取得的成就举世瞩目，来势汹汹的正手抽杀、大角度的反手截击，再加上大胆和自信，这些都是他制胜的法宝。在 1933—1936 年间，他几乎战无不胜，不但赢得了 8 项大满贯赛事的冠军并排名世界第一，还为英国网球界恢复了荣誉。在 1933 年，佩里帮助英国队夺回了戴维斯杯，并以单打比赛未负一场的战绩将戴维斯杯在英国保留了 4 年。在 1934—1936 年间，他连夺温网桂冠，成为显赫一时的温网霸主。他是第一个赢得大满贯冠军的男选手，并在戴维斯杯赛中保持了单打比赛 34 胜 4 负和双打比赛 11 胜 3 负的纪录。但取得如此非凡成就的佩里接触网球运动却很晚，16 岁时甚至还没有打过网球，他的飞速进步简直就是一个奇迹。但更令人吃惊的还不止于此，他不但是个非凡的网球天才，1929 年年仅 20 岁的他还成为了一个不折不扣的

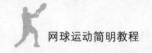

乒乓球世界冠军。

运动员能够赢得两项不同运动项目的世界冠军吗？答案虽然是肯定的，但佩里是极有特色的一位。

唐·布吉（美国）

唐·布吉是美国著名的网球运动员，他的自信影响了整整一代网坛的后辈。布吉的口头禅是："作为一名伟大的球员，你首先要认识到自己的过人之处，你必须具备过人的自信。"

1937—1938 年，转战网坛的唐·布吉赢得了 92 场比赛的胜利，并拿下 14 项比赛的冠军头衔；1938 年他拿到了大满贯赛事的冠军，成为有史以来第一个在 1 年之内完成大满贯宏愿的球员。

莫琳·康纳利（英国）

1952 年 8 月，一个活泼可爱的英国女孩在温布尔登网球中心召开了一个新闻发布会。这个年仅 18 岁的小女孩缓缓说出："我不再需要教练来管理我的网球事业了，我会自己处理一切事务。"她就是莫琳·康纳利。

球员炒掉教练，这在当时的网球界还属首例，但这一决定并没有影响康纳利进军网坛。没多久她就参加全英网球俱乐部赛并旗开得胜，在决赛中打败 3 届温网公开赛冠军得主路易斯·布拉夫获得了冠军。1953 年，她成为第一个在大满贯比赛中仅负一盘便获得冠军的女球员；在 1954 年的美网公开赛中，她包揽了女子单打、女子双打、混合双打 3 项冠军；在怀特曼杯比赛中，她创造了 9 胜 0 负的优异成绩。在 1951—1954 年间，康纳利赢得了 9 项大满贯赛事的冠军。大家都认为微笑着的红衣少女会改写更多的网坛历史，但就在 1954 年，一次意外事故造成了康纳利的右腿骨折，从此以后她就再也没有出现在赛场上。1968 年，康纳利入选网球名人堂。一年之后她便死于癌症，终年仅 34 岁。

肯·罗斯威尔（澳大利亚）

1953 年，长着一副娃娃脸、性格安静的澳大利亚青年肯·罗斯威尔赢得了澳网公开赛的冠军，当时他年仅 18 岁。在随后的 25 年中，他除了缺乏强有力的发球之外，网球技术可以说完美无缺。他就像是一只在蛛网上迅速爬行的蜘蛛，敏捷、迅速、到位。他以出众的速度和勇气战胜了一个又一个对手，在大满贯赛事的比赛中，他取得了 173 胜 34 负的成绩；在戴维斯杯的比赛中，他取得了 19 胜 3 负的成绩；1977 年，这株世界网坛的常青树在 43 岁时获得了网球生涯的最后一项冠军。但美中不足的是，罗斯威尔 4 次与温布尔登公开赛的桂冠失之交臂。

是什么使肯·罗斯威尔在球场上能够如此矫健，而且运动生命如此之长久？他曾解释道："我把打比赛当作一种游戏，在游戏时我很快乐。"

奥瑟亚·吉布森（美国）

美国姑娘奥瑟亚·吉布森是第一位赢得大满贯赛事冠军的黑人女运动员。

1956 年，吉布森在罗兰·加洛斯获得了法网公开赛女单和女双两项冠军；1957 年和 1958 年，吉布森的事业取得了极大的成功，除了蝉联温网冠军之外，还在美网公开赛上两度夺冠，成为第一位夺得美网桂冠的黑人女球员。在这两年中，她共获得了 11 项赛事的单打和双打冠军，并连续两年名列排行榜的榜首。

吉布森是第一位被 LPGA 巡回赛授予参赛资格的黑人女运动员，在新泽西州运动员委员会供职。由于吉布森在赛场外的不懈努力，她成为了一位社会英雄，被人们铭记在心。

玛格利特·考特（澳大利亚）

澳大利亚女球员玛格利特·考特在 1970 年成为当时 3 位获得大满贯的女球员之一。她曾获得 64 项大满贯赛事的冠军（包括 24 个女单、19 个女双和 19 个混双冠军），并创下了大满贯赛事的冠军纪录；在家乡澳大利亚，她连续 7 年蝉联澳网女单冠军；在与自己最大的对手比利·琼·金的较量中，保持了 22 胜 10 负的战绩。考特在 1972 年生下第一个孩子后，1973 年便赢得了 3 项大满贯赛事的冠军。但实际上，她最出色的成就是能够克服极端的自我意识，在公众面前表现出最佳的状态。

罗伊·埃默森（澳大利亚）

了解澳大利亚球员罗伊·埃默森的人都能体会到，他的精力是如此充沛，似乎取之不尽用之不竭。他就像一个玩偶盒中的小木偶，在耗时颇长的网球比赛中，为了回击每一个来球，能够不知疲倦地奔跑、追逐。埃默森在他的年代保持了男子大满贯赛事的 28 项冠军纪录，包括 12 项单打和 16 项双打。在戴维斯杯比赛中，他保持 34 胜 4 负的纪录，率领澳大利亚队拿到多届戴维斯杯冠军；在 1964 年，他赢得 3 项大满贯赛事的冠军，并创下 109 胜 6 负的战绩。

罗德·拉沃尔（澳大利亚）

他有些害羞，他为人谦逊，他的头发是如落日般的红色，他的脸上零星地

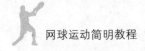

散落着几颗雀斑，他就是震惊世界网坛的最伟大的球员——澳大利亚球员罗德·拉沃尔。拉沃尔在 1962 年和 1969 年两次赢得大满贯，是唯一获此殊荣的运动员；由于成为职业运动员，他在 1963—1967 年间被禁赛，但仍然赢得了11 项大满贯赛事的冠军；在戴维斯杯比赛中，他取得了 20 胜 4 负的战绩。

比利·琼·金（美国）

比利·琼·金，美国人，获得 20 项温网公开赛的冠军（包括 6 项单打、10 项双打和 4 项混合双打冠军）；在 1966—1974 年间 5 次获得世界排名第一，进入世界前 10 名长达 17 年；在 1971 年，金成为第一位获得奖金超过 100 万美元的女子网球选手。

从 10 岁起，金就开始从事网球事业。可以说在她的生活中除了网球还是网球。金曾经说过："我不仅仅打网球，我就是网球。"

埃弗特（美国）

1976 年，18 岁的美国姑娘埃弗特正式加入职业网坛。从那时起一直到 1989 年埃弗特 35 岁宣布退役时，她的排名一直没有低于世界前 4 名。在连续 13 年的职业生涯中，埃弗特每年至少获一项大满贯赛事的冠军，至少 6 年保持不败纪录。在她参加的 57 次大满贯赛事中，至少有 53 次打进半决赛。她曾创造了 1309 胜 146 场负的最高胜率纪录（胜率为 89.9%）在 1973—1975 年间，她连续 125 场比赛获胜。埃弗特最厉害的一招是双手握拍反手击球，她的力量、速度和多种旋转简直无人可比，只要球到了她的反手位，她就如同挥舞着宝剑的女皇，所向披靡。

纳芙娜蒂诺娃（美国）

1975 年，年仅 18 岁的纳芙娜蒂诺娃从自己的祖国——捷克斯洛伐克独自一人移民到了美国。

在旅居国外 21 年的漂泊生涯中，纳芙娜蒂诺娃赢得了包括 18 项大满贯赛事冠军在内的 167 项单打冠军，并在 1438 场比赛中获胜。1982—1984 年间，纳芙娜蒂诺娃的职业生涯到达了一个巅峰，她取得了 254 胜 6 负的惊人战绩，这并不是印刷的错误，这是铁的事实。

在很多人看来，纳芙娜蒂诺娃是他们心目中的英雄，她是一部历史，在她的世界里，任何事情都有可能发生。

吉米·康纳斯（美国）

美国球员吉米·康纳斯曾赢得了 109 个 ATP 比赛的冠军，包括 8 个大满贯比赛的冠军；1974—1977 年间，他连续 160 周排名世界第一。由于家庭原因，康纳斯形成了一种强烈的逆反心理。无论走到哪里，他常常摆出些不堪入目的姿势，用浅薄粗俗的语言向高雅的网球运动发起挑战。但在网球场上，他是一个天才杀手，他能够找到正确的方位、时机，然后毫不留情地下手。

人们可以原谅康纳斯的任性，毕竟他用高超的球技折服了所有观众，也征服了世界网坛。

博格（瑞典）

2000 年 1 月，瑞典体育协会评选出本世纪最佳运动员，当评委宣布到前网球明星博格的名字时，场上掌声雷动，人们为博格的当选欢呼喝彩。博格身高 1.80 米，双肩宽阔有力，肌肉饱满匀称，就像一座完美的雕像，性感、充满激情。他在职业生涯中拿到了 5 个温网冠军和 6 个法网冠军，他是瑞典人的骄傲，是网坛的又一奇迹。

麦肯罗（美国）

约翰·麦肯罗，这个长着一头卷发的美国弗吉尼亚人，从不否认自己是有史以来在网球场上脾气最暴躁的选手。但他又称得上是个优秀的几何学家，他有一双鹰隼般的眼睛，打出的球落点就像用标尺衡量出的，线路清晰而又刁钻，令对手防不胜防。在戴维斯杯中，麦肯罗赢得了 41 场单打比赛和 18 场双打比赛的胜利，在当时的美国名列第一；1979—1981 年间，他连续 3 年获得美网公开赛冠军；在 1984 年，他以 6:1、6:1、6:2 的比分打败吉米·康纳斯，赢得第 4 个美网公开赛冠军。

格拉夫（德国）

格拉夫是名副其实的冠军，她赢得了 22 项大满贯赛事的冠军，在 1988 年，她成为唯一在 1 年内获得 4 项大满贯赛事和奥运金牌的运动员；1987—1991 年间，她连续 186 周名列排行榜的首位；她是网坛历史上唯一在四项大满贯赛事中，每个赛事都至少获得过 4 次以上冠军的女球员。在球场上，格拉夫从来没有失去过自信心，她似乎已经丈量好了球场的尺寸，每一个精准的回球都让对手无可挑剔。她不但有头脑，还有一股不屈不挠的德国人精神。

塞莱斯（美国）

20 世纪 80 年代末期，一个十几岁的小姑娘莫尼卡·塞莱斯闯进了网坛，从此网球比赛开始变得越发刺激。在 1990—1993 年间，塞莱斯参加了 11 次大满贯赛事，共获得了 8 项赛事的冠军；1991 年，她在 17 岁 3 个月零 9 天时登

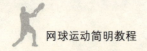

上了世界排名第一的宝座，成为年龄最小的世界冠军。

1993 年 4 月 30 日，一个疯狂的德国球迷改变了塞莱斯一帆风顺的历程，一把锋利的尖刀刺进了塞莱斯的背部，同场竞技的格拉夫惊呆了，赛场上的观众们惊呆了，莫尼卡·塞莱斯从此倒了下去，再也没有回到从前的状态。

桑普拉斯（美国）

1993—1998 年，美籍希腊人桑普拉斯成为连续 6 年世界排名第一的网坛第一人；在 1993—1999 年的 7 年中，他 6 次夺得温网男单冠军；他超过了埃默森 12 项大满贯赛事单打冠军的纪录，共夺得了 14 项大满贯赛事单打冠军。

他将网球赛变成充分体现自己个性的独舞，他用肢体的语言向世人展示着内心的狂热。他是时常创造奇迹的网球神童，美网历史上最年轻的冠军，也是美国人心目中的偶像级人物。

以上这 20 位选手被评为"20 世纪网坛男女十佳运动员"。

阿加西（美国）

1970 年 4 月 29 日，美籍伊朗人阿加西生于美国拉斯维加斯，他右手握拍，是网坛史上最伟大的选手之一，接发球和第一时间的抽球彼时天下第一，心理素质和体力也都非常好。阿加西正手击球非常有力，特别擅长站在左角击出强有力的对角线球，使对手难以回击。他反应特别快，是公认优秀的接发球手，能对快速来球进行反应，借来球的力量将球快速回过对方场区。许多"炮弹式"发球专家遇上他都得小心翼翼，因为其发球速度越快，阿加西回球速度也越快。他技术全面，在场上总是进攻，给对方制造压力，使对手没办法喘息。阿加西在场上动作流畅，潇洒自如，加上身着各种运动时装，甚至戴头巾及耳环，使他特别受青少年观众欢迎。阿加西共获得 8 项大满贯头衔以及 1996 年奥运会单打冠军，共获得 55 个单项冠军。他在 1992 年获得温网公开赛冠军；1994 年获得美网公开赛冠军，1999 年获得法网公开赛冠军；2003 年初又获得了澳网公开赛冠军。最好成绩曾排名世界第一。

张德培（华裔美国人）

张德培，祖籍中国广东省，1972 年 2 月 22 日生于美国新泽西州，右手握拍；1987 年转为职业球手，世界排名最高第二位。

张德培是有史以来最出色的亚洲网球选手。他作风顽强，永不放弃，奔跑如飞，素有"飞毛腿"之称，不过力量和柔韧性似乎尚有不足。张德培最辉煌的成就是 17 岁时取得 1989 年法网公开赛冠军。1996 年，他年终排名第二，连续 5 年进入排名前 10 名，这也是他职业生涯中的最高排名。在 8 项赛事中进入决赛，包括澳网公开赛和美网公开赛。他的成功令全世界的华人感到骄傲，其坚忍不拔、以弱胜强的作风使其成为了许多青少年的学习榜样。

达文波特（美国）

达文波特于 1976 年 6 月 8 日出生于美国加利福尼亚州，右手握拍。她 1993 年转为职业选手，曾获得单打冠军 23 项、双打冠军 28 项。

达文波特是男子化打法的代表人物，人高马大，凶猛无比。1996 年，她获得奥运会女子网球单打金牌，同年作为美国队的主力击败西班牙夺得联合会杯；1997 年获得 4 项桂冠；1998 年是达文波特辉煌的一年，这一年的 10 月 12 日，她成为世界头号选手，并同时结束了辛吉斯连续 80 周排名第一的历史。

维纳斯·威廉姆斯（美国）

大威廉姆斯于 1980 年 7 月 17 日生于美国加利福尼亚州，右手握拍。1994 年 10 月转为职业球手，世界排名最高第一位。她球风凶狠，力量惊人，发球速度不亚于男子选手。

1994 年，她在仅参加的 12 场比赛中战绩为 7 胜 5 负，当时年仅 14 岁。

1997 年她两度在 WTA 组织的赛事中进入前 8 名，排名由第 204 位升至第 22 位，成为美国网坛最耀眼的新星。她初次在美网公开赛中亮相便一路杀入决赛，最后负于辛吉斯获亚军。

1998 年，她获得单打 3 项冠军，包括 9 月的大满贯杯和 3 月的超九赛事利普顿杯，战绩 53 胜 13 负。维纳斯的双打搭档正是她的妹妹塞琳娜·威廉姆斯，这对姐妹花双剑合璧的威力给人们十分深刻的印象。她们在 1998 年获得 2 项冠军。这一年维纳斯还与同胞兄弟贾斯汀配对，在混双赛事中战绩辉煌：获得澳网公开赛和法网公开赛的冠军，并在温网公开赛中进入半决赛，在美网公开赛中闯入 8 强。同年在苏黎世的比赛中创下了发球时速达 205 千米的女子纪录，这种速度即使在男子比赛中也算非常快速的大力发球。在 1998 年利普顿杯赛中夺冠后，她进入世界排名前 10 位的行列。1998 年 1 月在悉尼击败世界一号选手辛吉斯，当时也是后者赛季的第一场比赛。实际上，在辛吉斯辉煌的 1997 赛季里仅失的 3 场比赛中，有 1 场即是败在维纳斯拍下。2001 年，她连续获得了温网及美网公开赛女子单打冠军，并在 2002 年中的法网、温网、美网及 2002 年的澳网公开赛中全部进入决赛，但均负于妹妹塞琳娜。

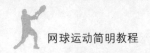

辛吉斯（捷克斯洛伐克）

辛吉斯于 1980 年 9 月 30 日出生于捷克斯洛伐克，右手握拍，1994 年转为职业球手。她 7 岁随母亲移居瑞士同继父一起生活，其生父母都是网球名人，父亲是著名的网球教练，母亲曾是捷克斯洛伐克女子网球单打冠军。她 4 岁开始练网球，由母亲担任教练，6 岁参加网球比赛，7 岁就获得捷克 9 岁以下组全国冠军，9 岁获得瑞士 12 岁以下组冠军，13 岁获法网公开赛少年组冠军，14 岁获法网、温网公开赛少年组冠军和美网公开赛少年组亚军，成为职业网球运动员。1995 年世界排名升至第 16 位；1996 年获温网公开赛双打冠军，排名升至第 13 位；1997 年，年仅 17 岁的辛吉斯获澳网、美网公开赛冠军及法网公开赛亚军，世界排名上升至第一位，取代格拉夫成为新的"网球女皇"。

辛吉斯在网球场上不仅击球凌厉，而且头脑冷静，善于判断场上的形势，球落点极佳。人们说她是用"脑"打球，加上她总是面带天真的笑容，极受观众欢迎。她是当时网坛最耀眼的新星，可惜在 21 世纪女子网坛力量化的趋势下，辛吉斯越来越难有作为，2003 年初宣布退出网坛。

第四节　中国网球运动的发展概况及重大赛事

一、中国网球发展概况

网球运动在 19 世纪后半期传入中国，一般认为具体时间是在 1885 年前后。它的传入有 3 条渠道：一是随着外国军队的入侵而进来。他国军队在中国驻军地附近修建网球场，供军队消遣和健身，如在威海和刘公岛就修有 30 多个这类网球场。二是通过外国商人、传教士、教师及工程人员而进来。这类传入主要分布在中国香港、上海、广州、天津等沿海城市，以及其他外来人员所到的地方。1908 年前后，美国教师那爱德在四川拍摄的老照片中就有一幅在四川大学前身四川大学堂中打网球的照片。1910 年法国人修滇越铁路时将网球运动带入云南。1914 年山西太原已有中国人和外国人共同参加的近 50 人的"国际网球会"。三是留学回国的知识分子、归国华侨以及洋务人员。他们把网球带入他们所在的地方或单位。

在新中国成立前，参与网球运动的人很少，除在华的外国人外，就只有接受西方文化的中上层人士、少数知识分子和学校学生。北京的汇文学校、清华学校、协和书院，上海的圣约翰书院、南洋公学、沪江大学，广州的岭南学校等校开展网球运动较早。上海圣约翰书院在 1898 年举办了斯坦豪斯杯比赛。1906 年左右，北京、上海、广州等地也举行过校内、校际间的小型比赛，之后稍有扩展。1910 年第 1 届全国运动会就设有男子网球项目，上海队获得男子团体冠军。从第 4 届起增设女子网球项目。在 1933 年第 5 届全国运动会上，山西女队的王春菁、王春葳姊妹夺得冠军。第 6 届全国运动会中有由徐炜培、李惠堂等 5 人组成的中国香港队参赛。在国际比赛方面，1915—1934 年，中国队参加了第 5 届至第 10 届远东运动会。在第 8 届远东运动会上，以回国华侨邱飞海、林宝华为主力的中国队获得冠军；第 9 届获得亚军。女子队参加了第 6 届至第 10 届远东运动会的表演赛。1924—1946 年，中国选手参加了 6 次戴维斯杯网球赛，多在第一轮、第二轮遭到淘汰。邱飞海是中国第一个于1924 年参加温网公开赛进入第二轮的选手，许承基则于 1938 年被列为温网第8 号种子选手，最好成绩是进入了半决赛，并在 1938 年和 1939 年蝉联英国伯明翰杯网球赛冠军，进入世界前 10 名。新中国成立以后，网球运动在起点低、基础差、交流少的情况下逐渐发展。1953 年，在党和国家领导人贺龙、陈毅、吕正操等关怀下成立了中国网球协会。同年，在天津首次举办了包括网球在内的 4 项球类运动会（篮球、排球、网球、羽毛球）。1956 年举办了全国网球锦标赛，各省及部分城市成立了网球队，规模一年比一年大。后来全国网球等级联赛定期举行，并实行升降级制度，还定期举办全国网球单项比赛、全国硬地网球冠军赛、全国青少年网球赛，继而又开始举办巡回赛、老年网球赛、高校网球赛和少年网球赛。这些竞赛对网球技术水平的提高起到了积极的推动作用。自 1959 年第 1 届全国运动会起，历届全国运动会都设有网球比赛项目。这时期的单打多以底线稳健型打法为主，选手基本功扎实，一分球需要打很多回合。20 世纪 60 年代，国际网球技术风格各异，以积极进攻打法为主。为学习国际先进打法，1964 年第一次网球工作会议提出了"快速进攻，积极上网，力争主动，狠巧结合，准确全面"的指导思想，先后训练出彭志渊、高宏谋、王福章、许梅林、龙伟、余丽桥等全面进攻型和上网型选手。1953 年国际网联承认"中华全国体育总会"取代前"中华全国体育协进会"成为其会员。1971 年由于国际网联违反了"一国只承认一个网协"的规定，中国退出了国际网联。

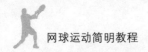

网球运动简明教程

改革开放之后，国际网球运动已步入产业化、科学化、全球化的历史新阶段，中国网球运动水平也有较大幅度的提高。1978—1982年，余丽桥多次获得国际网球比赛女单冠军，1979年她与陈娟合作在日本岐阜国际赛中获女双冠军。1986年第10届汉城亚洲运动会网球比赛，中国队获女团冠军、男团亚军，李心意获女子单打冠军。1990年第11届北京亚洲运动会网球比赛，中国运动员获得3块金牌（男子团体冠军，潘兵获男子单打冠军，夏嘉平和孟强华获男子双打冠军）、3块银牌和1块铜牌。1991年女子队在联合会杯网球团体赛58个参赛队中跻身16强，2002年首次进入联合会杯世界组预选赛。李芳在世界女子排名中达36位，1992年打进澳网第3轮，易景茜亦于2000年进入澳网和法网第2轮，曾排名65位。李娜、李婷亦进入过澳网、法网赛事。男选手潘兵的排名曾进入过前180位，朱本强在一些国际的巡回赛、挑战赛和卫星赛中也取得过好成绩。2004年雅典奥运会上，李婷和孙甜甜这对网坛的姐妹花获得了中国第1枚奥运会网球比赛金牌。2006年郑洁和晏子获得温网公开赛女子双打冠军。2011年李娜获得法网公开赛冠军，2014年她又获得澳网公开赛冠军，创造了中国及亚洲的历史……这些成绩都说明中国网球运动有了长足的进步，令人鼓舞。

二、中国举办的重大国际赛事

（一）中国网球公开赛

中国网球公开赛（即中网公开赛，英文简称China Open）是国际网球协会批准自2004年每年1届在中国连续举办10届的大型国际网球比赛。由于北京的国际地位逐年提高，所以吸引了众多国际知名球员的青睐。该项赛事在1993年首次举行，1998年被撤销，后于2004年恢复。2005年起被列入ATP和WTA的二级巡回赛。2006年，中国网球公开赛成为在美国以外首次使用鹰眼系统的巡回赛。

2009年，中国网球公开赛经过调整后，男子赛事成为仅次于四大满贯赛和9站"1000分赛"的10站"500分赛事"之一，女子赛事则为仅次于四大满贯赛的4个钻石皇冠赛事之一（即皇冠赛A9赛事）。这样，中国网球公开赛在整体级别上仅次于四大满贯赛，与印第安维尔斯大师赛、迈阿密大师赛和马德里大师赛并称"四大超级赛事"。

中国网球公开赛得到了上到国家领导人下到普通百姓的和新闻媒体的普遍

30

关注。北京体育竞赛管理中心决心通过多年的努力把中国网球公开赛办成继法网、美网、澳网、温网之后的具有浓厚中国文化底蕴和现代化节奏相结合的世界第五大网球公开赛。

图 1-4-1　中网主会场

（二）上海网球大师赛与上海大师杯

上海网球大师赛成立至今，包揽了历年所有的由 ATP 全体球员票选的"年度最佳大师赛"的赛事至高荣誉。在 2009 年之前，上海曾连续 5 年举办 ATP 世界巡回赛的年终总决赛（即原大师杯赛），但最终上海遗憾地与 ATP 世界巡回总决赛的永久举办地身份擦肩而过（ATP 世界巡回总决赛在 2008 年后举办地不固定）。上海网球大师赛举办地点为上海旗忠森林体育城网球中心，场地为室外硬地。

上海大师杯的前身是 ATP 锦标赛，由国际网联和大满贯委员会联合主办，是 ATP 巡回赛的总决赛，只有当年排名世界前 8 的球手才能获得参赛资格。上海网球大师赛属于室外硬地赛事。作为 ATP1000 级别的上海网球大师赛，拥有单打正赛 56 签位（外卡选手 4 名，预选赛晋级选手 7 名），双打正赛 24 签位（外卡选手 2 对），单打预选赛 28 签位（外卡选手 4 名）。故而届时世界排名前 20 位的男子选手将强制参赛。

上海大师赛与上海大师杯的区别：

上海大师杯，即 ATP 年终总决赛，为 ATP1500 分赛事，积分仅次于四大满贯；

上海大师赛，即 ATP1000 分赛事，积分仅次于四大满贯和年终总决赛（大师杯）。

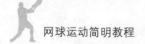

图 1-4-2　上海网球大师杯主会场

（三）武汉网球公开赛

武汉网球公开赛是继北京中网公开赛、上海网球大师赛之后国内级别最高的网球赛事，武汉市体育局和国际女子职业网联（WTA）签订了一份长达 15 年的合同来举办武汉网球公开赛，取代此前在日本举办的东京超五巡回赛。从 2014 年到 2028 年，每年 9 月在武汉举行。武汉网球公开赛的主赛事为 WTA 超五巡回赛，赛事奖金总额为 240 万美元，冠军积分为 900 分。比赛时间安排在每年 9 月底，在广州网球公开赛之后于中网公开赛前一周举行。

武汉网球公开赛与多哈、罗马、蒙特利尔、辛辛那提网球公开赛并肩成为全球五大超五赛。WTA 超五巡回赛的引进以及武汉网球公开赛的创办，是武汉对自身城市网球文化的凝聚和提炼，是将武汉打造成中国网球之城的第一步，在中国网球事业的发展历程中也是一个新的里程碑事件。

图 1-4-3　武汉网球公开赛主会场

第二章　网球运动的基本知识[*]

第一节　选择网球拍常识

网球是一种用拍隔网对击球的运动项目，拥有一把得心应手的网球拍对每一个参与者都非常重要。选择网球拍应注意以下几点：

一、选择球拍的形状及制作材料

根据拍面整体和半径的不同，球拍的形状大致有 3 种：大头拍（穿弦面积在 95 平方英寸以上）；中头拍（穿弦面积在 86～95 平方英寸之间）；小头拍（穿弦面积在 85 平方英寸以下）。球拍的制作材料主要有高系数石墨、凯夫拉、玻璃纤维、铝、聚合碳纤维、木等。材料不仅和球拍的坚硬度、弹性等因素有关，也和价格有关。可根据个人实际情况选择合适的网球拍。

较大的拍面会带来更大的力量，但是控球性能会下降。大多数球拍可以划分成 3 种基本尺寸：中等拍面的击球区域在 85～95 平方英寸间，中等偏上的拍面击球区域是 95～105 平方英寸，大拍面的击球区域超过 105 平方英寸。如果你的运动能力中等偏上，可以选择中等偏上拍面；不然就选择 115 平方英寸以下的大拍面。更大的拍面意味着更足的力量，你会经常击球出界，打球的积极性自然受到影响。有些职业球员会选择大拍面球拍，但通常它是为初学者准备的。进阶选手和高级选手往往更喜欢选择中等或者中等偏上拍面的球拍。

二、要注意选择球拍的重量

如果球拍太轻，击球时产生的撞击力就会传至你的手臂。即便我们的力量都不错，也最好避免使用 400 克或者更重的球拍，但对于初学者而言，就连

---

[*] 本书在介绍网球基础常识时采用国际通用的数量单位，如英寸、磅等。

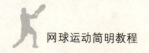

340 克的球拍恐怕也会感觉过重，280～330 克之间的球拍是不错的选择。在循序渐进的过程中，很多球员都会选择这个重量范围的球拍。

太重的球拍会使球员在挥拍时动作迟钝，太轻的拍子则不易应付强球，也容易翻拍。按一般的经验给出的建议是：年轻力壮的人适用 320～330 克，中老年人适用 300～320 克，柔弱的女性适用 280～300 克。

三、要注意选择拍柄的粗细

拍柄是球拍与人体接触的最重要点，拍子抓不好、不舒适，再好的球拍、再好的球技都无法发挥，所以拍柄上面的吸汗带要时常更换，以保持最佳状态。跟重量一样，拍柄的大小也要选择自己觉得舒适的，太粗的握把容易疲劳，灵敏度降低，不易处理小球、截击球，而太细的球拍不易抓紧，遇上强球容易松动而翻拍。

选择拍柄的粗细要根据手掌的大小和握力而定。手掌的大小可用丈量法测得，方法是将手掌和手指充分伸展，把三角尺顶角放在手掌第二掌线上，将直尺放在无名指上，丈量从第二掌线到中指指尖的长度，这个长度就是适合本人使用的球拍拍柄粗细的尺寸。

四、选择合适的拍弦及穿线的磅数

拍弦有粗细之分，材料有尼龙和羊肠之别，结构上也有单股、多股、双层多股、多层双股等形式。从总体性能上看，一种是灵敏型，线较细，弹性好，灵敏度较高，击球性能较好；一种是耐用型，球弦较粗，耐磨，表面不易破皮起毛，强度大，线的张力较持久，不易退磅。在选择时可根据个人的需要进行选择。

磅数越大对球的控制力会越降低（包裹球的时间变短），但攻击力增强，对对手的压制力变强。此外，磅数的增加实际上使球拍的甜点增大，这种大的甜点实际上需要更强的腕力，如果腕力不够或对新球拍拍性不熟悉，自然会使手颤（业余网球爱好者的手腕受伤很多时候就是不适当地增加磅数所致）。

五、选择球拍的式样

球拍的式样除有大、中、小头之分外，还有宽边、窄边和其他形状之别，这要根据个人的爱好进行选择。式样选好后还要注意拍框是否校正，是否有碰坏的地方，颜色是否理想。当这一切你都满意时，用起来就会得心应手。

六、平衡点

平衡点表明了球拍重量的分布，头轻或者头重究竟哪个好，目前争议较大。很多高级选手喜欢使用较重、拍头轻的球拍，以便使用起来更灵活，但相比拍头重的球拍，这种球拍的稳定性有所欠缺。

七、试拍并根据下面几点比较选择球拍

* 球拍在击球时是否稳定？
* 是否会出现噪声或者震动？
* 发球时是否感觉球拍太重，速度不够？
* 是否这支球拍比另一支更灵活？
* 哪支球拍的击球落点更深，同时不会出界？

八、网球球拍的主要指标

（一）甜点

一般位于拍面中心点的上方，当球打在此处时，球拍几乎没有任何振动。使用甜点击球，可以减小击球瞬时肘部承受的撞击力及感应力，避免"网球肘"的发生，同时在极短的时间内将身体全部力量集中于击球点上，打出高质量的球来。

（二）最佳击球区

分1~10级，指数大说明球击在更大范围的弦上时，仍能感觉良好。击球时球拍和球接触的点叫击球点，通常会有不止一个能击好球的点，这些击球点所形成的区域叫做击球区。理想的击球区一般在身体的前面，具体说是在身体重心的前面。

（三）减振指数

减振指数表示击球时拍子产生振动的消失能力，分1~10级。指数高说明振动能迅速减弱到0。

（四）扭转抗力

指当球击在拍框附近时，球拍的扭转程度，指数越高说明球拍的质量越好。

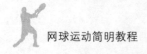

（五）硬度指数

硬度指数表示击球者对球拍的感觉，硬度指数高表明球拍能提供更好的稳定性和更多的力量。但是过高的指数、过硬的球拍会加重"网球肘"的症状。

第二节　网球运动的健身价值

随着社会生活水平的提升，越来越多的人开始关注健康，在这个大趋势下，各项体育运动事业快速发展，网球也是其中较为有吸引力的一种运动。网球在快速的发展进程中，已经成为世界上最流行的运动项目之一，其逐步流行的趋势让越来越多的人意识到网球运动的健身价值，从而参与到这项时尚运动中来。进入 21 世纪后，由于网球的流行性以及它所具有的健身价值，各个高校都把网球列为体育课程中的一项。网球运动是适合不同年龄男女的有氧运动，它是隔网运动，没有身体接触，所以不容易受伤。网球也是一项高雅的运动，打网球文明高雅，动作优美，每打出一次好球，都会使人感觉异常兴奋、愉快无比，是一种美的享受。而其中最重要的是，作为一种重要的健身手段，网球对增进人们的身心健康、发展智力、培养坚忍的意志品质具有独特的作用。

一、网球运动的特点

（一）普及性

网球运动的开展没有年龄、性别、场地、身份、阶层等方面的限制，只要喜欢都可参与其中；网球运动不似篮球、足球运动般身体对抗冲撞激烈，没有肢体接触，不会因此受到冲撞而导致身体上的直接伤害。

（二）休闲娱乐性

网球运动以"贵族绅士运动"的身份登上体育的历史舞台并备受追捧，更有人将其誉为"运动芭蕾"。选手在运动中体会的不仅是身心上的放松休闲与快乐，更是一种艺术上的舒心享受，能够暂时摆脱工作学习上的紧张与束缚，享受浑然天成的舒心与惬意。

（三）全面发展性

优秀的网球运动员除了需具备良好的灵敏性、反应能力、爆发力和心理素质外，还要有快速起动、急停和变向速度能力，以适应在场地上前后左右奔跑、急停、变向等的需要。因此网球运动是一项集灵活性、速度和爆发力等多项身体素质于一体的综合性运动项目。

（四）独特文化性

网球运动是一项注重文化积淀的体育运动，它将文明、高雅和礼仪整合在一起，体现了尊重传统、尊重对手、尊重观众、尊重裁判及工作人员、遵守规则和制度等良好文化。

> **网球格言：**
>
> 我们是在"玩"一项运动。好多时候，人们却忘了我们只是在玩一种"游戏"。网球不应该被忘掉它游戏的特性，它本来就是应该用来玩的！
>
> ——雅尼克·诺阿

二、网球运动的健身价值

（一）提高身体素质

网球被称为"激烈和优美"的混合体。它的动作跨度大，但同时兼具着柔美的气息。在网球运动中不能用蛮力，而是要巧用力度，展示力的柔美气息，通过这种方式为自己创造优势；同时由于运动量和运动强度的可调控性和趣味性，网球运动的节奏可以多变：可快可慢，可张可弛，使参与者能够以饱满的精神和充足的热情来应对，在不知不觉中完成相当于跑步运动几公里路程的运动量。在户外运动过程中，也可以吸收纯净清新的空气。有人曾经做过统计，在一场有相当水平的网球比赛中，运动员所跑的路程在 5000 米左右，有的甚至达到 10000 米，不亚于进行一场激烈的足球比赛。运动员在比赛过程中还要做出及时的判断，不时前进或后退、左移或右移跃起、急停或猛扣等。一个网球运动员在力量、速度、耐力、柔韧性和灵敏性等方面，都必须具备良好的素质。特别是随着网球技术的不断发展，上网打法已相当普遍，运动员在发球或接发球之后都积极争取时机跑到近网处做空中截击、高压动作，这时需要照顾到前后左右 4 个方位的来球，如果没有精确的预测能力、快速的灵敏反应以及熟练的截击、高压技术，就不能适应这种打法。

此外，网球运动常被人形容为"挥拍上阵"，曾有人统计过网球比赛中运动员的挥拍情况，一场比赛总的挥拍次数不少于千次，没有强壮有力的手臂是

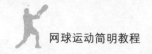

不能胜任的。可见，只有具备了良好而全面的身体素质，才能保证网球技术、战术的正常发挥。也就是说，网球运动对全面发展人的身体素质具有积极的促进作用。例如，打网球需要长时间连续来回地移动和击球，这能够促进人的反应更加灵敏，使其起动快、移动迅速，并能在较长一段时间内保持这种快速活动的能力。又如网球运动中有力的抽击球和凶猛的高压球都需要较好的力量素质，因此，打网球可以使人们动作迅速、判断准确、反应快，并能提高人的速度、力量、耐力、灵敏等素质，对增强身体协调性有积极作用。同时，网球运动还能改善血液循环系统，消耗多余热量，使人的心肺功能得到提高，增加人体免疫能力，增强抗病能力和加快病后康复速度，达到增进健康、增进体质、强化身心的目的。

（二）促进体格均衡发展和提高呼吸系统功能

网球运动是一项全身心性的运动项目。击球时，下肢用力蹬地，随着转体带动手臂；球拍击球这个过程中，需要上下肢协调配合，需要颈部、肩部、胸部、背部、腰部、腿部的大小肌群共同参与工作，共同完成动作。经常打网球不但可以使人体颈、肩、脊柱、髋、踝等部位都得到很好的锻炼，而且有利于改善和矫正身体姿势，使人体各部位协调发展，形成健美的体形。

网球运动以有氧运动为主，需要有氧和无氧运动互相交替。在运动中，活动者在底线打对攻战，或是不停地在底线或两侧来回奔跑，或是到网前救小球，这能够有效地提高运动者的肺活量。一些高水平的运动员为了适应激烈的比赛，经常要进行一些野外活动。如长跑、登山、游泳等运动，以增大肺活量，从而促进体能的发展。

（三）强化人的心理品质

网球运动是一项需要全身各部位肌肉参与的运动，譬如单打比赛，场上只有对手和自己，所有的难题只有依靠自己去面对和解决，因此，它也可以说是一种智力对抗活动，需要参与者精力高度集中，每球必争。当球员面临被对手破发的危险时，还需要稳定的心理素质。网球运动过程中，不可避免地要与别人交手，在双方对打的过程中要考虑对方的战略战术、击球方式等，这就要求运动者不仅要站在运动场所中参与这场比赛，还要跳离比赛，站在观赛的高度分析对手和自己。尽管看起来很难，但是在认真学习、谦虚谨慎、不怕困难而奋发向上的基础上，还是能够做到的。这种方式对运动者的心理素质会有很大的质的提升。因此，经常参加网球运动有助于锻炼人的意志，培养自信和临危不惧等优良心理素质。

（四）发展个性，放松身心

学习或工作固然重要，但是身体是一切未来能够实现的基础。网球运动可以充分施展人的个性，让人身体放松。现今的社会时时充斥着紧张的竞争气氛，人的精神长时间处于紧绷的状态，上班族有工作上的压力，学生族有课业上的负担，中年人承受着养家糊口的烦忧，老年人则要饱受慢性病的痛苦折磨等诸多问题。如何缓解压力、培养健康的生活方式已成为困扰现代人文明健康生活的一个重要课题。在这个时候，可以适时地参加网球运动，脱离紧张的工作环境和学习环境，在这个场所中施展自己的个性。在练习的过程中，你可以形成自己独树一帜的运动风格，突出自己独特的个性。

有研究表明，适当的运动可以增进体能并增强免疫系统的强化作用。因此，选择适合自己的运动并配以充足的休息，是疏解压力、调节免疫的最佳手段。网球运动需要全神贯注地排除一切杂念，快速的奔跑击球、大力扣杀等活动可以把一天的疲劳、困扰挥洒得干干净净，使身心彻底地摆脱压抑和束缚，从而可以有效地促进人们的身心健康。在不断奔跑和挥拍的过程中，人们可以将内心所有的不快与不安化作汗水一起挥发。经过网球运动的洗礼，身体能够得到彻底的放松。

（五）网球运动有利于减肥

随着人们生活水平的提高，减肥成为当今社会比较关注的话题。那么，网球运动能减肥吗？我们常说网球是用脚打球的，这是因为在网球场上需要快速的移动和不断的跑动来回击对方的来球。由于网球运动在有氧状态下进行，其消耗的能量主要由脂肪提供，这一点与长时间慢跑非常相似。据有关资料统计，从事网球运动的人在每次进行2个小时的运动时，包括打球跑动和捡球移动，跑动的距离可达5000米之多。当然，每个人的现状和水平不同，有的跑得多，有的跑得少，但是只要是在网球场就会不断跑动，不断进行着脂肪消耗。有意思的是，通常进行了一两个小时网球活动之后都不会感觉太累，因为网球运动的强度可以根据自身的身体状况自由把握和调控。

从这个意义上来说，网球运动就是跑步。跑步能使人健康，让人健美。针对网球来减肥的球友请注意，必须遵守循序渐进的原则，适当控制运动量，坚持不懈，持之以恒，才能有效而健康地进行身体锻炼。

网球是一种中性强度的运动，也是一种耐力运动，特别有利于减少脂肪。

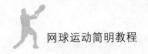

一般来说，运动的前 30 分钟能量由糖原供能，脂肪不供能，因此基本上不减脂肪；运动 30 ~ 60 分钟时能量由糖原和脂肪同时供给，其中脂肪消耗可达供能的 40% ~ 70%；运动 60 ~ 90 分钟时则大部分由脂肪供能，消耗可达 90% 以上。而打网球就是遵循这样的强度，恰到好处、最大限度地消耗着身体脂肪。网球减肥可根据每个人的身体状况、技术水平合理安排。

（六）使中老年人延年益寿

人的衰老、死亡不可抗拒，但是推迟衰老、延年益寿却可以争取。正如美国运动生理学教授莫尔豪斯所说："虽然人的岁数是一定的，但生理上的岁数却可有 30 年的出入。假如你现年 50 岁，你的外表和身体内部的机能可以像 65 岁的人，也可以像 35 岁的人，这完全在你自己。缺少活动的生活是一种慢性自杀，正确的健身运动可以增加寿命。"

网球运动能改善神经、呼吸、循环等系统的功能，并使机体的各器官保持生命力，这必然对中老年人的常见病有预防功效。打网球多在露天环境中进行，空气清新宜人，心情轻松愉快，很容易消除中老年人的疲劳，使其忘掉年龄而回到年轻时候。经常打网球可使人变得灵活、敏捷、矫健而富有生气。

美国网球联合会的格言是：网球是终身的运动项目。

第三节　网球运动中水的补充及饮食的准备

一、水的补充

运动员在训练和比赛前后及过程中都应喝水，如果运动员想要进入准备状态，感到口渴时才喝水是不够的，因此要提前储备水分。当运动员感到口渴时，这意味着他们已经损失电解液、体液和能量。

（一）比赛前

训练或比赛的前一天，运动员应提早开始喝水，一场比赛前的数小时内，少量且频繁地摄入水分也是必要的。研究已经表明，为保持水合作用，1 名运动员在赛前 2 小时应摄入 4 ~ 6 杯饮料，赛前 15 ~ 20 分钟应摄入 2 ~ 4 杯饮料。

（二）比赛过程中

比赛过程中，运动员每比赛 15 分钟就应喝 1 杯饮料，如必要可更频繁些。但应避免过量喝水。

（三）比赛结束后

一场比赛结束后，还应继续喝水，运动员应喝至感到舒服为止。

（四）结论

关于水分摄入的要点可归纳如下：

（1）喝水对运动员运动能力的发挥十分重要；

（2）运动员在一场比赛的前后及其过程中都应喝水；

（3）运动员不应等到感觉口渴时才喝水；

（4）天气越热，比赛时间越长，运动员越应该多喝水。

二、饮食的准备

（一）准备

（1）运动员应确认在进行第一场比赛之前，由于在训练期间摄入了高碳水化合物和低脂肪的饮食而储存了丰富的糖原。

（2）流体：运动员在比赛开始的前一天必须摄入超量的饮料。

（3）运动员应该在训练期间养成固定的饮食习惯，赛前不要有什么改变。

（4）必要时，运动员应随身携带冷冻的方便饮食盒，不能总依赖准备好的方便饮食。

（5）如有可能，运动员应事先了解赛地的餐饮设施。

（6）前一天晚上，运动员应有充足的睡眠，得到良好的休息和放松，这将有助于防止可能影响食欲和引起肠胃不适的焦虑感。

（二）赛前的饮食

（1）比赛前两天，运动员应逐渐增加碳水化合物摄入的总量，以确保储存丰富的糖原。

（2）比赛前一天晚上摄入的食物十分重要，应采纳以碳水化合物为主的食物，例如面食、土豆、米饭和谷类（忌用脂肪含量高的奶油调味汁），附加蔬菜沙拉，最后是水果拼盘。

（三）比赛当天的饮食

比赛的当天，运动员应尽量了解何时到达赛场，然后根据下面的准则制订最佳就餐计划。赛前进餐最好在比赛开始前 2 ~ 3 小时。运动员应该知道提前多少时间进餐而不影响其水平的发挥（可通过训练期间的试验做到这一点）。

（1）上午第一场比赛：赛前这一顿饭通常是早餐，量应该少，但综合碳

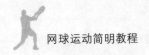

水化合物应丰富，如麦片加脱脂或半脱脂奶；香蕉，烤面包/面包加低脂黄油、植物黄油和蜂蜜、果酱、橘子酱；干果。及时摄入早餐很重要，因为食用早餐前人体的血糖含量较低。

（2）中午第一场比赛：除进早餐以外，运动员在上午应有一顿小吃，以新鲜水果或干果为佳，如香蕉、苹果、梨、面包、松饼、蛋糕等。

（3）下午第一场比赛：吃一顿量少而富含碳水化合物的早餐，一次小吃和一顿提前的午餐。午餐可从以下食物中挑选：三明治/面包加香蕉、鸡肉、火鸡肉；面团/米饭加面包；低脂酸奶，低脂布丁；低脂牛奶饮料。

注：赛前进食传统的含蛋白质极为丰富的肉排极易影响运动员的发挥，因为人体需要 12～18 小时才能消化一块肉排和其他类似的脂肪丰富的肉类。

（四）选择运动包携带的小吃

对于现役网球选手，获得足够和必要的热能很重要。加餐时摄入碳水化合物食品，有助于运动员在训练和比赛过程中运动肌得到能源补充。运动员应争取在训练和比赛后的 3～60 分钟内有 1 次加餐。加餐和饮料像运动员的球拍一样重要，运动员们应在运动包里携带小食品和饮料。运动员进入场地前后没有补充必要的小吃就意味着他将会疲劳且不能发挥其最佳水平。

摄入低脂肪的碳水化合物食品对运动员来说很重要，较好的食品有新鲜水果和干果、素饼干、低脂肪三明治（见食谱提示）等。有些谷类小吃所含脂肪量低，但也应首先参考脂肪含量的说明。运动前避免进食巧克力等食品。

1. 高能小吃

以下列出的是高能低脂的小吃。它们适合于比赛期间或比赛后，以及两场比赛之间食用。

★ 新鲜水果——香蕉、苹果、梨和无籽葡萄等；

★ 干果——杏、无核小葡萄干、干枣、香蕉；

★ 香蕉、蜂蜜或果酱三明治/面包卷；

★ 面包卷、松饼和水果蛋糕，如果要抹黄油，则抹少量的低脂黄油；

★ 咀嚼谷类口香糖；

★ 饼干；

★ 早餐麦片和低脂奶；

★ 烤土豆或家用奶酪；

★ 低脂布丁、面食沙拉或大米沙拉；

★ 低脂酸奶加干果，或其他配料与牛奶一起做成的牛奶冰激凌；

★ 运动饮料或稀释的果汁。

2. 消化慢的小吃食品

下面都是高脂食品，需要限制这类食品的摄入。大口吞食以下任何 1 种食品前，争取选用上述 1 种喜欢吃的高能小吃。

每天最多只能选用其中的 1 种：

★ 炸土豆片（28 克）；

★ 1 份标准分量的蜜饯巧克力食品（50～60 克）；

★ 1 小袋炒干果或素干果（28 克）；

★ 1 份冰激凌（75 克）或 2 勺冰激凌（120 克）；

★ 1 份炸面饼圈或 1 份奶油蛋糕（50～75 克）；

★ 2～3 份小蜜饯食品（每份 20 克）；

★ 2 份巧克力饼干（每份 25 克）。

食物——每周进食不能超过 1 次：

★ 炸鸡或油炸食物；

★ 炸土豆片、油炸土豆或蛋奶饼。

要注意的是，在家时尽量选用低脂食物，即使是油炸土豆片也不能多吃。

3. 运动员的午餐

一项比赛中为运动员提供的午餐可包括：

★ 粗面粉夹心面包，不可在面包上抹太多黄油，馅可用金枪鱼肉（用盐水或水浸泡的罐装鱼）、低脂家用奶酪、鸡肉或火鸡；

★ 肉，生的蔬菜如番茄、莴苣等；

★ 鲜水果，如香蕉、梨、橘子、甜瓜等。干果，如杏仁、热带果仁等；

★ 纯奶质酸奶或低脂水果味酸奶（调味品分开包装）。

（五）比赛之间的饮食

运动员在打完 1 场比赛后，应尽快进食和喝饮料以补充能量准备下一轮比赛。

应选用含糖饮料（如市场上的或家庭制作的运动饮料）。除饮料外，从运动包小吃食品单中挑选 1 种清淡的食品（如水果、冰镇小果子面包、饼干）。此外还可挑选 1 种更丰盛的食品，如三明治或运动包小吃食品单中的其他食品。

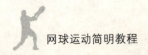

完全恢复肌肉糖原的贮存大致需要 20 小时。所需时间取决于：

★ 碳水化合物的消耗量——在前 2 个小时每千克体重至少消耗 1 克，还与此后每 2 小时的消耗量有关；

★ 摄入的碳水化合物的种类——碳水化合物属综合的还是单一的；

★ 何时消耗碳水化合物——在前 2 个小时内。

在每天的饮食中，应坚持均衡固定的饮食，即富含碳水化合物的低脂的饮食。

（六）出门在外的饮食

运动员外出参加比赛时应力求保持他们的饮食习惯。关于这方面的忠告包括以下几点：

★ 尽量多带食品和饮料；

★ 坚持吃自己习惯吃的普通饭菜，不要试图吃任何特殊的东西；

★ 在当地的饭菜中选用淀粉含量高或低脂的食物，如土豆、米饭、面食等，但不加油腻的调味汁或调味品；

★ 用白面包/面包卷代替油炸土豆片，多要一些面包、面包卷或土豆（非油炸土豆片）和一些碳水化合物含量丰富的食物；

★ 选用水煮或烤的食物，不吃香肠、馅饼、油炸食物等；

★ 多吃不加黄油或油腻的调味品的生菜和沙拉；

★ 用鲜水果、酸奶等代替奶油蛋糕和油腻的布丁；

★ 尤其是乘飞机外出比赛时要多喝饮料。

（七）营养学在网球比赛中的实际运用

★ 主要营养包括碳水化合物、脂肪、蛋白质、维生素、矿物质和微量元素、食物纤维、水；

★ 碳水化合物是网球运动员的规定饮食中最重要的成分；

★ 运动员应十分注意脂肪的摄入量，但要记住，脂肪是规定饮食中的重要成分；

★ 蛋白质也不可少，缺乏蛋白质的现象在网球运动员中并不多见，但当运动员摄入过多的蛋白质时，它就会作为脂肪积存在人体内；

★ 高水平运动员应避免摄入酒精，因为它是一种利尿剂并可能损伤肝脏；

★ 临近比赛时，运动员应增加多种碳水化合物的摄入量；

★ 进食时，运动员应坚持吃他们常吃的普通饭菜，多吃蔬菜多喝水是必要的；

★ 水合作用在网球运动中是一个被低估的问题，教练员在训练过程中应该用传授技术或战术同样的方式来传授水合作用的特性；

★ 水是运动员所需的最重要的营养物，运动员在比赛前后及其过程中都应该喝水，应在感觉口渴以前喝水，天气越热，比赛的时间越长，运动员就越应多喝水。

第四节　网球运动中常见的伤病和预防措施

网球运动属于持拍隔网对抗类项目，它虽然没有身体的接触，受到的伤害程度也不如足球、篮球等运动那么严重，但无论是小得不起眼却很麻烦的水泡，还是需要人长时间照料的严重扭伤，任何伤痛都不可忽视大意（参见表 2 - 4 - 1）。做好预防工作，"常见"伤病可以变成"罕见"伤病，在这里，科学的态度和方法至关重要。希望喜欢打网球或参与其他体育运动的朋友都能拒伤病于体外，在运动中毫无障碍地感受生命的活力，释放机体的能量，最终得到愉快的身心享受。

表 2 - 4 - 1　持拍隔网对抗类项目运动损伤的种类及常见发病部位

损伤种类	损 伤 部 位
扭伤	手腕、踝关节、肩袖、膝关节韧带、腰肌等部位的扭伤
拉伤	大腿肌肉群、小腿肌肉群、背肌、跟腱等部位的拉伤
挫伤	手掌、手指、脚掌等部位的挫伤
劳损	腰肌、膝关节、踝关节、肘关节（网球时）等部位的劳损
脱位	肩关节、踝关节
骨折	小腿等部位

一、水泡

网球运动是用手持球拍的一种持器械运动，球拍与手掌表面经常要转动摩擦，所以，有些人的手部皮肤下面会摩擦出淤水小水袋。但是，如果打球时特别容易磨出水泡，则存在着其他原因，要找出预防的办法并对已磨出的水泡进行及时处理。

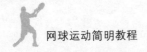

（一）磨出水泡的原因

拇指关节内侧、掌际与拍柄后部相接触的部位、前脚掌等都是容易起水泡的地方。初学网球的人很容易磨出水泡，主要原因是平时练习得较少，握力较差，手掌皮肤细嫩，当不能有效击球而使球拍被动转动时，增加了手掌皮肤与拍柄的转动摩擦，从而产生水泡。有些人在打球时特别容易磨出水泡，其原因首先是技术动作不准确，经常将球打在球拍的甜区外或拍框边缘等处，增加了手掌与拍柄的摩擦强度；其次是在击球准备、引拍、挥拍的整个过程中手腕过于紧张，握拍太紧、太死；最后是拍柄不合适，太短或太细，表面太硬或不吸汗而太滑。

（二）水泡的预防方法

对于因皮肤细嫩而磨出水泡的正常原因，只要不断加强练习，增加常与拍摩擦的皮肤厚度，让其生成"茧"即可解决。而对于其他非正常原因造成的水泡，主要的预防方法有：

（1）选择拍柄合适的球拍打球，粗细要以自然握住拍柄、手指与手掌的缝隙恰好能放入一只手的食指为准，拍柄表面要软，有吸汗和减震的作用为最佳。也可以在把柄上缠一层柔软防滑的吸汗带或在球拍上拍粉，这样可以避免手心流汗。

（2）握拍时，就像握住一只小鸟一样，只有在球拍击球的瞬间，才用力握住球拍。

（3）提高击球技术动作的准确性，增加击球效果，固定球拍的击球点在甜区内。

（三）治疗水泡的方法

如果手掌磨出了水泡，对它的处理以保守、避免感染为原则，保持其周围皮肤的干燥、清洁、无菌。一般小的而且没有破裂的水泡，在经过一段时间之后会自然收干，无须特别照顾。对于一些大水泡，需要用消毒的针头刺穿水泡边缘，轻轻挤出水质，再盖上消毒纱布，进行简单包扎。为避免水泡下的真皮感染，应尽量保留形成水泡时松弛的表皮，千万不要随意撕掉表皮。

二、肌肉痉挛

俗称抽筋，痉挛部位的肌肉突然伴有疼痛和无法控制的僵硬，最易发生于小腿及足底。小腿抽筋，学名叫腓肠肌肌肉痉挛，是小腿的腓肠肌发生不能控制的强力收缩所表现出的一种生理现象。

（一）肌肉痉挛发生的原因

（1）冷塞闭藏。肌肉受到低温的影响，兴奋性会提高，易导致痉挛。在气温较低的环境中运动，如果未做准备活动或做得不充分以及未注意保暖，肌肉痉挛就更容易发生。

（2）电解质丢失过多。电解质与肌肉的兴奋性有关，运动中大量排汗，特别是在长时间的剧烈运动后或在高温季节运动时，电解质随汗液大量流失会使肌肉的兴奋性提高，继而容易发生肌肉痉挛。

（3）肌肉连续过快收缩而放松不够。在练习或比赛中，肌肉过高频率地连续收缩而放松时间又太短，收缩与放松不能协调地、成比例地交替进行，会很容易引起肌肉痉挛，这在训练水平不高的新手中比较多见。

（4）疲劳。主要是身体疲劳会影响肌肉的正常生理功能。疲劳的肌肉往往使血液循环和能量物质代谢有改变，肌肉中会有大量的乳酸堆积，乳酸不断地对肌肉的收缩物质起作用，致使痉挛产生，特别是局部肌肉疲劳状态下再进行剧烈运动或做些突然紧张用力的动作更容易引起肌肉痉挛。

（二）肌肉痉挛的预防方法

（1）运动前，一定要充分做好热身准备活动，特别是腓肠肌的伸缩练习。

（2）加强身体素质的锻炼，提高肌体的耐寒力和耐久力，防止因一般疲劳而抽筋。

（3）控制好运动量，不要使肌肉过度疲劳。

（4）疲劳和饥饿时不宜进行剧烈运动，运动后要注意做好肌肉的放松活动，防止肌肉僵硬，以免造成肌肉紧张与放松不协调。

（5）在夏季打球尤其在长时间的运动时，应注意多喝水和运动饮料，及时保证体内水分、电解质和维生素的摄入。

（6）在冬季室外打球时应注意保暖，衣服不可穿太少而使肌肉迅速冷却。必要时，可戴上护腿或穿上网球袜来保护小腿。

（7）经常发生小腿抽筋的人，在上场之前除了充分地伸展小腿肌腱外，还要对小腿肌肉做适当的按摩。

（三）治疗肌肉痉挛的方法

发生抽筋时，应保持冷静放松，不要太紧张，然后原地坐下，伸直膝关节，以相反的方向牵引痉挛的肌肉，一般都可使其缓解。自己用同侧手拉住脚

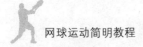

尖，慢慢地尽力向后拉；或者由同伴帮助，握住脚尖固定，自己双手放在身后，撑住地面防止身体后移，同时慢慢用力向前蹬、伸小腿。牵引切忌暴力，用力宜均匀、缓急适中，以免造成肌肉扭伤。同时配合局部按摩，如按压、揉捏等。在有条件时，可用毛巾热敷小腿，促进血液循环，加快恢复正常。

三、网球肘

网球肘的学名为"肱骨外上髁炎"，其特点是肘及肱骨外上髁的创伤性炎症，因多见于网球运动员而得名，大多数属慢性劳损。在网球运动中，经常反复伸屈腕关节，尤其是用力伸腕而又同时需要前臂旋前、旋后的动作，非常容易引起这种损伤。在用下旋、反手回击急球时，由于固定拍型的需要，腕、肘（前臂）部肌肉必须高度紧张（特别在击球点一瞬间达到极点）才能与来球的强大力量对抗，经常如此，就使得腕、肘部肌腱纤维受到反复牵扯而发生劳损，肌腱的牵扯损伤发生后，操作性炎症反应引起疼痛。

网球肘产生初期的症状主要表现为前臂肌肉的两端肌腱之间产生红肿和疼痛，尤其是靠近肘部外侧和内侧肌腱上端的骨附着点。肘关节外侧会出现酸胀和轻微疼痛，用力背伸手腕和前臂向内、向外顺转时，局部疼痛感加强。

如果没有得到控制，网球肘病情发展时，肱骨外上髁部发生持续性疼痛，局部疼痛会加强，并由肘部向前臂外侧扩散，患者侧手的力量减低，持物不牢，端提重物、拧毛巾、反手击球时，肘外侧疼痛显著加强，在肘部的外侧或内侧有明显的压迫痛点。如果症状严重到徒手挥拍都很痛时，就须停止任何肘部的活动，立即就医。

图 2-4-1 网球肘

（一）网球肘形成的原因

（1）从击球动作分析，挥拍姿势不正确，用力不合理，是造成网球肘的主要原因：

① 反手击球动作不正确，没有有效地运用身体力量，而手臂过于发力，

48

肘部过于急速伸直。

② 直臂击球、正手击球时，没有靠转腰、转身的力量，而用手臂强直打球。

③ 一味地模仿职业球员的暴力打球动作，发力时腕、肘部的翻转太剧烈、太紧张，突然过分伸展肘关节附近的肌腱，使其嵌入脚踝骨。应根据自身的条件特点，选择恰当的击球方式。

④ 打球不能经常击中甜区，击球的时候肘部常常远离身体腋下。

⑤ 对于一些比较容易的"软"球，过于用力地回击。

（2）从机体的生理特性分析，打球时肘部所承受的冲击和震动是造成网球肘的根本原因。每个人的肌肉、关节、韧带的运动能力都有一定的极限，当击球动作的力量、旋转超过了手臂的正常承受能力时，长期练习就会使前臂的肌腱因反复过度牵扯而劳损，形成网球肘。

（3）网球拍的减震效果差，穿线磅数过大或是球拍过重，容易造成前臂肌肉紧张过度，增加了前臂的负担，从而形成了网球肘。

（4）超负荷练习

想提高网球水平，增多练习次数并不是唯一的办法，当然也不是最好的办法，只有在保证练习质量、提高练习效率的基础上增加练习才有意义。业余网球爱好者每次练球 1~2 小时，练习质量最好，最有感觉，心理愉悦程度最高，疲劳感觉也最适宜。

（二）预防网球肘的方法

（1）根据自己的击球特点，选择软硬适当的球拍。不同击球方式的人如不慎重选择软硬适当的球拍，都有可能造成网球肘。

（2）加强手腕、手臂的力量练习和柔韧练习。

（3）防止手臂肌肉疲劳积累，练习时应注意运动强度要合理，不可使手臂过度疲劳。

（4）选择甜区大、重量轻、拍柄合适、穿弦松的球拍，也能有效地减少网球肘的产生。穿弦时减小磅数并选择细一些的弦、松软一些的拍面可以帮助击球者吸收一些因拍、球对抗所产生的振动之力，也可以帮助练习者更省力地击出落点较深的球。

（5）纠正错误的击球动作，这是根治网球肘的最好办法。单手反拍击球时，一定要靠转体转肩的力量带动手臂去打球。正手击球时，应避免手腕、手

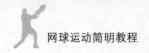

掌的翻转动作,让大臂和小臂无论后摆还是前挥的时候都保持一个固定且具弹性的角度,不要直臂打球。

(6)做好准备活动及练习后的放松环节。打球前,要充分做好热身活动,特别是手臂和手腕的内旋、外旋、背伸练习。打球后,要重视放松练习,最好是按摩手臂,使肌肉更加柔软而不僵硬,保证手臂肌肉紧张与收缩的协调性,减少网球肘的产生。

(7)不要在太硬的球场上强力打击速度很快的球,不要打湿重的球。

(8)用支撑力较强的护腕和护肘把腕、肘部保护起来。限制腕、肘部的翻转和伸直,有效地使用弹力绷带和护肘,对慢性网球的伤情扩展有一定的限制效果。

(9)肘部出现疼痛后应立即休息,否则病情会复杂化。

(三)治疗网球肘的方法

根据网球肘症状的轻重、疼痛程度的不一,应采取不同的治疗方法。

(1)早期症状轻微时,疼痛较轻,可采用按摩和理疗的治疗手段,效果较好。疼痛加重后可采用中药、针灸疗法。继续打球时,要在肘部缠绕弹力细带或者戴上护肘,这样就可以减少疼痛的发生。

(2)急性发作期,疼痛剧烈,应以静养、休息为主。不要临时绑上绷带或戴上护肘继续上场打球,那样只会使病情加重。有条件最好使用冰敷来缓解疼痛,但要注意冰敷的时间以 10~15 分钟为宜,不要太长,以免冻伤皮肤。

(3)一般急性发作期,待疼痛减轻后,就可恰当、慢速、多次地做橡皮带的恢复练习,但应注意,在受伤后的 3 个星期内保证不重复做造成肘部损伤的动作,以后可逐渐练习改进过的技术动作,2 个月后方可参加正常练习。

(4)一般性网球肘的治疗,多采用手臂的各种伸展运动练习来缓解伤痛。

四、脚踝扭伤

网球运动有时需要做大幅度的动作,这可能会导致关节受伤。一般而言,当关节受到压力作用时会产生扭伤,扭伤属于突发性的意外事故。打网球最容易扭伤的部位是脚踝、膝盖和腰部。脚踝扭伤多数是急停或奋力奔跑时以脚外侧先触地面,而单侧脚踝难以承受身体因惯性或制止惯性所产生的强大力量,从而导致踝关节韧带、肌肉以至骨骼的损伤。膝部扭伤多数要归于侧向的急跑和急停,这与脚部比较相像。腰部突发性扭伤往往发生于球员急停并变向

（尤其是向后变向）转身跑的时候，发球时的背弓及反弹背弓发力的动作也容易使腰部吃不消而导致损伤。网球场上最常见的扭伤就是脚踝扭伤（扭脚）。有些比较严重的扭脚，当时就可以听到较响的韧带撕裂声，之后踝关节开始充血、肿胀，并且脚踝疼痛感剧烈，在踝关节韧带损伤处有明显的压迫感。

（一）脚踝扭伤的原因

（1）踝关节力量较差，打球跑动时急起和急停动作过于短促、用力。

（2）准备活动不充分，踝关节的韧带未得到充分伸展就迅速进入激烈的运动状态。

（3）思想麻痹大意，常做一些无谓、盲目、多余的危险动作，如跳过球网。

（4）对打球环境的不适应，如球场太硬、太湿、太涩，或者不平整，还有球鞋不合等原因。

（5）打球的运动量过大，脚踝的紧张时间过长。

（6）身体出现疲劳尤其是脚踝的疲劳，此时精神状态不佳且疲劳未彻底消除，在这种情况下仍然在球场上强迫式地激烈打球。

（二）脚踝扭伤的预防方法

（1）加强脚踝周围肌肉的力量练习和踝关节的柔韧性练习，适当限制关节的活动范围。

（2）对易伤脚踝部位进行固定保护，如包扎弹性绷带等。

（3）认真做好准备活动，上场打球时应由近到远，由慢到快，运动强度逐渐加大。

（4）掌握正确的用力方法并通过练习使之熟练化、自动化。

（5）加强安全意识教育，不要在疲劳状态下打球，不做危险的动作，不过分急于求成。

（6）穿合适的网球鞋，网球鞋应轻便、舒适、大小合适、有弹性，并与场地相适应。

（7）清除场地内的杂物，如暂时不用的球等。

（三）治疗脚踝扭伤的方法

脚踝扭伤的当下，首先要控制关节内充血，立即抬高踝关节，并进行冷敷。如果特别严重，应及时送到医院就诊。一般的脚踝扭伤应在 24 小时内禁

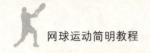

止在扭伤部位有任何活动，迅速冷敷，防止关节内继续出血、肿大，并减轻痛苦。若使用冰块冷敷，应用毛巾包住冰块，不要直接将冰块放在脚踝上，防止冻伤皮肤。若在水龙头下用冷水冲洗伤处，应保持踝关节的适当高度。

伤情稳定后，要有效地进行消肿。取一盆较热的水和一盆凉水，分别把受伤的踝关节浸泡在热水中 15 秒钟，然后迅速移至凉水 5 秒钟，再反复更换，利用温度的变化产生热胀冷缩，促进踝关节的血液循环，使肿胀最有效、最快速地消失。在脚踝扭伤没有彻底痊愈前，还需要经常裹上护踝或弹力绷带来保护踝关节。

（四）脚踝扭伤后的恢复

脚踝扭伤后，为了尽快痊愈，不让停止打球的时间过长，同时也为了日常生活的需要，一定要重视伤后的脚踝康复练习，尽早地恢复到原来状态，保持原有的网球运动水平。脚踝扭伤积极恢复时要注意：

（1）尽快利用各种方法去瘀血、消肿胀。

（2）根据具体伤情，在损伤早期的一定时间内应禁止踝关节的任何活动，保持静养状态。

（3）待伤情有所好转、症状有所减轻之后，要尽量进行踝关节的功能练习，可开始缓慢地做踝关节的屈、伸、内绕环、外绕环等静力或阻力练习。

（4）根据功能练习的效果，判断踝关节的具体恢复情况，适当地、循序渐进地上场练习，这有助于踝关节的恢复。刚开始上场练习时，一定要戴护踝或弹力绷带来保护踝关节。打球时，运动的强度要小，运动量要少，应从网前原地慢球练习开始。

五、肌肉拉伤

肌肉主动强烈的收缩或被动过度的拉长超过了肌肉本身的负担能力，所造成的肌肉细微损伤、肌肉部分撕裂或完全断裂，称为肌肉拉伤。它在网球运动中极为常见，应引起足够的重视。

（一）肌肉拉伤形成的原因

（1）疲劳或过度负荷时，肌肉的机能下降、力量减弱、协调性降低，此时最易出现肌肉拉伤。

（2）三头肌损伤是由于肘关节的突然伸直或食指和拇指握拍太紧，妨碍手腕的运动，肘关节快速伸直所致。

（3）背肌损伤是在下蹲击球或转体动作时造成的。

（4）腹部肌肉损伤是用力过猛发球或打高压球所致，或者肌肉负担过重而引起的。

（二）肌肉拉伤的预防方法

（1）做好准备活动，使全身肌肉放松，各部分肌肉的生理机能达到适应运动所需的状态。

（2）注意加强易伤部位肌肉的力量和柔韧性练习，使屈肌和伸肌的力量达到相对平衡，这是防止肌肉拉伤的有效措施。

（3）掌握正确的技术动作，击球不要过猛或粗暴。

（4）对打球的环境要适应，如气温过低、湿度太大、场地或器械的质量不良等都可以引起肌肉扭伤。

（三）治疗肌肉拉伤的方法

（1）肌肉轻度拉伤用针刺疗法会取得显著疗效，不同的针刺强度和针刺频率使受伤的肌肉能够在适度的范围内按照不同的节奏和强度进行舒张和收缩，从而有助于恢复肌肉的弹性。

（2）肌纤维部分断裂者，早期用冷敷、加压包扎来治疗，还要把患肢放在使受伤肌肉松弛的位置以减轻疼痛。

（3）怀疑有肌肉、肌腱完全断裂者，应在局部加压包扎，固定患肢，立即送医院确诊，必要时还要接受手术治疗。

（4）48小时后开始按摩，手法要轻缓。

（5）肌肉拉伤后的练习应该量力而行，一般以不感觉伤处疼痛为准。

六、肌肉酸痛

打网球的人都有过这样的体会，当尽情地在网球场上潇洒挥拍后，第二天总会觉得浑身肌肉酸痛。这种肌肉酸痛一般发生在运动之后的一两天，并且有时会持续好几天才能自然消退，恢复正常。这种现象因为不是发生在运动过程中或在运动后立即产生，所以也把这种肌肉酸痛称为肌肉延迟性疼痛。

肌肉酸痛是人体的一种正常生理反应，虽然不是严重的运动损伤，但是在每次打球之后，都有这种情况发生，会对日常的工作生活产生一定的影响。对于不同人群，有的人就会出现肌肉酸痛，有的人则不会。通常职业选手或水平较高的业余球员，由于能保证一定的打球次数和运动强度，使肌肉不断地得到

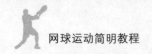

锻炼，提高了身体素质，所以很少发生这种肌肉酸痛的现象。但对于一般的网球爱好者，因每个星期只在周末打一次球，或一两个月才打几场球，不能保证打球的次数和频率，就难免在每次打球之后感觉浑身肌肉酸痛了。

（一）肌肉酸痛的原因

造成肌肉酸痛的具体原因是较长时间不打球或某次打球的运动量突然增加很多，使肌肉对偶尔的上场打球和大运动量没有完全适应，从而引起局部肌肉纤维及结缔组织的细微损伤，以及小部分的肌肉细微产生痉挛。由于这种肌肉细微损伤和痉挛是局部的、少数的，相对整块肌肉来说，仍然不会影响其完成动作。肌肉一旦产生酸痛后，经过肌肉内部细微组织的自我修复，还会提高它的质量。如果接着在一定时间内肌肉质量尚未退化时继续打球，就不会再发生肌肉酸痛了。

（二）预防肌肉酸痛的方法

（1）保证打球计划的合理性，尽可能地做到每周打球 2 ~ 3 次。如条件有限，也要保证每周用其他运动方式来刺激肌肉活动 2 ~ 3 次。

（2）打球前要做好充分的准备活动，特别是对击球用力的局部肌肉、韧带要充分活动开。

（3）刚上场打球时，一定要由近到远、由慢到快地增加速度和力量，待身体完全适应后，方可进入正常练习状态。

（4）在网球场上，尽量避免全力击打球。

（5）避免练习时间过长、肌肉过度疲劳，当感觉确实有些累时，就要停下来。

（6）打球时应注意多喝水和深呼吸，可增加肌肉的持久力。

（7）打球结束后一定要做好放松练习，要彻底放松全身肌肉，并适当地做些肌肉再伸展练习，提高韧带的柔韧性。

（三）治疗肌肉酸痛的方法

（1）对酸痛的局部肌肉进行热敷可促进血液循环，提高新陈代谢，加速肌肉酸痛的缓解和消除。

（2）对酸痛局部进行静力性伸展练习，保持"较劲"状态 2 分钟，放松 1 分钟。反复练习，每天坚持 3 ~ 4 次，可较好地缓解肌肉酸痛。

（3）按摩局部酸痛肌肉，使之彻底放松。

（4）利用电疗、针灸等手段也可以适当地缓解肌肉酸痛。

（5）适当地口服维生素 E 也可有效地帮助消除肌肉酸痛。

七、踝部韧带拉伤断裂

（1）症状：踝部剧烈疼痛。

（2）原因：运动中剧烈变向；鞋子不合适；网球场上表面起伏不平或不慎踩球。

（3）预防：正确地选择鞋子；加强肌肉练习；运动时带护踝。

（4）治疗：出现损伤后，用冷水浸泡受伤部位，包扎绷带并配合按摩方法。

八、膝关节痛

（1）症状：紧张剧烈运动或负荷过重时疼痛，伴有水肿。

（2）原因：膝关节韧带紧张过度；比赛地面坚硬；先天膝关节脆弱。

（3）预防：选择合适的鞋子；带护膝保护膝关节；充分做好准备活动；加强关节力量练习并正确运用技术动作。

（4）治疗：用冰块按摩，使用消炎软膏、超声波、缠绷带等。

九、跟腱断裂

（1）症状：足部表面无异常现象但有剧烈撕裂疼痛感。

（2）原因：进行激烈训练、比赛的时候强烈急停、变向，跟腱韧带劳累过度。

（3）预防：充分做好热身活动。

（4）治疗：快速用冰水冷却，固定踝关节，抬高患肢，求助医生。

十、腰痛

（1）症状：腰部僵直，突发性锐利疼痛，脊柱突出，以致大腿失去知觉、肌肉无力。

（2）原因：脊柱负荷过重；腰部肌肉紧张过度；脊柱出现畸形或椎间盘突出。

（3）预防：经常加强肌肉锻炼，增强腹部和背部的肌肉力量，建立身体肌肉平衡。

（4）治疗：损伤出现后对疼痛部位做热敷处理、按摩或椎骨复位。

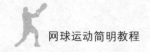

第五节　网球场地

一、网球场地的规格

一片标准网球场地的占地面积不小于 670 平方米（南北长 36.60 米×东西宽 18.30 米），这一尺寸也是一片标准网球场地四周围挡网或室内建筑内墙面的净尺寸。在这个面积内，有效双打场地的标准尺寸是：23.77 米（长）×10.98 米（宽），有效单打场地的标准尺寸是：23.77 米（长）×8.23 米（宽），在每条端线后应留有余地，不小于 6.40 米，在每条边线外应留有余地，不小于 3.66 米。在球场安装网柱，两柱中心测量得柱间距为 12.80 米，网柱顶端距地面为 1.07 米。

如果是两片或两片以上相连而建的并行网球场地，相邻场地边线之间的距离不小于 4.00 米。如果是室内网球场，端线 6.40 米以外的上空净高不低于 6.40 米，室内屋顶在球网上空的净高不低于 11.50 米。

球网的中间有可调节长短的中心拉带，它与正对地面下方的拉钩控制球网的中间高度保持在 0.914 米，中心拉带的宽度不得超过 5 厘米。

一片标准球场，有底线、边线和发球线等。从整个球场的各条线来看，底线最宽，是 10 厘米；其他各线的宽度相同，通常是 5 厘米。一块场地上所有线的颜色都应该是相同的，或者是白色，或者是黄色。

网球场地平面图、网球双打及单打场地规格如下（参见图 2 - 5 - 1、图 2 - 5 - 2、图 2 - 5 - 3）。

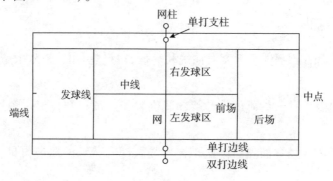

图 2 - 5 - 1　网球场地平面图

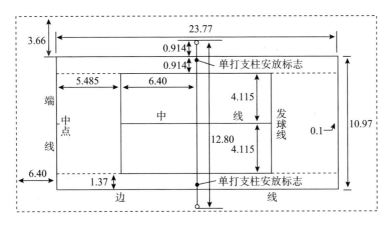

图 2 - 5 - 2　网球双打场地平面图（单位：米）

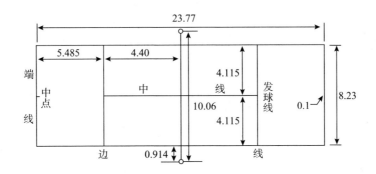

图 2 - 5 - 3　网球单打场地平面图（单位：米）

二、网球场地的种类

网球运动的发展与场地、器材等方面的改良和创新密不可分。当掌握了一些网球的基本技术以后，初学者应该再了解一些有关场地和器材方面的知识，这对于网球技术水平和网球欣赏水平的提高都很有帮助。

在欣赏一场比赛或者欣赏一名球员的表演时，球场的环境、设施，地表的颜色、质地等与球员融合、映衬在一起，会带给观众极大的视觉享受。除此之外，不同质地的网球场更给球员提供了不同的技艺发挥、风采展现的天地，造就了不同类型不同风格的选手。充分了解场地的种类与性能可帮助人们更好地欣赏比赛，提高人们的欣赏水平。

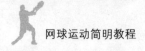

（一）草地

草地球场是历史最悠久、最具传统意味的一种场地。由于其对草的特质、规格要求极高，而适宜的草籽又不具备良好的适应性，加之气候的限制以及需要极周到、细致的保养与维护，费用昂贵，所以此种球场（特别是对用于正规比赛的草地网球场）很难被推广到世界各地。目前每年的几个草地职业网球赛事几乎都是在英国举行，且时间集中在一年中的六七月份。温布尔登网球公开赛是其中最古老、最负盛名的一项草地赛事。

草地球场的特点是球落地时与地面的摩擦小，球的反弹速度快，对球员的反应灵敏、奔跑速度、奔跑技巧等要求非常高，同时球员也可利用此特点大打"攻势网球"，发球上网、随球上网等各种上网强攻战术几乎被视为在草地网球场上制胜的唯一法宝，底线型选手在草地网球场常无功而返。

（二）人造草地

人造草地是天然草场的仿效物，其结构有点像地毯，只不过底层是尼龙编织物，其上栽植的是束状尼龙短纤维，为保持纤维的直立性，纤维之间以细沙为填充物。这种场地需要平整、坚固的基底，附设有良好的排水结构，并且，因其白色界线与周围场地直接拼编在一起，所以免去了许多诸如画线等维护上的麻烦，也使其成为全天候场地的一种，维护者只需经常梳平整理并适时增添其间的细沙就可以了。

（三）软性场地

这是不被人熟知的一个名字，但若提到法国网球公开赛的红土球场，人们立即就不会有陌生感了。它是"软性球场"最典型的代表。另外，常见的各种沙地、泥地等都可称为软性场地。软性场地不是非常坚硬，地表铺有一层细沙或砖粉末，特点是球落地时会与地面产生较大的摩擦，球速比较慢，球员在跑动中特别是在急停急起时会有很大的滑动余地。这些决定了球员必须具备比在其他场地上更坚强的意志品质和更出色的奔跑、移动能力，否则很难取胜。在这种场地上比赛对球员是极大的考验，主要考验其在底线相持的功夫。球员一般要付出数倍的汗水及耐心在底线与对手周旋，获胜的往往不是频繁上网者，而是在底线艰苦奋斗的一方。值得一提的是，沙地或土地网球场虽然造价比较低，但保养和维护起来却相当麻烦，平时需要浇水、拉平、画线、扫线，雨天过后需要平整、液压等。

（四）硬地

硬地是最普通的一种场地，它一般由水泥和沥青铺垫而成，场地上涂有红、绿等漂亮的颜色或铺有一层高级塑胶面层，其表面平整、硬度高，球的弹跳非常有规律，但球的反弹速度很快，平时易于清扫和维护，基本上用不着很精心的维护，许多公共网球场都采用这种硬地球场。

需注意的是，硬地不如其他质地的场地弹性好，初学者在练球时应加强对自己的保护，特别是膝、踝关节，初学者往往奔跑、移动的方法不尽正确，而地表的反作用又很强，比较容易对上述部位造成伤害。自我保护的办法是：时刻保持膝关节的弯曲以便随时依靠膝关节的升降和缓冲抵减来自于地面的反作用力；奔跑时重心落在前脚掌上以使整个身体更有弹性；变向回动时也尽可能地降低重心。

（五）合成塑胶场

合成塑胶场地的材质与塑胶田径跑道的材质同类，它以钢筋混凝土或其他类似的材质结构为基底，表面铺撒合成塑胶颗粒，其间以专用胶水相粘。这种场地的弹性及硬度依塑胶颗粒的大小、铺撒的紧密程度及其本身的特质而定。塑胶场地颜色艳丽，管理方便，室内外皆可铺设，也是可供选择的理想的公共球场。

（六）网球地毯

顾名思义，这是一种"便携式"可卷起的网球场，其表面是塑胶面层、尼龙编织面层等。一般用专门的胶水粘接于具有一定强度和硬度的沥青、水泥、混凝土底基的地面上即可，有的甚至可以直接铺展或粘接于任何有支持力的地面上。其铺卷方便、适于运输且有非常强的适应性，室内室外甚至屋顶都可采用。球的速度需视场地表面的平整度及地毯表面的粗糙程度而定。保养此种场地也非常简单，只要保持地面清洁、不破损、不积水就可以了。

（七）网球场地画法

一般单打和双打兼用的场地画线步骤如下（单打场地画线步骤见下面的"注"）：

首先选择球网位置，画一条长 12.80 米（42 英尺）的直线。中点处做一记号×，然后由此点向两侧丈量，定点如下：

a、b 点各距 X 点 4.14 米（13.6 英尺），球网于此处与单打边线相交。

n、M 点各距 X 点 5.03 米（16.6 英尺），为单打支柱的位置。

A、B 点各距 X 点 5.49 米（18 英尺），球网于此处与双打边线相交。

N、N 点各距 X 点 6.40 米（21 英尺），为网柱的位置，准线的两端。

在 A、B 点加钉，并分别各与一量尺的一端相连。从 A 点量 16.18 米（53.1 英尺）成 AC 线（这是半场对角线长度），从 B 点量 11.89 米（39 英尺）成 BC 线（这是半场边线长度）。拉紧 AC、BC 线，使二线相交于 C 点（这是半场的一角）。

反向丈量可找出另一角 D 点。在这阶段对操作的检查，最好检验 CD 线的长度，它是端线，应长 10.97 米（36 英尺），同时可标出中点 J 和单打边线以 c、d 两点距 C、D 点 1.37 米（4.6 英尺）。

中线和发球线各点 F、H、G 均分在 bc、XJ、ad 线上距球网 6.4 米（21 英尺）处画出。

采取同样步骤可画出球网另一边的球场。

注：

（1）如只需单打球场时，a、b、c、d 外边之线均不必画，但用上法可丈量出球场。另外可供选择的方法是：可在以 a、b 处加钉并各与一量尺相连以代替 A、B，再用 14.46 米（47.5 英尺）和 11.89 米（39 英尺）的长度，找出单打端线两角 c、d。网柱在 n、n 处并应使用 10 米（33 英尺）长的单打球网。

（2）当一单打、双打兼用球场挂着双打球网用于单打时，必须在 n、n 处用两根 1.07 米（3.6 英尺）高的支柱称为"单打支柱"将网撑起，单打支柱的直径或边长不得超过 7.5 厘米（3 英寸）。单打支柱的中心应距单打边线外沿 0.914 米（3 英尺）。为了便于安置单打支柱，最好在场地上的 n、n 点用白点标出。

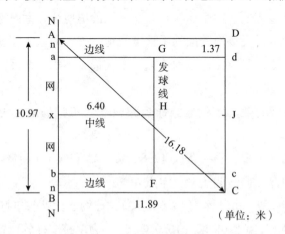

图 2-5-4　网球场地画法

第三章　网球运动的基本技术

第一节　技术理论常识

一、站位

击球前，根据需要选择合适的打球位置称为站位。会站位是学打网球的第一步。站位的选择要根据情况而定。比如，对方在右区向你的右区发球时，在右场区底线附近 3 米左右的地方就是合适的站位。在单打比赛中，每击完一次球，必须跑回中点附近（特殊情况例外），这就是合适的站位。站位是否合适的衡量标准，就是看你站的位置是否有利于还击对方击到你方球场上各个不同位置的来球，如果不利，那你的站位就错了。

二、球场区分

球场以中点与中线的连线为界可分成左半场、右半场，没有中间界限叫全场，底线向前 3 米左右称为后场，球网向后 4 米左右称为前场，中间部分称为中场。

三、正手、反手

握拍手的同侧方位称为正手，握拍手的异侧方位称为反手。正、反手的用途主要有两点，一是与技术名称相连，表示一种技术动作，如正手击球、正手高压球、反手截击球等；二是表示来球的方向，如来球正手、来球反手等。

四、击球的动作结构

网球击球技术多种多样，动作的方法、要领各有不同，但在击球动作结构方面却有着共同的规律。了解击球的动作结构是为了观察、分析某个技术动

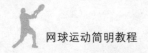

作，找出毛病进行改进，不断提高技术水平。

网球运动中具有一定连结形式结合合理的科学击球动作就叫击球技术。构成击球技术所有动作之间的普遍联系和相互作用的形式就叫击球的动作结构。击球动作结构由摆臂引拍、迎球挥拍、球拍触球和随势挥拍4个部分组成。

（一）摆臂引拍

摆臂引拍是把球拍拉向身后，准备击球，是一切击球技术的开始，是获得击球力量的重要保证。这个动作除握拍需用力外，其他各部分肌肉要保持放松，特别是肩部肌肉。从自然放松状态转向集中全力于球拍触球的一瞬间，这种发力方法能获得最佳击球效果，这和使鞭的动作极为相似。引拍动作正确与否，直接影响击球动作和击球质量。引拍是否及时是保持合理击球点的重要条件；引拍是否充分是发挥击球力量的重要因素；引拍的方法和引拍结束时的姿势如不正确将导致击球动作出现错误。

（二）迎球挥拍

迎球挥拍是把引向身后的球拍从后向前挥动去迎击来球。迎球挥拍的动作正确与否，对回球准确性和击球质量均有较大的影响。迎球挥拍要及时，挥拍的方向、速度不仅决定了击球的命中率，更重要的是决定着击球的速度、深度和角度。球拍从下向上挥动回过去的球具有上旋性质；球拍从上向下挥动回过去的球具有下旋性质；球拍向侧上挥动回过去的球具有侧上旋性质；球拍向侧下挥动回过去的球具有侧下旋性质。各种技术的挥拍方法各不相同，但追求的击球效果却是一致的，因此要掌握好迎球挥拍这个重要环节。

（三）球拍触球

球拍触球是球拍击中来球的瞬间，是击球动作的关键环节。触球的时间、触球的部位、触球时球拍挥动的速度方向及手臂手腕的用力感觉等复杂动作都集中在这关键的一瞬间，它是决定回球准确性和击球质量的关键。所以这一环节是我们观察、纠正某一技术是否有错误的重点。

（四）随势挥拍

随势挥拍是指球拍击球后顺势前挥球拍的动作，是整个击球动作的结束。随势挥拍有利于增大击球的力量，并在击球的结束阶段保证击球动作的完整性、准确性和协调性。球拍触球后，要注意及时放松各有关肌群。随势挥拍动作幅度如果太大，将影响击球后的迅速还原，有碍连续击球。

五、拍形

拍形包括拍面角度和拍面方向。

（一）拍面角度

拍面角度是指球拍击球时拍面和地面间的角度，按击球部位的不同，拍面角度分为：

拍面垂直：指拍面与地面的角度为90度，击球部位为中部。

拍面前倾：指拍面与地面的角度小于90度，击球部位为中上部偏上部位。

拍面后仰：指拍面与地面的角度大于90度，击球部位为中下部偏下部位。

拍面向上：指拍面与地面的角度接近180度，击球部位为球的下部偏底的部位。

拍面向下：指拍面与地面的角度接近平行，击球部位为球的上部偏顶的部位。

（二）拍面方向

拍面方向是指击球时拍面所朝向的方位，按击球部位的不同，拍面方向分为：

拍面向前：击球的正中部。

拍面向左：击球的右侧部。

拍面向右：击球的左侧部。

不同的击球方法要求不同的拍面角度和挥拍方向：平击球一般要求拍面垂直，接触球的中部，并向前挥拍；上旋球要求调节拍面使其前倾，并向前上挥拍；下旋球要求调节拍面使其后仰，并向前下挥拍。拍面垂直并向下挥拍可削出下旋球；拍面垂直并向上挥拍可拉出上旋球。由此可见，拍面的控制是完成某一技术动作的重要因素。

六、击球的部位

击球部位是指球拍击球时，拍对球所碰撞的位置。球的后半部是拍与球撞击的有效部位，击球部位有上、中、下和左、中、右几种，在有些击球中，球拍接触球的部位还有中上部、右下部等两个或多个部位结合的情况。

七、击球点

击球点是指球拍击球时与球碰撞瞬间在空中接触的那个点。它是一个空间

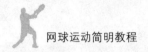

位置，主要包含以下几个方面：

(1) 这个点距离击球人身体的前后距离；

(2) 这个点距离击球人身体的左右距离；

(3) 这个点离地面的高低位置。

选好击球点，对正确掌握各种击球动作至关重要。击球时击球点的选择是否合适对击球的命中率有直接的影响。击球点过前，击球无力，动作过于勉强；击球点偏后，球拍前挥距离不够，形成球撞击球拍，而不是球拍主动打球的被动局面；击球点过高或过低又会使动作变形。选择正确的击球点能使合理的技术动作得以发挥，击球效果就好。不同的技术动作对击球点有不同的要求，需要在学习技术时认真领会，并熟练掌握。

八、击球距离

击球距离是指挥拍击球时，球拍的起始点（即引拍结束时的球拍位置）到击球点之间的挥拍长度。

九、击球的深度

击球的深度是指球员击出的球落在场内距底线的远近程度。落点距底线近即所谓击球的落点深，落点距底线远，即谓落点浅。把球打得深，球飞行的时间长，能够有较长的时间为还击对方击来的球做准备，是使自己摆脱被动状态争取主动状态的一个好方法；把球打深可以阻止对方上网，因为对方从底线击球以后再跑到网前，奔跑距离长，很难上网进行截击；把球打得深，还可以缩小对方回球的角度，缩短自己左右奔跑击球的距离，减少击球的难度，提高击球的命中率。我们来做这样一个比较：如果对方从底线中间击球，回过来的球角度小，一般移动3步左右即可还击；如果对方从窄场中间击球，回过来的球则角度较大，需要移动5~7步才能还击；若对方在网前击球，那么回球角度就很大，需要移动8~11步才能还击，这样往往是难以进行还击的。可见把球打深有其战略意义，它不仅是对技术提出的要求，更重要的是提高战术意识与战术方法的需要。

十、击球的角度

角度是指角的大小，而角是由从一点引出的两条直线形成的，或是由从一条直线上向左侧和右侧展开的两个平面所形成的空间。击球的角度是从打球人的击球点至接球人所构成的一条直线，然后左侧和右侧展开的两个平面所形成的空间。如果以击球点与接球人所构成的角度为 0 度，那么，向左侧和向右侧展开的平面越大，则角度也越大。一般来说，离接球人身体两侧越远的球角度越大，就越具有威胁性。打角度球就是尽量扩大击球点至落点与击球点至接球人之间所形成的角度，使击球后球的行进线路远离接球人。在练习中要求打角度大的球，其意义在于提高击球的攻击性。因为角度大可以调动对方，尤其是大角度的斜线球能将对手拉到边线外，使对方场上出现空当，从而攻击空当得分；打角度球有时也可以直接得分，特别是在破网技术中运用效果更佳；另外，打角度球还可以减少自己回中心的跑动距离。总之，练习打角度球是提高技术水平和战术意识的需要，也是培养网球意识的重要环节。

十一、击球的速度

击球的速度理解为对方击出的球飞至网上到被我方将球击出、触及对方场地内的对象为止（包括球落地、球被对方截击等）这段时间的长短。这里包括技术方面的动作速度，如拉拍早、摆速快、击出的球速度快等，还有反应、判断、移动等方面的速度。当对方场上出现空当时，要把握时机凭借打出的角度或击球力量创造得分机会，在这种情况下，就要看球员在判断、反应、移动、截击和击球速度方面的快慢了。速度快的球员会得心应手地将球适时还击过去，在速度上胜于对手。使用截击球回球速度最快，威胁性也最大，其次是回击落地球时，应尽快提高挥拍速度，以增大击球爆发力。另外，压低球飞行的弧线、缩短球在空中飞行的时间，也能使回球速度加快。再一点，加强专项速度素质的训练有助于提高反应、判断和移动的速度。加快击球速度的目的是缩短对方观察、判断、分析、选择及运动击球的时间，给对方造成匆忙、勉强、被动的还击，从而使击球的命中率降低和击球的威胁性减小。

十二、击球的旋转

挥拍击球时，球拍给球的作用力不通过球心，那么球就会带有旋转的性质。旋转的球在空中飞行的弧线、落地后弹起的弧线与不旋转的球不一样。旋转的作用是利用旋转制造合适的击球弧线，提高击球的命中率，另一点可利用旋转的变化来干扰、破坏对方的击球，使对方击球失误。了解球的旋转性能有

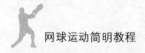

两大好处：一是可以利用它，二是会对付它。这对提高运动技术水平非常重要。

打球时不可能绝对平击，或多或少地总有一定的旋转。旋转的球是沿着一定的旋转轴来转的，如果这个轴是上下的竖轴，那么开始时球的右半部绕此轴向右旋转，就能产生右侧旋，开始时球的右半部绕此轴向左旋转，就能产生左侧旋；如果这个轴是左右的横轴，那么开始时球的上半部绕此轴向前旋转，则产生上旋，开始时球的上半部绕此轴向后旋转，则产生下旋；如果这个轴是前后的矢状轴，那么球按顺时针转动为顺转，球按逆时针转动为逆旋。实际上，球完全按横轴、竖轴、矢状轴转动是少见的，多半带有侧上、侧下的性质。下面分别简述上旋球、下旋球、侧上旋球以及侧下旋球的特点。

（一）上旋球

上旋球是绕左右横轴向前旋转，由球拍稍前倾从下向前上擦击球的中上部而产生的。上旋球在飞行期间，由于球受重力和空气阻力的影响，其飞行弧线要陡一些，下落速度也比较快。当球落地反弹后，球有一定的前冲力，弹得低而快。现在流行的正、反手拉上旋球，就是充分利用这个道理而使球更具威力。一个极强的上旋球在空中飞行时，如果下落速度很快，即使在打出较高弧线的情况下，也很少会造成出界现象，这样可以避免由于击球弧线高而球被打出界外，常说的拉上旋球能提高稳健性、拉球安全系数高就是这个道理。上旋球落地后，球仍带有极强的上旋性质，由于旋转球形成一定角度落到地面，球的底部受向后反作用力的影响，因而增加了球的向前速度即表现出更强的前冲力，这种力对于还击来球的对手来说，又具有很大的威胁性。

（二）下旋球

下旋球也叫削球，是绕左右横轴向后旋转，由稍后仰的球拍向前下擦击球的中下部而产生的。在下旋球飞行期间，由于球受重力和空气阻力的影响，其飞行弧线要平直一些，下落速度比不旋转的球要慢一些，球落地后会弹得高，不往前走。当对手在底线时，用下旋球放出轻而浅、角度大的球是颇具威力的；用下旋球接发球可减弱对手发球的速度；在底线用反手下旋球防守能控制住强大压力下的来球，并将球送至底线深处。

（三）侧上旋球

侧上旋球是绕一个斜轴向左前上方或右前上方旋转，球拍擦击球的侧面，同时附加向侧上用力而产生的。飞行期间的弧线略偏向左侧或右侧，由于它具有侧上旋性质，在球落地反弹后，有略向左前或右前的冲力。侧上旋球用于发球，可使接球员被拉出场外或直接得分，在网前使用也有较好效果，底线拉上旋球有时也可略带侧旋性。

（四）侧下旋球

侧下旋球是绕一个斜轴向左后下方或右后下方旋转，球拍擦击球的侧下部位而产生的。飞行期间的弧线略偏向左侧或右侧。由于它的侧下旋性质，在球落地反弹后，略向左上或右上弹跳，球的前进力小，速度降慢，跳得就高。侧下旋球用于发球时可提高稳健性，在网前截击球用削击打法，可打出大角度球。比赛中经常变化打法，时而拉上旋，时而削侧下旋球，可改变对方击球节奏，争取主动。

十三、击球的力量

击球力量的大小，是通过球运行的快慢表现出来的。球拍给球的力越大，球向前飞行的速度就越快，力量大的人尤其是爆发力比较好的人，打出的球向前飞行的速度就快。击球力量大的作用是：球以快速飞向对方场地时，给接球者增加了击球的难度，因为球速快就要求接球者的判断、移动、击球等一系列动作也必须要快，而快速回击又容易失误；快速飞行的球给接球者球拍的力度大，球的反弹力也大，如接球者控制不好，球就有可能出界；由于球速快，接球者不容易看清球飞行的路线，经验不足的人容易击球失误。

增大击球的力量须做到以下几点：

（1）击球前，及时调整好击球的站位，以利于完成正确的击球动作和充分发挥肌肉力量。

（2）击球时引拍动作稍大些，能增加球拍前挥的加速距离，在球拍向前挥动速度最快时击球。

（3）击球时拍面应尽量保持垂直，减少对球的摩擦，力量完全用在打击球上。

（4）选择合适的击球点，当球拍向前挥的速度达到最快时，在整个身体感到最舒服的那个点击打。合适的击球点不仅有助于加长击球距离，增大击球动作的幅度，发挥击球时的肌肉力量，而且有助于控制回球弧线。

（5）击球时要把握好发力顺序和击球时机，在击球过程中一般按照腿—腰—上臂—前臂的顺序依次发力。

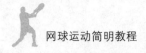

（6）整个击球过程中，全身肌肉不要太紧张，以免影响肌肉的收缩发力效果。击完球尽快放松各部位肌肉，迅速恢复到准备状态。

（7）增加身体的力量练习，使腿、腰、臂的力量不断增加，提高整个击球过程中各部位力量的协调配合能力和爆发力。

十四、击球的路线

击球的路线是指球被击出后所运行的轨迹与场地之间的关系。网球场地大，击球线路多，很难一一描述。应用较多且区别明显的有 9 条基本的击球路线。击球者从自己的右角将球打到对方的右角，球的路线与边线成较大的角度，这条线称为右方斜线；击球者从右角将球打到对方的左角，球的路线与边线平行，这条线称为右方直线；击球者从自己的右角将球打到对方球场中点附近，球的路线与边线成较小的角度，称为右方中路。相反，从左角将球打到对方的上述 3 个位置时，仍有 3 条球路，即左方斜线、左方直线、左方中路。若从自己的中点将球击到对方场地的 3 个位置，又可产生 2 条中间斜线、3 条中间直线线路。

十五、击球的落点

球被击出后，落在对方场地内的着地点叫击球的落点。落点是路线的一个重要组成部分，但又与路线有区别，比如同是一个斜线球，由于球的落点不同其斜线的效果也不一样。在斜线上有深球、浅球之分，又有球打在后场、中场、前场之别，同是深球，落点不同，又有左、中、右之分，同是一条斜线，又可打出大角度球和小角度球。因此，击球的落点能体现出击球的路线、击球的深浅场区和击球的角度。

落点的作用是利用斜线、直线和深球、浅球扩大对方移动的范围，盯住对方的弱点连续攻击，增加对方击球的难度；利用假动作声东击西，使对方判断错误，失去有利的击球时机。只有充分认识击球落点的重要性，并经常有针对性地进行落点球练习，控制击球落点的能力才会有所增强。

十六、击球的弧线

击球的弧线是指球被击出后到落到对方场地上球所运行的轨迹。弧线包括弧线的长度、弧线的曲度、弧线的方向以及打出距离。弧线的长度是指球从球拍飞出到落地或从落地到触及其他对象球实际运行的轨迹的长度。弧线的曲度是该条弧线的弯曲程度。弧线的方向与球路相仿，有斜、直线及中路之分。打出的距离是指球拍触球点到落点的直线距离。

弧线的作用是提高击球的稳定性。在一网相隔的两半场地上击球，球多以弧线的形式来回运行，才能免于落网。因此，不管想打直线球还是想打斜线球，不管要打角度大的球还是角度小的球，都必须首先考虑制造合适的弧线。弧线的第二个作用是可利用忽高忽低、时长时短的弧线，提高球的进攻性、威胁性。

★ 提高控制击球弧线的能力要注意以下几个方面：

（1）要控制好拍面并掌握好击球时用力的方向，拍面越向上用力，则球的弧线曲度越大。

（2）要掌握好击球用力的大小，球拍用力大则弧线的打出距离长，反之则短。

（3）要注意击球时击球点距地面的距离，距离大则弧线曲度可以小些，距离小则弧线曲度需要大些。

（4）利用旋转的规律制造弧线，比如拉上旋打大角度的浅球就比较容易命中。

十七、甜点

球拍上能送出稳定、有力、向着预定方向飞行的球的区域称为“甜点”。它是位于球拍网弦中心部位的一个区域，在练习中，用球拍的甜点去击球，击球的用力能发挥最佳的效应，练习者的手感也能最舒服，有一种舒服、甜蜜的感觉。

★ 这个区域里有 3 个点：

位于网拍中心有一个“最佳手感点”，球击在这个点时人的手臂感到震动极小；在最佳手感点的下方，靠近拍柄端有一个“最佳弹力点”，球若击到这个点上那么飞出的速度就最快；在最佳手感点的上方，拍头方向有一个点叫做“最大减震点”，球击在这个点时震动力最小。甜点是击球拍面的最佳甜点击球区，在甜点击球不仅有利于增强击球的攻击性，而且有利于提高击球的稳定性。若击在甜点以外，效果就会大大降低。

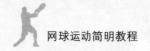
网球格言：
　　技术就是你战斗的武器，你的武器越好，你的胜算就越大。
　　　　　　　　　　　　　　　　　　　　　　　——比尔·铁尔顿

第二节　握拍法

一、握拍方法及种类

　　握拍时手掌边缘要与拍柄的底部齐平，勿握在拍柄的中央部位；掌心和手指应与拍柄最大面积地贴合在一起，体现出拍手一体、拍手无间的感觉，不能仅用手指"捏"住拍柄；拇指环过拍柄贴压于中指之上，勿留有空间，以免在击球时球拍脱手；食指略与中指分外并自然与拍柄靠在一起，如果像握拳头一样死板地将球拍抓在手里，那么握拍的灵活性及随意性就要逊色许多，不利于对球拍控制，手也容易感觉疲劳。

　　网球的握拍方法主要有：东方式（包括东方式正手及东方式反手）、西方式和大陆式，还有半东方式半西方式等，其依据是持拍手之虎口相对于拍柄各棱面的位置而定，不同的握拍方式各有特点和作用。

　　从一定意义上说，球拍是击球者手臂的延伸和手掌的扩大，是球员身体的一部分。每个击球动作都由手臂、手腕、手指相互配合用力完成，因此握拍的质量对技术的提高和全面发展有较大影响。

　　如图 3 - 2 - 1 所示，根据标号顺序，一般从①→⑧，依次为①上面→②右上斜面→③右垂直面→④右下斜面→⑤下面→⑥左下斜面→⑦左垂直面→⑧左上斜面。

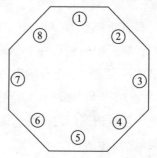

图 3 - 2 - 1　拍柄面编图

二、握拍方法的选择

选择什么样的握拍方法是根据选手的身体条件及技术特点来决定的。以下介绍的握拍法供初学者参考。建议以东方式正手握拍来打正拍；至于反拍击球，无论是单手或是双手握拍，通常采用大陆式向左稍深的握拍法；而发球、截击时，选择大陆式握拍或东方式反手握拍方法，目的是使肘关节容易向内侧旋转。

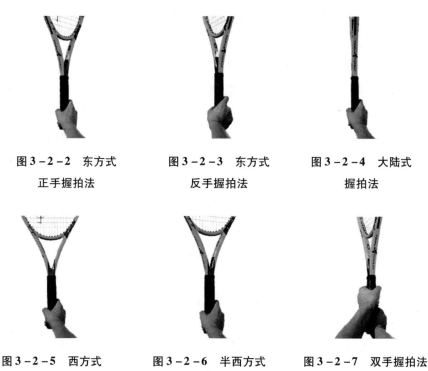

图 3-2-2 东方式　　　　图 3-2-3 东方式　　　　图 3-2-4 大陆式
　　正手握拍法　　　　　　　反手握拍法　　　　　　　握拍法

图 3-2-5 西方式　　　　图 3-2-6 半西方式　　　　图 3-2-7 双手握拍法
　　握拍法　　　　　　　　　握拍法

三、不同握拍方法的要点

（一）东方式正手握拍

将手平放在拍面上，然后下滑到球拍拍柄处握住；或者把球拍平放在桌面上，将球拍拿起即为东方式握拍。从技术的角度讲，此握拍法接近于握手的感觉（图 3-2-2）。

优点：东方式握拍易于正手击球，拍面和掌心的方向一致，这样初学者更

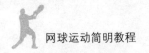

容易掌握用掌心击球的感觉，并且击出的球更稳定。采用这种握拍，拍面可以通过摩擦球的后部击出上旋球，还可以打出力量大和穿透性强的平击球。同时，东方式握拍很容易转换到其他握拍方式，因此对于初学者来说，东方式握拍是不错的选择。

缺点：与西方式握拍相比，东方式握拍的击球点要求在身体前部更高一些，但它不适用于打半高球。虽然东方式握拍击出的球比较有力量和穿透性，但更多的是平击球，这就导致稳定性会差一些，因此很难适应多回合的打法，可见东方式握拍不适用那些希望打出更多上旋球的底线型选手。

（二）东方式反手握拍

大陆式握拍开始，顺时针旋转球拍（左手持拍为逆时针），使食指根部压在上一个斜面，便形成东方式反手握拍（图3－2－3）。

优点：同东方式正手握拍一样，它可以给手腕提供良好的稳定性。击出的球可以略带旋转，或直接击出很有穿透力的球。而且，采用这种握拍只要做非常小的调整就可以回到东方式正手握拍，使选手在削球或在网前截击时都会比较轻松。

缺点：尽管这种握拍法能很好地处理低球，但不适合打高于肩部的上旋球，因为这种握拍法很难控制这样的回球，所以在多数情况下，选手只能采用防守式的削球将球回击至对手场内。

（三）大陆式握拍

球拍与地面垂直，由球拍正上方握拍，拇指围住拍柄，食指第三指关节紧贴于拍柄右上斜面，这就是大陆式握拍（图3－2－4）。

优点：运用大陆式握拍法可以使发球或打过顶球时充分发挥手臂的作用，有利于击出正手平击球和处理低球，由于在打正手和反手时不需要调整握拍法，因此大陆式握拍法也是打网前截击球的最佳选择，可以使正拍及反拍攻防转换十分迅速。同时，还有利于回击较低的来球。

缺点：采用大陆式握拍法很难打出带上旋的球或削球。一般来讲，采用此种握拍法击球时击球点在腰部高度，由于球在这一点停留的时间非常短暂，所以给人留下的击球时间就很短。另外，这种握拍法处理来球速度快的反弹球较为困难。

（四）西方式握拍

拍面水平于地面，由正上方握起，食指根部接触到一个平面，这就是西方式握拍法。喜欢打强烈上旋的土场选手多采用这种握拍法（图 3 - 2 - 5）。

优点：这种握法有利于以拍面强烈地击打球的后部，从而击出的球旋转强，落地后向前冲击较大，能使对手面临更大的压力。可以让击出的球恰好过网，但过网后就会立刻下坠，而球在落地后还会高高地弹起，这就迫使对手退至底线后回球。这种握拍比其他正手握拍法都更容易回击击球点较高的来球，正是因为西方式握拍法对高球的良好控制，所以许多土场选手和青少年都青睐这种握拍法。

缺点：回击低球是此种握拍法的致命弱点。这就是为什么许多采用此种握拍的职业选手在球速较快、球的反弹较低的硬地或草地场上比赛时表现得不尽如人意的原因。同时，它需要以更快的挥拍动作增加球的旋转，否则，击出的球就会既没有速度也没有深度。对一部分选手来说，采用这种握拍很难打出弧线较平的球。

（五）半西方式正手握拍

以东方式握拍，然后逆时针方向旋转（左手握拍则顺时针方向旋转）球拍，使食指根部压在下一条拍棱上。底线力量型选手多采用这种握拍（图 3 - 2 - 6）。

优点：相对于东方式握拍，这种握拍可以让选手打出更多上旋球，使球更容易过网，更好地控制线路。它很适合打上旋高球和小角度的击球，而且这种握拍还可以打出更深远的平击球。由于击球时大幅度地引拍，使球产生较强的上旋，有助于回球的稳定，减少失误。这种握拍在身体前部的击球点比东方式握拍更高，因此更利于控制高球。

缺点：半西方式握拍不适合回击低球。因为采用这种握拍时，拍面自然地呈关闭状态，这样迫使选手必须打球的下部然后向上拉球，于是容易给对手留下进攻机会。另外，从底线上网时这种握拍转换到大陆式握拍需要做很大的调整。

（六）双手反手握拍

使拍面处于大陆式和东方式反手握拍的中间位置，然后用另一只手以东方式正手握拍法握在持拍手的前方（图 3 - 2 - 7）。

优点：适用于单手力量不足或双手具有良好协调性的选手。比起单手反手击球，由于双手反手借助肩部的转动和小幅度的挥拍来发力，因此反拍击球时隐蔽性比较强。而且在回球时力量很足，处理击球点较低的来球较为容易。

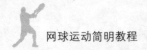

缺点：因为是双手握拍，这就限制了跑动，故在进行大幅度移动击球时很困难，而且不易于转身挥拍；网前截击时双手反手握拍不易控制拍面，回击直线截击较困难，不适合移动较慢的选手。

（七）半西方式反手握拍

这是西方式正手握拍选手多采用的反手握拍，可以采用大陆式握拍，并逆时针将球拍转至下一个平面。食指根部仍处于拍柄的上端，但其他3个手指根部几乎与食指处于一条与拍柄平行的直线上。

优点：同西方式正手握拍一样，这种握拍也是很多土场选手采用的方法。采用这种握拍法时，拍面比普通东方式反手握拍关闭得更多一些，而且击球点也在身体前更高的位置，这样有利于处理高球，而且也容易打出带上旋的回球。反手攻击能力强的选手大都采用这种握拍法。

缺点：它与西方式正手握拍有着相似的局限性，即不适合处理低球。因为它也不能很快地转换握拍法来回击网前球，采用这种握拍的选手通常喜欢打底线。

第三节　击球过程的基本环节

网球击球过程主要包括：判断、移动、击球、回位4个最基本的环节（如图3-3-1所示）。

图3-3-1　击球过程连续图

一、判断

判断来球是决定脚步移动的方向和还击方法的依据，它包含判断来球的路线、旋转性质、旋转强弱、速度快慢以及落点的远近等。

（一）判断来球的路线

根据对方击球时的动作及方法来判断来球的路线。例如：对方移动到球场的右下角，通过他所采用的击球方法、挥拍动作以及球场的角度原理（死角原理），就能判断出来球的路线 80% 是斜线球。还可以通过对方的侧身情况判断出直线或斜线球。

（二）判断来球的旋转性质

球的旋转来自于拍面与球的摩擦。根据对方击球时的挥拍动作及擅长的打法就可以判断出球落地后的走势。例如：击球时挥拍动作向前较多，击出的球多为平击球，这种球落地后速度快，向前冲击比较大；挥拍动作向上较多，击出的球多为上旋球，落地后向前向上反弹较大，下旋球击出时看似速度很慢，但球落地后反弹很小，球会出现向下坠落的现象。

（三）判断来球的速度快慢及落点的远近

可以根据对方挥拍击球时动作幅度的大小和挥拍速度的快慢来判断球的速度、力量及落点。通常对方挥拍击球的动作幅度越大，挥拍速度越快，击出的球力量越大且速度越快，反之则击球的力量小且速度慢。这时可以根据对方击球时的出球情况来判断球的旋转强度，根据球的飞行弧线来判断球的落点是深是浅，来球飞行弧度较高则落点就深，反之落点就浅。判断来球时要特别注意观察对方击球时的动作，同时应把己方的回球速度、落点及旋转等情况给对方造成的影响考虑进去，才能正确判断。总之，判断一要靠观察对方的击球动作，二要根据对方的站位情况，而判断的准确性更要通过长期的训练才能得到提高。

二、移动步法

同其他运动项目一样，步法在网球运动中同样起着至关重要的作用，也是成为一名优秀选手不可缺少的重要因素。尤其在单打比赛中，运动员要在草地上来回奔跑并完成各种击球动作，如果不具备快速而准确的步法，就会顾此失彼，疲于奔命。

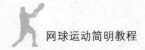

步法不仅体现在跑动中，在非跑动中的击球中同样需要准确无误的步法，如网前截击除了借助来球的力量之外，很大程度上是通过步法的调整来实现身体重心的移动，从而达到对球的控制。如果站在网前只是利用上身动作来完成截击，无论从球的力量上还是落点上都不能达到最佳的效果。另外，对网前小球以及高压球的处理也都需要在碎步调整的步法基础上完成。

移动是为了在正确的击球点上击球，只有移动到位才能有效地把球击出。由于现代网球的速度越来越快，球路多变，因而在完成移动选位时反应要快，对来球的判断要早，起动要及时，确定还击方法要果断，步法和手法配合要协调。在平时训练中不仅要努力提高起动的速度和移动的能力，而且更要重视提高反应速度，并能把步法和击球手法紧密协调地结合起来。

在击球过程中，移动的快慢在某种意义上起到决定性的作用。移动速度比较快，就能迅速抢占击球的有利位置，从而提高回球的命中率和击球的质量。反之则会降低击球的命中率和回球的质量。尤其是对网球初学者来说，要特别注意加强移动能力的培养和训练。一般的移动步法是开始时为小碎步，中间为大步，当接近来球时又改为小碎步。在确定支撑脚的位置后，另一脚跨出击球，其中支撑脚的移动是关键。

三、击球

在网球场上，任何击球动作都由准备、后摆引拍、前挥击球及随挥这几个环节组成，每个环节完成得越到位，环节间衔接得越连贯周密，击球的效果也就越好。在向前挥拍时，手腕要固定以保持拍面稳定，但在击球前握拍要放松，在击球的一瞬间再用力握紧。在这一环节中，合理的击球点、挥拍击球的方向和击球的部位是关键（如图 3-3-2 所示）。

图 3-3-2 击球瞬间图

击球时眼睛要紧紧盯着球，直至球确实离开拍面。从理论上讲，无论哪种击球都要保证球与球拍接触一定的时间。应尽可能地长时间盯着球，保持头部不动，增加击球的稳定性。

四、回位

每次击球后都必须快速回位，及时地回位并恢复到基本站姿和基本位置，做好再次击球的准备，这是连续击球的重要保证。你跑到球场的任何一个位置，都应做到快速回位，同时注意击球后的放松和还原动作的简洁实用。这里所说的回位是指球场内一个基本的范围，而不是固定的一点，在训练和比赛中双方的击球位置和战术应用在不断发生变化，因而基本的站位也绝不是一成不变的，在教学和训练中应正确地理解和灵活地运用。

> **网球格言：**
>
> 我在教初学者的时候，通常会在 1 个小时里说 30 遍：眼睛看着球。
>
> ——比尔·铁尔顿

第四节　基本站姿及移动步法

一、基本站姿

（一）击球前的准备姿势

准备姿势是击球前的开始动作，它的正确与否直接关系击球的快慢和击球的效果，甚至关系比赛的胜负。正确的准备姿势的动作要领是：两脚自然开立与肩同宽或略宽于肩，面对球网，两膝微曲并保持膝关节有良好的弹性，脚掌着地，脚后跟微微提起，身体重心落在两脚前脚掌之间，上体微前倾，两眼注视对方或来球。球拍置于胸前，拍头指向前方略偏左侧，微微上翘，手腕低于拍头，用右手正手握拍法轻握球拍，左手轻扶球拍的颈部。待球进入正手或反手区域时，迎上去侧身，以左肩对准球网，两脚自然前后开立，握拍的手臂自然向后拉开，形成后摆动作，这时身体重心转移到右脚准备击球（如图 3 - 4 - 1）。

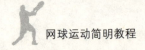

（a）　　　　　　　　（b）

图 3 - 4 - 1

（二）站姿的种类及要求

1. 开放式击球站姿

特点与作用：这是西方式、半西方式正手握拍选手多采用的击球站姿，因双脚侧向自然分开，所以移动击球时速度更快。拉拍、挥拍时腰和肩的扭转幅度大，使腰部的发力更为充分（如图 3 - 4 - 2）。

动作要点：双脚侧向自然分开并侧身击球，决定右脚位置的同时，必须扭转上半身使左肩朝前，同时转体拉拍。挥拍中身体重心必须从右往左移动，为此，右脚要向后蹬地，打完球后，可利用此力回到中场。

（a）　　　　　　　　（b）

图 3 - 4 - 2

2. 关闭式击球站姿

特点与作用：关闭式击球站姿多用于东方式、大陆式握拍的选手，因双脚以后方式站立，以左肩朝前的姿势往前挥拍，所以挥拍送球时间较长，击出的球较深。此种站姿对于初学者侧身拉拍的习惯动作养成有很大帮助。

动作要点（以右手持拍，正手击球为例）：左脚向右前方上步，右脚向右转 90 度与底线平行，同时转肩转髋带动右手向后摆动引拍。侧向跨出的同时，拉开球拍，以左肩膀朝前的姿势往前挥拍，挥拍时身体重心必须从右脚向左脚移动，腰和肩的扭转越大，越能获得力量和速度（如图 3 - 4 - 3）。

（a）正拍的关闭式

（b）反拍的关闭式

图 3 - 4 - 3

二、判断

判断是指对手触球前预测来球的位置并使用这一信息合理回球，通过判断的学习可以提早判断、预测对手回球的基本线路，使运动员在击球前做好充分准备，高水平与低水平之间的差距主要体现在这里。要注意的是，我们的视线不可能总是盯住球，在什么时间应该盯住球，什么时间球会脱离我们的视线，我们应了如指掌。

（一）重要性

球从场地一端至另一端平均用时 0.4 秒。这主要指职业选手发球的速度，并且是从对方球触拍到球落地的用时，没有包括球反弹起来的时间。选手从起动到击球用时在 0.3 ~ 0.5 秒，回球时判断来球用时 0.2 秒。这一组数据可清楚地告诉我们判断的重要性。为此，为了做好击球的准备，选手常常在对手触球前就应判断对手的来球。

（二）判断的类型和特点

表 3 - 4 - 1　判断的类型和特点

类型	特点
跟踪判断/感性判断	预测对手触球后的飞行线路、来球速度、高度、方向和旋转
临场战术判断	对手在一定条件下采用的习惯回球、战术处理和打法类型

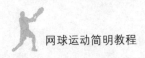
类型	特　点
临场几何判断	从对手的场上站位就可知道对手的意图
技术判断或动态判断	通过观察对手的技术动作，如平衡、握拍、身体动作和击球动作等来预测对手要做什么或不做什么

（三）判断的依据

首先是对对手习惯的了解，不同的选手可能有不同的习惯。

其次是对对手在独特情况下的反应的了解。

最后是对对手可能的选择、对策和应变的了解。

（四）对球的跟踪

研究表明：有经验的选手在球离开对手的拍面后看见球，然后球便脱离他们的视线 1～2 米；当球处在网的上空时，他们又见到球；球离他们 1～2 米时，又脱离他们的视线，发生这一情形的原因是：人的眼睛不能跟踪球的整个飞行线路。这同时也告诉我们，平时教师所说的打球时要盯住球，是要注意力集中和涉及保持身体平衡的问题。

（五）提高判断力的方法

1. 用暗语

对于初学者和中等水平的学员，使用训练用语或暗语帮助他们提前辨别来球，例：旋转球（上旋、下旋），球速（快速、中速、慢速），高度（高球、平球、低球），方向（左、右）等。

2. 建立数据库

一名选手可通过对对手在别的场次练习、准备活动和比赛中的观察来建立数据库。

3. 改变看球方式

有研究表明，初学者在球处于飞行线路最高点时看球，高水平的选手在球处于飞行线路第一阶段时看球。

4. 提高判断的途径

判断的专项训练；增加比赛的数量和类型；通过增强处理问题的能力和有效提问的技能改进教学方式；安排训练时尽量贴近实战。

5. 怎样提高观察技能

可以观察这些方面的内容：选手在场上的站位；对手的握拍和姿势；球（弹性好/不好）；挥拍动作（幅度大/小、高/平等）；击球位置（底线外、一侧、底线内、靠近身体、远离身体等）；对手身体动作；对手的手臂是帮助判断的最好助手；击球（轻击、猛击）时的声音；多球训练（喂球后说出喂球意图）。

三、移动

网球比赛是一种在移动中进行的比赛，并应按此进行训练。这是一种不断出现紧急状况的比赛，每一次击球都可能有不同的速度、旋转方式和落点。

（一）重要性

运动员在场上移动的方式决定他们作为一名网球选手能否获得成功。网球比赛中的发挥取决于各种不同的快速侧向和向两侧移动的速度快慢。如果不能及时移动到来球的位置，再好的技术也无济于事。可是仍然有不少运动员总习惯把更多精力放在击球上，对脚下移动不够重视。网球场上的有效移动要求运动员具有出色的速度和灵敏性，再加上实用的步法。为了在场上做到快速有效的移动，很重要的一点在于充分发挥肩与头部的作用，不能仅仅依靠双腿。只有运动员上体与下肢协调配合，才能最有效合理地完成移动。

（二）移动的重要组成元素

1. 灵活性、速度和加速

灵活性和速度是运动员在全场快速、有节奏地移动以进入击球位置的有力保障。灵活性能使运动员进入正确的位置并为击球提供牢靠的根基。速度对迎击球十分重要。但提高速度的方法有限，因为它基本上是天生的。在顶尖水平网球赛中，10 个来回球只需 15 秒钟，而且每得 1 分平均 4 次变线。在网球场上多数冲刺距离为 2.5~6 米（最长 14 米，平均为 4 米）。这表明起动的爆发力和速度爆发力（短距离冲刺）对一名网球选手来说十分重要。加速是人提高速度的能力。

2. 爆发性速度和复位

在接边线球或短球时前 2~3 步过程中需要爆发性速度。复位的速度是在场上急停、恢复平衡、恢复准备姿势和准备再次移动（快速起动）的能力。网球运动基本上属于下肢的运动项目，需要有力的腿部以便有效地运用步法

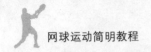

（爆发力和复位的技能）。

3. 平衡

平衡就是保持身体平衡的能力，有两种基本类型的平衡：静态平衡（保持静止姿势的能力）和动态平衡（在移动中保持平衡的能力）。对于网球运动，动态平衡是最重要的一种平衡。在击球动作之间能保持平衡的运动员不太费力就能自如地运用技术。

我们怎样判定平衡呢？根据运动员后脚跟的状态（处于静止状态）和运动员的头、肩的状态（头部在肩部"上方"始终处于平衡状态）。检验运动员动态平衡的有效方法就是看运动员在击球后能否朝击球方向向前移动（即双肩是否处于双脚脚尖上方）。

（三）移动步法

1. 调整步

调整步也可称为定向步，当身体位置需要进行微调时可以这种步法定位，以确保站在最合适的位置上击球。

2. 冲刺步

冲刺步是一脚先用力向移动的反方向做一小跨步，然后利用蹬地的爆发力，跨出两步多远的距离。这是效率非常高的移动步法，向前移动和向侧移动时多采用此方法。

3. 小跳

小跳步是由准备姿势双脚在原地离地的一个小跳步。双脚离地时，其间距与肩宽。小跳步是形成快速起动和保持身体平衡的关键。运用时掌握好时机最重要，要准确判断来球的方向，并且决定哪一只脚先落地，以便迅速起动，使身体移向正确的方向。可以左脚先着地，也可以右脚先着地。

4. 滑步、交叉步、侧移步

（1）滑步：常用于前后移动距离不太远的正反手击球。需要注意的是滑步的同时应提前引拍，最好做到保持向后引拍的姿势移动。运用中具体的步法要点是：当向前移动时，蹬出右脚的同时向前跨出左脚，连续向前即形成前滑步步法；当向后移动时，蹬出左脚的同时向后迈出右脚，连续形成后滑步步法。这种步法虽然也用于侧向的移动，但是多用于短距离移动，只适合在移动几步即可击到球的范围内使用。

（2）交叉步：主要用于向外侧移动，需要跑动击正手球和高压球时常常采用这种步法，而向后移动时采用侧身交叉步移动也特别重要。左右交叉步法常用在还击两侧边线附近的来球：向右移动时，向右转体，左脚先向右前方跨出，交叉于右脚外侧前方，再跨出右脚，继续跨出左脚于右脚外侧，反复向右交叉移动。向左移动的方法与向右移动的方法相反。后交叉与左右交叉步动作相似，只是首先移动后脚做后撤步交叉，多用于向外侧和向后移动。打削球时使用这种移动方法比较多见。

（3）侧移步：两侧移动步法多用于回击对方的扣杀球和半场低平球。其移动前的准备姿势及站位基本同上网步法。

向右移动步法：判断准来球后，上体稍倾向左侧，用左脚掌内侧用力蹬地，同时右脚向右侧跨大步，髋关节随之右转，上体稍倾倒向右侧，重心在右脚上。若距来球较近，可采用上述动作；若距来球较远，则可左脚先向右脚垫一小步再起蹬，同时右脚向右侧跨大步。

向左移动步法：判断准来球后，上体稍倾向右侧，用右脚掌内侧用力蹬地，左脚随髋关节转动的同时向左侧跨大步。若来球较远，左脚先向左侧移一小步紧接着右脚往左侧方向起蹬并转身，向左跨大步。

第五节　发球技术

发球在网球比赛中具有特殊意义，它是唯一不受对方制约而主动向对方发起进攻的技术，决定了发球方能否从比赛开始就取得场上的主动权。从世界网坛的发展趋势来看，发球的威胁越来越大，已逐步成为运动员主要的得分手段。相对底线落地球和截击球而言，发球是一项比较难掌握的技术，因为发球时运动员参与活动的身体部位较多，动作幅度较大，需要身体的协调程度较高。但发球的主动权掌握在击球者自己手里，无论抛球还是挥拍击球都完全由自己控制，发球者所要做的只是为自己创造最佳的条件并按照自己的意图将球发出手，就这一点来说要学好发球也并非难事。在高水平比赛中，球员保住自己的发球局是赢取胜利的基础和关键，在此基础之上再破掉对方的发球局才可最终获胜。发球技术由抛球和挥拍击球两个部分组成。

发球基本动作连续图，如图3-5-1所示。

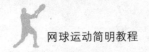

（a）准备姿势　　（b）抛球　　　（c）击球　　　（d）随挥　　　（e）还原

图3－5－1　发球基本动作示意图

（一）抛球动作要领

1. 稳定情绪

心浮气躁的情况下很难发出好球。通常的做法是：在发球的位置上做几次深呼吸，再拍拍球，然后准备发球。亦可根据自身习惯，采用相应的稳定情绪的做法。

2. 握拍

可采用东方式反手或大陆式握拍。许多初学者都喜欢用东方式正手握拍进行发球，如采用此种握拍在右区发球，球的落点会偏向外角一侧，这是因为手腕在自然情况下所形成的拍面角度就是如此，若想使拍面偏向内角就必须向内转手腕。现代网球选手的发球大都采用大陆式握拍方法，这样可以发出强而有力的一发球。

3. 准备动作

靠近发球线的两个角一般被称为内角外角，球员在发球之前对球发出后的方向、落点、旋转、速度等都应心中有数，盲目发球出手无疑是在浪费先发制人的好机会。发球前具体的准备动作为：双脚前后自然分开站立，两脚的连线根据球员的习惯可与底线相垂直，也可以保持另外合适的角度，身体自然前倾。自然持球（最好只持一个球）在手的拇指、食指及中指三指上，切忌用力将球握或捏在手里。

4. 抛球的方法

在准备动作的基础上，持球手的肘部渐渐伸直并向下靠近持球手同侧的大腿，然后从腿侧自下而上将球抛起。在整个动作过程中，手臂保持伸直的状态，其走势与地面垂直。掌心向上，以拇指、食指、中指三指将球平稳托起，尽量避免勾指、甩手腕等多余的动作，以免影响球的平稳走势，球在空中的旋转越少越好。球脱手的最佳点应在抛球手上升的最高点，脱手过早容易造成球在空中旋转或晃动，出手过晚则会将球抛向头后而失去控制。球脱手时手指已最大限度地展开，球不是被抛到空中而是被送到空中去的，初学者应对此多加体验。

5. 抛球位置

根据不同的需要，球出手后在空中相对身体的前后位置也不相同。一般为：第一发球强调出球的速度与攻击力，击球点较靠前，因此球也抛得较靠前；第二发球较为保守，在保证成功率的前提下强调球的旋转和控制球的落点，击球点也就相应后移，因此球要抛得靠后一些。

6. 抛球的高度

球抛到空中的高度当然不能低于击球点的高度，但究竟多高才合适要视个人情况而定，因为此高度限定了挥拍击球所用的时间。从准备姿势到抛球出手，身体重心还有个前移过程，同时髋部前顶，腰背呈背弓状，然后反弹背弓并发力挥拍击球。因为抛球的稳定性建立在一定的手感基础之上，所以一般在练习发球动作之前最好能专门花一点时间练习抛球，在实际发球练习中要注意抛球的要领，如果球没有抛好的话可接住重抛，千万不要勉强发球出手。

（二）挥拍击球要领

挥拍击球是发球技术的关键，也是难点，可结合职业选手发球动作示意图进行学习（如图 3 – 5 – 2）。

图 3 – 5 – 2　职业球员发球动作连续示意图

1. 后摆球拍

以准备姿势为基础向持拍手一侧转身，同时持拍手引导球拍贴近身体像钟摆一样引至体后（不一定要直臂后摆，但掌心一定要朝向身体）。

2. 弓背动作

球拍后摆至一定高度后（此高度因各人习惯而异，至少上臂不应紧夹在体侧），以肘为轴，前臂、手、拍头依次后挥至背部，同时屈双膝并伴随身体

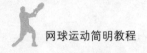

后展成"弓"状。

3. 搔背动作

挥拍击球对肘部有一个引导前臂、拍头后摆至身体背部，再以肘部为轴带动臂、拍头挥向击球点的过程。这一过程好像在用拍头给后背搔痒，故被称为"搔背动作"，其目的是为了持拍手能有一个足够的获得摆动速度的过程，是为了击球一瞬间充分把力量爆发出来。搔背动作完成得是否到位，关键要看搔背时手臂是否得到了充分的放松，如果在手臂十分僵硬的情况下完成此动作，那么到达击球点时一定会感到整个身体的弹性都已被破坏掉，发不出力也就在情理之中。

4. 击球

在屈膝、反弓背动作的基础上自下而上依次蹬直踝部、膝部，反弹弓背并向前向上伸展，与此同时仍以肘为轴带动手挥动拍头击球。发力是自下而上一气呵成的，以前臂带动手腕有一个旋内的"鞭打"动作，这是发球发力的关键所在，也是重心前移、蹬地、转体挥拍等力量聚集的总和。

5. 击球点的位置

球员持拍在空中所能争取到的最高点就是击球点。这时屈膝、弓背积蓄力量及蹬地发力是一个比较连贯的动作，因为根据第一发球和第二发球的不同需要，击球点有相应变动，但力争高点击球是选择击球点的最基本原则。有了高点，不仅动作可以舒展地做出来，更重要的是在控制球路和球的落点以及力量上获得优势。

（三）发球的种类及方法

1. 平击发球

特点与作用：力量大，速度快，但命中率相对不高，球飞行时不是很稳定。现代网球比赛中选手在第一发球时大都采用平击发球，它是颇具威力的得分手段。

动作要点：平击发球是相对的说法（其实或多或少都带有旋转）。发球时正确的姿势应该是富有弹性的肢体动作，抛球不是抛向身体左侧，而是抛向头顶前边。上抛、挥拍动作要平衡，重点是放松，双脚开立与肩同宽，采用标准的站姿，肩膀前出迎向来球，将身体力量传至拍头，击球的右侧中部，这样才能击出强劲的平击发球。

2. 侧旋发球

特点与作用：强烈的旋转、稳定的落点变化就是侧旋发球的特点。比赛中第二发球在保证成功率的前提下强调球的旋转和控制球的落点，这是选手必须注意的。侧旋发球主要利用较多旋转使球能稳定地发出，这就要求第二发球要有速度和落点变化的意识。

动作要点：侧旋发球的抛球位置、站姿、挥拍的动作与其他发球基本一样。不同的是挥拍瞬间拍面的使用方法，重点在于击球时要从球的右侧中下部用拍面把球向前向上摩擦击出。

3. 上旋发球

特点与作用：球落地后向前向上的弹力很大，能给对方接发球造成困难。特别是对付移动慢、身材不高的对手时作用会更大一些。但如果发球力量跟不上，发球质量不高，则会给对方以接发球直接进攻的机会。

动作要点：上旋发球和其他发球动作基本一样，但是球要抛向头后，在引拍时身体要向后背弓，利用双脚蹬地的力量向前向上加速发力。挥拍时，拍头自然下落，击球的中下部，由后下方向上挥出球拍摩擦，以产生强烈的上旋，直至挥拍完成。

> **网球格言：**
>
> 　当我想把球发得快一些时，我的发球却很慢；可当我不想着发球的速度，只想着发球的质量时，我的发球却很快。
>
> 　　　　　　　　　　　　　　　　　——戈兰·依万尼塞维奇

第六节　接发球技术

接发球也是一项重要的击球技术，它要求接球员掌握较全面的基本技术。接发球时，应根据对方发球的实际情况即发球的方位、旋转、力量和速度立即做出应有的判断，从而采取适宜的接球策略和相应有效的击球方法。

在现代网球运动中，接发球是最重要的击球之一。对一名网球选手来说，一场比赛中大约一半的得分是从接发球开始的。

接发球在过去的20年里发生了巨大的变化。正手接发球的速度很大程度由对方的发球速度决定。正手接发的攻击性已经越来越强，尤其是针对对手第二发

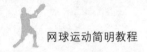

球时。正手接发的技术随着正手抽击技术的改进而改进。它要求运动员更早地进行准备，采用开放式站位，尤其强调转动引拍以及手臂的使用。反手接发技术比正手接发技术的提高更快，它从以前被攻击的对象，到现在已经可以作为攻击的手段了。尽管接发球的基本动作与正常的击落地球动作能给人以很大享受，但比赛中的情形完全两样，因为发球的一方有机会给接发球的一方制造更大的压力。

一、接发球的要领

如果接发球技术好，不仅可以直接得分，而且还可以破坏对方的抢攻，为进攻创造有利条件，因此，接发球是网球技术中一个重要环节，应引起足够的重视。要接好发球必须掌握比较全面的基本技术，因为接发球之前，接球员对对手发球的方向、旋转、力量和速度等都无法控制。一旦对方将球发出来就要迅速做出判断和反应，并且选择恰当的击球方式来完成接发球动作。

（一）接发球站位

接发球站位一般位于端线附近，但是最重要的是还要根据对方的发球位置来变化自己的站位，重点是力求在接发球时快速移动。

（二）准备姿势

两脚平行站位，略比肩宽，两膝微屈，上体稍前倾，脚跟提起，将球拍置于体前。在接发球的全过程中眼睛始终要注视来球，一直到完成还击动作。对方第一次发球时多采用大力发球，站位应偏后一些，如果是第二次发球时则可略向前移，以利做出攻击性的还击。接大力发球时不要做大幅度的后摆动作，主要是控制好拍面角度并握紧球拍以免拍面转动。

还击来球之前要观察对方行动，对自己的回球路线和落点要有所考虑。选择好接发球落点，对控制对手发球后抢攻有重要意义。接发球选手得分的捷径是接发球抢攻直接得分，为了提高回球得分的概率，重要的是首先发现发球人的破绽，并采用相应的接球方式。具体要点有：观察对方行动，选好站位；来球时，快速敏捷地侧身转体拉拍；击球瞬间紧握球拍，使其不发生颤动；击球后顺着拍头的方向继续快速挥拍，完成随挥动作后迅速还原。

二、接发球的种类

（一）进攻型接发球

特点与作用：主动迎击来球，争取在对方发球动作结束时以最快速度回击来球，特点是出球快、力量大、角度刁。在比赛中常常应用在对方第二发球时我方的主动进攻，这样能使对方措手不及。还可以采用主动进攻随球上网等技战术。

动作要点：注意对方发球力量的大小和速度的快慢。在判明来球的方向后，即向右转动双肩，迅速向前迎击来球。迎上去击球时，要握紧球拍，手腕保持固定，使拍面正对着来球，利用身体的向前动作借来球速度将球还击至对方场区。

（二）防守型接发球

特点与作用：面对对方有力量有角度的第一发球时，可采用保守的回击方法击向对方场地中央。特点是加大击球的旋转力度，加长送球时间并把来球击向对方深区，这样可以延缓对方的回球时间，使自己能尽快回位。

动作要点：当对方发球时，眼睛要始终紧盯对手抛起的球，身体重心偏前并在身前击球，切不可盲目追求没有把握的"直接得分"。

第七节　底线正拍击球技术

现代网球技术中最基本、最常用的击球方法就是底线击球技术。底线击球技术是初学者应最先学习的技术，正拍击球有力、速度快，且比赛中出现的机会比较多，是主要的得分手段。

底线正拍击球动作示意图，如图 3 - 7 - 1 所示。

（a）准备姿势　　　　（b）引拍　　　　（c）击球　　　　（d）随挥

图 3 - 7 - 1　正拍击球基本动作示意图

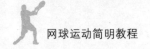
一、正拍击球的握拍种类

为了有效地击球，必须正确地持握网球拍。握法之所以如此重要是因为它决定了拍面在接触球时的角度，同时也决定了拍面在接触球时身体与球之间的距离。由于世界各地网球场的建造材料不同，因而相适应的握法也不同。底线正拍击球技术通常有3种普遍的握法：东方式正手握法（适宜于初学者）、西方式正手握法和半西方式握法。

二、打好正手球的要素

正手击球通常是大部分网球运动员所喜欢的一种最可靠的击球方式，它常常比发球或反手击球更可靠。有许多种正手击球的方法，可以使球产生上旋、下旋，或者不使球产生旋转。

但是，不管使用哪一种方法，也不管是正手或反手抽球，必须记住4个基本要素：第一，从对手击球一刹那起到球接触自己的拍面止，必须密切注意着球；第二，必须尽可能快地进入击球准备状态，在对手击球之后以及在球到达球网之前，应该决定自己将在哪里击球并很快移动到那个位置；第三，在击球时，身体要保持平衡，不要太前倾，以免跌倒；第四，为了控制和导引球的飞行方向，当球拍接触球时，必须注意坚持到底，拍面要尽可能长时间地接触球并朝着攻打方向移动。

三、底线正拍击球过程

底线正拍击球动作示意图，如图3-7-2所示。

图3-7-2　底线正拍击球动作示意图

（一）准备姿势

面对球网，双脚自然开立与肩同宽，双膝微屈，身体略向前倾，重心落在双脚的前脚掌上，右手握拍，左手轻托拍颈，双肘微屈，球拍舒适地放在身前，拍头垂直于地面并指向对方，两眼注视对方来球，做好击球准备。运动员通常站在靠近端线的球场上密切地注视着对手的来球方向，不管在什么时候，只要一看见来球，他就应该立即准备移动到最有利的位置将球回击过网。

准备击球过程的要点：面对你的对手，微屈膝，身体重心保持在两脚的脚掌上，双脚分开与肩同宽，身体微前屈；右手以正手握法持拍，左手握住拍柄的上部以便在需要时帮助改变握法；球拍指向球网，拍面垂直于地面；身体稍前倾并移动身体重心从一只脚到另一只脚，这样会使两脚的起动更加迅速敏捷，避免站得太"死"，不利于起动。

（二）后摆引拍

当判断来球需用正拍回击时，移动双脚，左脚向右前方上步，右脚向右转 90 度与底线平行，同时转肩转髋带动右手向后摆动引拍（此为关闭式步伐，适用于初学者转体；另一种为开放式步伐，左脚不必上步，两脚平站但需要更多的向右转体动作），引拍时肘部弯曲，拍头自然下垂，左手伸向前方指球，保持身体平衡，后摆引拍时身体重心移向右脚，左肩对着来球，手腕固定。

注意事项：一旦看到球朝着自己的正手飞来，在侧对着球网跑动去接球的同时，你要向右转肩并把球拍移向后面以使球拍对准端线。在靠近球以后，你要稍微调整双脚到适宜的位置并转动臀部和肩部直到面对边线。同时，左脚向球网的方向跨出，以便把身体重心移到攻打的方向上去，要尽可能快地把手臂完全后摆以便有充分的时间做前摆。当完成后摆以后，应该采用前摆把球回击过网。

动作要点：请记住，当完成后摆时，你的肩膀和臀部应该与边线平行，球拍指向端线，拍头大约与本人的头差不多高并且朝上，膝盖微屈，同时几乎身体的全部重心都应在右脚上，使得身体支撑及转体有力，击球效果更佳。

（三）击球动作

从后摆进而向前挥动时紧握球拍，手腕固定，用力蹬后脚，转动身体和挥拍。正拍的击球点在身体的右侧前方，不超过腰的高度。击球时加快挥拍速

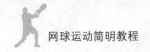

度，向前向上挥动球拍击球的中部或中上部。在正手击球过程中，当拍面接触球时，控制住拍面使其形成垂直面并面对攻打的方向十分重要。你只要在手臂前后摆动时保持手腕固定，不要让其改变位置就可以控制拍面了。为了增加球的速度，有些运动员在进行正手击球时会移动手腕，这是错误的。

学习拍面触球的方法：侧对着篱栅或围墙站立，一只脚触及篱栅或围墙，然后以正确的正手握法持拍并把拍面平靠于篱栅或围墙，其高度则以通常击球的高度为准，拍面垂直于地面，这就是手臂前后摆动以及拍面接触球时手腕的正确位置。

回击低球要点：为了回击较低的球，膝盖要弯曲得多一点以使身体下降去靠近球。前摆开始，即球拍下落直至低于球将被球拍接触的位置，球将被一个朝着攻打方向继续向前上方摆动的垂直拍面所接触。球拍头在接触球前夕上升角度越陡，则产生的上旋就越大。

（四）随挥跟进动作

球触拍后，应使拍面平行于网的时间尽量长些，挥拍沿着球飞行的方向向前送，重心向前转移落在左脚，身体也随着转动面向球网。挥拍动作在左肩上方结束，拍头指向上方，高出头部。随挥跟进动作要比后摆动作大而充分，以保证击球的稳定性。随挥跟进结束，立即恢复准备姿势，准备下一次击球。

四、平击球和上旋击球

正拍击球可分为平击球和上旋击球。无论是初学者还是有一定基础的选手都应该以学习上旋球为主，平击球只是旋转为零的上旋球。前文中已对平击球和上旋击球进行了简单介绍，这里再进一步深入补充。

（一）平击球

特点与作用：多采用大陆式或东方式握拍法。纯粹的平击球是没有的，或多或少会带些上旋。正拍平击球具有飞行路线直、落地弹跳低、冲力大、进攻性强的特点，在底线对攻中，如果平击球技术运用得好，不仅可以为进攻创造条件，有时还能直接得分。但由于平击球的飞行弧线平直，故其命中率和准确性比较差。

动作要点：以腰的扭转带动拉拍，动作放松，手腕控制好拍面。充分利用腰回转和腿部力量。整个手臂的挥动要快，用力要集中，击球时手背与前臂成

30度角，球拍击向球中部直接将球击出。在步法上，应根据对方来球的落点变化做出相应的反应，用关闭式步法。由于平击球飞行弧线平直，容易出界或下网，因此挥拍动作不应过于向上，而要几乎平行地向前挥动击球，这样便于压住球并控制好球过网的高度。

（二）上旋击球

特点与作用：上旋球是球拍自后下方向前上方挥动时摩擦整个球体，使球产生急剧旋转的球。这种球的特点是球在空中飞行弧线较高，下降速度快，落地时反弹高而远，前冲力较大。打上旋球最大的优点是便于加力控制，是正拍击球中既能发力又能控制击球落点深浅和减少失误的击球方法。另外，正拍上旋球可以打出落点浅的斜线球，能把对方拉出场外以取得主动。上旋球还是破坏对方上网的有力武器，回击过网弧线低平的上旋球至对方上网人的脚下，可使其难于还击。

上旋球的击球过程：当看到球将在靠近正手边的地方弹起，立即向右方转动右脚跟、臀部和肩膀直到它们平行于边线。与此同时，左脚朝球网方向移动以便使双脚侧对球网站立。肩膀向右转动的时候，也是手臂和球拍进行后摆的开始，后摆继续进行直到球拍径直指向后方。后摆结束时，臀部和肩膀面对边线，膝弯曲，身体的大部分重心在右脚上，右肘关节弯曲以使持拍的手差不多齐腰高，拍头大约与头一样高。一旦球足以接近，前摆立即开始。当球靠近左臀部前方的击球区域，右肘关节伸直，球拍下落至低于球将被球拍接触的位置。如果在前摆过程中手臂和球拍下落得不充分，球就有可能不过网。球拍头下落得越低，球通过网时就越高。请记住，要通过屈膝来降低身体，并通过手臂和球拍下落来前摆，直到球拍头低于球将被球拍接触的高度25厘米，这样球就容易被打过网。当手臂和球拍下落到前摆的最低点时，要移动身体重心到左脚并开始转动臀部和肩膀，以便使球拍头朝着球向前上方加速。网球运动员应该像铁饼运动员掷铁饼一样，利用腿、身体和肩膀的力量朝着球向前上方挥动球拍。当运动员臀部和肩膀的转动导致拍面与攻打的方向成垂直时，拍面应朝着攻打的方向向前上方直线移动，直到接触到球为止。在球被接触时，身体重心全部移到左脚上并挥动球拍朝着攻打的方向用力推动球。球拍接触球以后应继续向前上方摆动直至达到一个向上的停止点（此时拍面与地面垂直）。

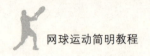

第八节　底线反拍击球技术

反拍击球是指抽击握拍手异侧的来球，也是网球中最常用的击球方法。初学者一般先学正拍再学反拍，因为用右手的人习惯于在身体的右侧做动作，正拍的拉拍动作既方便又容易，身体向右转动已成习惯。有了正拍的基础之后，就会对球的弹跳规律有一定认识，再学习反拍就比较容易。反拍的许多动作要领与正拍相似，只是方向相反。双手反手击球示意图如图3－8－1所示。

（a）准备姿势　　　　（b）引拍　　　　（c）击球　　　　（d）随挥

图3－8－1　反手击球基本动作示意图

一、反拍击球的握拍方法

虽然有多种双手反手握拍法，但是最普遍的方法是用右手以东方式反手握拍法握住球拍的近柄端处，同时用左手以东方式正手握拍法握住右手上部的球柄。另一种双手反手握拍法是用右手以大陆握拍法握住球拍的近柄端处，同时用左手以东方式正手握拍法握住右手上部的球柄。

对于一般初学者，我们提倡学习双手反拍击球，其握拍方法是：右手用东方式反拍握法，加上左手用东方式正手握拍方法。这种握拍法易于控制拍面，挥拍自如有力，击球点范围较大。

二、双手底线反拍击球要领

双手反拍连续击球示意图如图3－8－2所示。

图 3 - 8 - 2　德约科维奇的反拍连续击球示意图

（一）准备姿势

面对球网，双脚自然开立与肩同宽，双膝微屈，重心略向前，用非握拍手轻托拍颈，拍头与下巴齐平，双肘弯曲，将球拍舒适地伸在前面，身体前倾，重心落在双脚上。当判断对方来球朝自己的反拍方向飞来时，轻握拍颈的左手应该迅速帮助右手变换为反拍握拍法。

（二）后摆引拍

向左转髋带动右手向左后方摆动，向左转 90 度与底线平行，同时右脚向左前方上步，左肩对着球网，手腕绷紧、后伸，双肩夹紧，后摆时肘关节自然弯曲下垂，重心移至左脚上。反拍的后摆动作应比正拍后摆更早完成。双手反拍挥臂时需要更充分的转体动作，右肩朝向左侧的网柱；若是单手反拍时，左手可轻托拍颈，伴随着向左转的协调动作。

后摆引拍的要点：肩膀的转动以及后摆是关键，主要通过转动臀部和肩膀把球拍移向后方直到球拍指向后上方、球拍头几乎与肩同高。在后摆过程中，当你朝着球移动重心时，击球的力量是通过臀部和肩膀的转动而产生的。当球正好抵达右臀部前方的那个时刻，垂直的拍面即去接触球。当球被接触时，所有的身体重心移到右脚上，臀部和肩膀转向球网。

（三）前挥击球

从后摆进入向前挥动时应紧握球拍，手腕固定，右脚与网成 45 度角，转动双肩、躯干和臀部，挥拍击球。反拍的击球点应在身体的左侧前方腰部的位置，击球时球拍与右脚应在一条直线上。击球瞬间，加快拍头的挥动速度，向右前上方挥拍击球的中部或中上部。肘部应伸直，球拍与手齐平，双眼盯住球，身体重心从后脚移向前脚。

前挥击球要点：向前挥拍时，一定要靠重心前移来带动转体前挥球拍。在

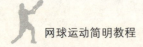

挥拍过程中，尽量保持拍面持续垂直地面，并沿着由下向前、稍向上的轨迹挥动。击球点的位置一定要固定在体侧，离身体约一个球拍的距离，高度与腰部同高。球拍触球时，右臂伸直，拍面垂直地面，并有向前推击的感觉。同时保持收紧下颌，眼睛盯住球。

（四）随挥动作

球击出后，拍面平行于网的时间尽量长些，挥拍沿着球飞行的方向前送，使球拍随球向前的距离尽量长些，重心前移落于右脚，身体也随着转向球网。挥拍到右肩上方结束。完成好随挥动作有助于控制球的落点和方向。随挥动作要比后摆动作大而充分以保证击球动作的完整和稳定。

随挥动作要点：要充分向前、向上、向右外上方挥拍，环绕至右肩上方，并保证左臂不要挡住脸部，最好与下颌接触。挥拍结束时，重心要充分落在前脚上，并保持后脚与地面接触，后脚鞋底正对后面的挡网。

三、单手反拍击球要领

单手反拍击球不但对击球技术要求很高，而且对个人的身体素质及手臂力量要求也很高，总之，掌握单手反拍击球技术有一定的难度。下图为单手反拍击球连续动作示意图。

图 3 - 8 - 3　单手反拍击球基本动作示意图

（一）单手反拍握拍方法

单手反拍击球一般采用西方式握拍，也可以用反手东方式的握拍。

（二）准备姿势

反手击球的准备姿势与正手击球相同。

（三）后摆引拍

一旦判断决定打反手球，应立即向左转肩，并由转肩动作带动球拍向后时，在左手扶拍颈的帮助下调整为反手握拍法。同时脚掌转动，重心移在左脚上，侧身对网。转肩幅度相对正拍打法更多，右肩前探对着击球点。球拍后拉时，拍头稍低于来球，右肘部自然靠近身体。

（四）挥拍击球

开始向前挥拍时右脚向左前方跨一大步，采用关闭式步法，跨步能使身体重心跟进并保持平衡。同时要保持屈膝，弯上身，球拍向上挥出击球，才能打出带上旋的反手击球，击球点在跨出脚的前面。拍触球时应绷紧手腕和前臂，这样能使击球更有力而平稳，并且利用腰部力量，配合挥臂动作，协调地作用于来球。

（五）随挥

击球后手臂应自然向前上方挥到尽头，随着腰部的转动，面部重新转过来朝着球网的方向，此时球拍大致停于右侧高处，然后就应积极准备进行下一次击球。

单手反拍击球要点：

（1）以转肩动作带动球拍及早后拉；

（2）眼睛在击球全过程中都要看着球；

（3）击球点在前脚侧前方，比正手击球更靠前；

（4）触球时须绷紧手腕；

（5）充分随挥，结束于旁侧高处；

（6）整个动作犹如"宝剑出鞘"。

四、反拍击球的分类

（一）反拍上旋击球

特点与作用：反拍上旋击球是比赛中常用的击球方法，其最大优点是便于加力控制，尤其在快速跑动中，其他的打法容易失误，而上旋球则有较大的把

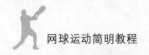

握。这是因为上旋球的飞行弧线较大，过网后有急剧下降的特点，可以打出短的斜线球，把对方拉出场外以取得主动权，同时也是破坏对方上网的有力武器。

动作要点：左手轻扶拍颈，右肩借助转体侧身面向前方，右脚向前方跨出，持拍手肘关节微屈并靠近身体，向后引拍。当球跳到腰高时，持拍手借助腰的回转，将球拍由后下方向前上方挥出，击球点在身体右脚侧前方。击球时拍面垂直地面，击球的中部偏下。击球后手臂要向右前上方挥出，重心也由左脚移到右脚，同时手腕固定，大幅度地挥拍。结束动作要正面对网，自然放松。

（二）反拍平击球

特点与作用：打反手平击球需要相当高的技术，这种球的速度快，落地后前冲力大，飞行弧线较平直，具有很强的攻击力，打直线穿越球时特别实用。

动作要点：准备姿势和正拍与反拍击球相同，应该注意的是击球点要在腰至胸部高度。在做挥拍动作时手腕不可以扭转，要向前平行挥拍，拍面垂直击球的中部，控制好姿势，避免身体摇晃以获取最大的击球速度。

（三）反拍双手击球

特点与作用：反拍双手击球的隐蔽性强且使对手不易判断，比单手击球更稳健，同时可利用身体的快速转体获取更大的击球力量，加快球的速度，是很多选手采用的击球方法。

动作要点：击球时，靠肩的转动使手臂后拉引拍至手腕齐平的高度，手腕固定，由左下方向右前上方挥拍，在体前腰部高度将球击出，挥拍至右肩高处结束随挥动作。为了增加击球的威力，应该充分利用身体的快速移动。

第九节　截击技术

截击球是网前技术中的一种攻击性击球方法，当来球落地之前将球击回到对方场区，其特点是回球速度快、力量重、威胁大。特别是在双打发球上网或接球上网中，截击球是不可缺少的。截击球有正、反拍截击，半挥拍截击，低、高点截击，近身截击和对角截击等。

一、正反手截击握拍方法

正反手截击一般采用东方式反手握拍或者大陆式握拍，这样在进行正反手截击时就不用变换握拍方式。初学者可采用东方式握拍的正反手截击手法，这样可保证在正反拍击球时拍面与球的充分有效撞击，可让初学者更好地体会到"甜区吃中球"的感觉。

二、截击要领

（1）截击技术的引拍动作要迅速、简单，幅度要小，引拍动作一定要以转肩为主。引拍后要保持球拍与肩平行，稍高于肩膀，拍头高于手腕，同时眼睛紧盯着来球，这是做好截击的关键所在。

（2）向前挥拍时，要随着正手出左脚、反手出右脚向前跨步；同时重心前移，带动紧张、固定的右肩膀顺势前挥球拍。向前挥拍时应保证右肩膀的紧张用力，不可松懈，目的是为了利用身体有力地向前碰撞球。

（3）击球点的位置要尽量赶在前方判断好来球后，应尽可能地赶在身体前面击中球。这样主动地上前迎击球，能充分利用身体的力量，依靠固定手腕控制好拍面，可有效地回击球。正手截击时，应做到以手腕领先于身体的姿势击球，即手腕在击球时处在身体的最前面，使球拍和手臂呈"＜"状。

（4）通常情况下，拍面击中球时是有些开放向上的，但截击高点球时，需要将拍面接近垂直位置击球。在截击过程中，保持拍面的适度开放来击球，可确实体会到"吃中球"的感觉，并能安全击球过网，从而保证击球的稳定性。一般来说，击球点位置越低，拍面就越接近水平；击球点位置越高，拍面就越接近垂直。同时球拍的触球部位也是由球的底部点到后中部点变化着的。

（5）截击技术的随挥动作一般比较短。击球过程是一个短促有力的撞击过程，就像球撞在墙上立即反弹回来一样。所以，击球后的随挥不是很长，球拍触球后沿击球的方向送出30厘米左右即停止。

三、截击的种类

（一）正拍截击

特点与作用：球的速度快、角度刁，封网的面积比较宽。可以变换多种击球方法，通过变换节奏使对手回球困难。此种技术在双打比赛当中应用较多。正手近网截击连续示意图参见图3-9-1。

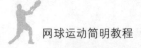

(a) 准备姿势　　　　（b) 引拍　　　　（c) 击球　　　　（d) 还原

图 3 - 9 - 1　正手近网截击基本动作示意图

动作要点：两脚平行站位，比肩略宽，两膝微屈，上体稍前倾，脚跟提起，将球拍置于体前，注意拍头不要下垂，要保持拍头高于手腕，截击时转体的后摆引拍动作不应过大，击球点应保持在身体前方 30 ~ 60 厘米，向前迎击来球。击球时小幅度移动右脚，手腕固定，握紧球拍。当球飞来时迅速向前跨步迎球，球拍在脸的右前方撞击来球。

（二）反拍截击

特点与作用：反拍截击球出球比较稳定，球击出后下旋较强，与正拍配合使用可以封堵很大的面积，并可以通过手腕和力量的变化回击出不同落点、不同线路的球，从而在比赛中争得主动。反手近网截击动作连续示意图如下。

(a) 准备姿势　　　　（b) 引拍　　　　（c) 击球　　　　（d) 还原

图 3 - 9 - 2　反手近网截击基本动作示意图

动作要点：反拍截击时，自击球的开始到结束，要有持拍的手背地向球的感觉。触球的瞬间，要保持拍头高于手腕，截击时转体的后摆引拍动作不应过大，手腕固定，握紧拍子。球飞来时迅速向前踏步迎球，球拍在脸的左前方撞击来球。反手截击时，要做到以肘部领先身体击球，即肘部在击球时处在身体的最前面，使球拍与手臂呈" > "状。

（三）半挥拍截击

特点与作用：击球力量较大，常常用在偷袭上网的战术中。尤其是在双方相持球时间长的情况下，突然向前冲刺采用半挥拍截击球攻击对手，能收到意想不到的效果。

动作要点：从准备姿势起，转体，肩部前移，自然向后引拍，引拍的弧度尽量小，引拍的高度根据来球高度而定。向前跨步挥拍撞击来球，迅速调整姿势准备下次击球。

（四）低点截击

特点与作用：低点截击应用比较广，如中场截击球和击球点在腰部以下的截击球都称为低点截击球。低点截击击出的球深而飘，常常应用在发球上网和接发球上网的战术中，它是底线与网前连接的重要技术环节。

动作要点：于击球的瞬间握紧拍柄，充分屈膝以降低重心，根据来球的高度引拍做好准备击球姿势，拍面稍后仰，击球点在膝盖的前方，稳住拍面往前跨步将球击出。注意击球瞬间的前送动作。

（五）高点截击

特点与作用：高点截击是一种进攻性击球动作，一般是当对方回球过网时在球下坠之前主动采取的一种进攻方法，在双打比赛中站在网前的选手都需要应用这种方法进攻。高点截击要求出击时速度要快，判断要准。

动作要点：根据来球高度及时引拍，稳定拍面，以小碎步移动调整位置，向前跨步，在身体前面向前向下撞击来球。反拍击球时可适当地运用手腕的力量撞击来球。

（六）近身截击

特点与作用：当对方回击的球朝着身体飞来时，近身截击能以最快的速度将球回击给对方。近身截击要求左右脚（正反拍）在击球前向身体两侧做出滑步动作，以侧身击球。

动作要点：对近身球的处理是用正拍还是用反拍，应以右胸或右肩形成的线条为大致的基准。为了顺利处理来球，凡是此线条右侧的由正拍还击，左侧的由反拍还击。反拍截击时，以左脚为轴扭转上半身，右脚向斜前方跨出，固定拍面，借来球的力量将球撞击回对方场区。正拍截击处理时方向相反。

（七）对角截击

特点与作用：击球时变换多，通过击球时手腕的变化可以击出小球和小角

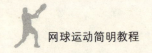

度的斜线球，其作用是调动对方变换节奏，使自己取得主动。

动作要点：击球时控制好拍面，通过击球时手腕的变化击出小角度球。对角截击中调整拍面很重要，拍面控制好后向前跨步，以截击出不同角度的球。往前跨步是很重要的，拍面的角度和截击时的泄力时机是关键。对角截击中切忌使用挥拍制造角度。

附：截击时球拍的斜度

截击战术是网球比赛取胜的一个重要环节。在网球场上，做出有效截击的要诀并不在于直接控制方向——将球击出斜线或直线，重要的是要控制好截击出去球的距离，截击的距离是非常重要的，而这取决于斜度。在网球运动中，斜度是指球拍与球场表面所形成的角度。可以说，斜度直接影响截击球距离的长短，选手通过控制斜度可以改变这一距离：最小的斜度，采用更加开放的拍面，打出低而深的截击球直逼底线；中等的斜度，可打出有劲道的截击使球飞向角落；最大的斜度，采用更封闭的拍面，击出锐利的小角度截击球。要想控制好截击球的距离，重要的是需要明白什么才是"理想的斜度"。不同斜度的截击特点如下。

（1）低位截击——最小的斜度以获得最大的距离。低位截击本应属于防守打法，但如果用正确的斜度把球回得足够深，则会有机会和时间贴近球网，占据更具进攻性的截击位置时，就会感到依然能将下一个来球控制在手中。动作方法是：前脚做出一个大的跨步，降低身体的重心，使拍框几乎与地面平行，争取在身体的前方的外侧击球，大致与前腿脚踝平齐。球拍后引和随拍要长，截击前后动作要保持一致。

（2）高位截击——中等的斜度以获得中等的距离。高位截击其实是一种中等范围的截击。方法是：以中等步幅进入击球位置，约在胸前的高度，将球拍倾斜到大致45度角，手臂充分伸展开来，在较高的位置来截击球。只要上体的姿势不变，并且始终保持拍面角度，就可以做出强有力的截击，将球击向角落。

（3）斜角截击——以最大的斜度击出最短的距离。斜角截击是飞行距离最短的截击。方法是：小步到达击球区域，耳朵高度为理想的击球点，手腕固定，拍框几乎与地面垂直，头部微斜，控制住截击的方向，截击前后保持动作的一致性，就可以打出富有攻击性、高效性的下坠截击。

第十节 高压球技术

高压球是一项强攻性技术，一般来说打高压球就意味着得势、得分，如果没有这样的信念，那么掌握高压球技术也就失去了意义，因为实际比赛中打高压球的机会是不多的。高压球不是靠力量而是靠打点得分，是利用流畅的挥拍动作和判断力，在头上用扣压的动作完成击球的方法（图3-10-1）。

高压球可在网前也可以在高击球点进行。由于有些高压球很难一拍决定胜负，所以为了能在下一次来球时得分，应以八成的力量击球，优先考虑落点、速度而并非力量。另外，面对远距离的高压球、飞得太高无法掌握先机的高压球或阳光太刺眼时，就不要直接杀球，而应等球落地反弹后再打。总之，流畅的挥拍动作和正确的判断会使高压球发挥更大的威力。

图3-10-1

一、高压球的动作要领

（一）脚步动作

当对方回出高球时，应迅速侧对球网，以交叉步移位来到球的下方，用小侧步调整以决定右脚的位置。

（二）挥拍动作

高压球的挥拍和发球动作相似，移动到球的下方摆好侧向的姿势。寻求高击球点，伸直左手臂侧身击球。击球后要避免身体失去平衡，积极迎击并挥拍到最后。击球点低时，应伸直左手臂积极地转身迎球，这样才能在高点稳定击球。面对各种高压球，固定击球点是稳定杀球的关键。

二、高压球的种类及方法

高压球有凌空高压球、落地高压球、前场高压球、后退高压球、跳动高压球等几种，其击球动作与发球相似。

凌空高压球指的是不等来球落地，在空中就将其扣杀回去，此种球杀伤力极大，但击球者需具备良好的空中定向、判断能力及熟练而精准的脚步移动能

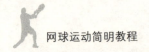

力。落地高压球则相反，一般是在来球虽高但飘忽不定或很难取到最佳点将其凌空击回去的情况下，让球落地反弹后再寻高点扣杀。前场高压球因为位置靠近网前，所以基本上是应该得分的。后退高压球一般是在上网后被对方反击一个过头球情况下的抢救性措施，看起来虽有些被动，但发挥好了一样可以重创对手乃至得分。跳动高压球是在为了争取更短的时间内将球击回对方场地并使球产生更大的威胁力而起跳扣杀。这里着重介绍近网高压球和后退高压球的技术。

（一）近网高压球

动作要点：高点击球必须及早准备，以侧向姿势迅速后退，拍头后拉至来球高度挥拍击球，回球要深，若有充足的时间，须后退再向前跨出。面对对手的半高球时，若无法在高点击球，则不要强攻，应以回球落点为主。身体侧对球网时，球拍须配合来球的高度，一边向后拉拍一边快速调整脚步挥拍击球，随球动作也须快速地往前挥出。

（二）后退高压球

动作要点：面对远距离的高压球，需要一边后退一边跳跃击球。当对手击出高球时，应侧向转身以交叉步后退移动至来球的下方，右脚蹬地跳跃而起挥拍击球，击球后左脚着地。掌握好后退一蹬地一着地的节奏很重要。跳跃的时机和右脚蹬地开始挥拍的节奏是能否成功的关键。

第十一节　挑高球技术

一般来讲，挑高球是被迫使用的一项防御技术，但它可以破坏对方的进攻节奏，有时对高水平的选手也有很大的威胁。高球挑得隐蔽，能减弱对方在网前的优势，使自己从被动转为主动，因此一定要重视挑高球练习。

有许多业余网球爱好者在平时练习时，对挑高球技术都不够重视。甚至有些人还认为，挑高球是一项初级技术，是一种很不体面的做法。但是，当我们真正参加了一些业余比赛后，才能体会到为什么有一些高手也非常重视运用挑高球技术。

一、进攻性挑高球

特点与作用：主动上旋挑高球可以成为颇具威胁的进攻武器，利用此种球弧顶高、下坠急、落地后前冲猛的特点，令球越过对方头顶以逼迫其反身回追，往往是破网得分的一种手段，也可置对方于被动的境地。使用上旋挑高球的最佳时机是当我方处于底线且对手站位较靠于网前，此时运用进攻性挑高球会收到好的效果。

动作要点：挑高球动作要尽可能和底线正、反拍上旋抽击球动作一样。完成拉拍动作时，拍面垂直，拍头低于手腕的位置，由后下向前上挥拍，做弧线形鞭击动作，使球拍在击球瞬间进行擦击，以产生强力上旋，击球点在身体侧前方，重心落在后脚。击球后，球拍必须朝着自己设想的出球方向充分跟进，随挥动作要放松并在身体左侧结束。

二、防守性挑高球

特点与作用：在被动时挑高球虽然是渡过危机的防御手段，但只要运用得当同样可以获取得分的先机。即使是在被动状态下挑高球，只要球的质量好，同样可能成为进攻的前奏。一记成功的挑高球的要素有：可以轻易越过对手的头顶，让其无法凌空扣到，并迫使其不得不转身跑向后场救球。能够打出这样的挑高球，机会也就来了，趁对手向后跑动，可以游击到网前，准备用截击或是高压来对付回球。防守性高球亦称下旋高球，它飞行弧线高，比上旋高球更易控制，具有失误少的优点。掌握好了下旋高球，同样可以不让对方有在网前扣杀的机会。

动作要点：挑下旋高球和挑上旋高球一样，需要动作隐蔽，因此，其握拍、侧身转肩、向后引拍应尽量与底线正、反拍击下旋球动作一致。击球时拍面朝上，触球的中下部，由后下方向前上方平缓挥拍击球，似向前切推。为了更好地控制球的高度和深度，要尽量使球在球拍上停留时间长一些，动作要柔和。随挥动作与底线正、反拍击下旋球相同，面对球网，重心稍后，跟进动作要充分。

第十二节　削球技术

削球主要是使球击出后产生下旋，落地后弹跳低，迫使对手由下向上拉球，或使其难于借助回球力量击出平而快的攻击性强的球。掌握了正反手削球技术，对扩大击球范围和击球的稳定性很有益处。在网球比赛进攻或防守中能

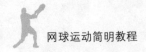

轻松自如地使用各种攻击手段，无疑将扩大击球的控制范围，从而提高竞技能力。一般来讲，在任何情况下，反手削球均属于防守性技术，但根据其使用方法的不同，反手削球有时也可以成为一种很有力的攻击手段。例如，遇到对方上网时，可先将球削到对方脚下，迫使其无法反攻而只能回击一般的高球，然后再向对方发起猛攻。又如，当需要高点击球且对方来球有角度和旋转时，采用削球打法能十分有效地应对来球。

网球削球的动作小，主要是借对方来球之力将球削出。即使是在身体平衡遭到破坏的情况下，也仍然可以打出削球来。此外，反手双手击球的选手，当来球很远时，也可以双手变单手，采取反手削球的回击方法，从而扩大防守范围。削球技术既可以在向前截击时使用，也可以在接发球时使用，还可以利用后援的削球动作，出其不意地削出网前小球。

一、削球动作要领

（一）握拍方法

握拍方法不同拍面也会有变化，而且挥拍回击也会因此而改变。首先应以单手反手击球时使用的握拍方法开始练习，基本上是使用东方式反手握拍法，球拍拍面与反手单手击球点相吻合，以左手支撑着球拍。只要是单手反手击球，无论是削球、平击球还是上旋击球，多以采用东方式握拍法为宜。

（二）引拍方法

为了能削出旋转球，必须使用正确的引拍方法。能否正确地完成后摆引拍、做好削球准备，决定着削球的成功与否。反手削球技术的要点是：持拍的手肘臂关节不能太低，不能使用手腕，后摆引拍时左腋不打开，保证削球的挥拍动作是由内向外地挥动，向后摆拍要做到使肩触到下颌为止。

（三）挥拍切削动作

在考虑削球挥拍动作之前，首先必须集中精力做好后挥引拍、摆好拍面的准备动作。只有做好引拍动作，才有充分的时间做好预测。削球时，要让球拍自上向前下挥动，要注意提早后摆引拍，提早完成准备动作。

二、正拍削球

特点与作用：与上旋球相反方向旋转的球是下旋球，俗称"削球"，过网时飞行弧线低而平直，落地后弹起也很低并伴有回弹现象。下旋球的落点容易控制，也可以打对方的深区，常用于随球上网时利用球的飞行时间和深而准的落点冲至网前截击，也可以作为变换球的旋转和节奏的打法，扰乱对方的节奏使其失误。

动作要点：击球时使用大陆式握拍方法，拍面稍向上倾斜，后拉拍的弧度尽量缩小。挥拍由后上方至前下方切削，击球的中下部使之产生旋转。切球时要与地面平行地做出前送动作，避免拍面下垂。因为大陆式握拍方法可以自然击出旋转球，所以不要太多向下切削，而要向前挥拍完成切削动作。

三、反切削球（重点介绍）

特点与作用：与上旋球方向相反，下旋球的飞行弧线过网时较低，但可以回击至对方的深区，落点容易控制，比较稳健和准确。反拍削球常用于随击上网，利用球的飞行时间和深而准的落点上网截击；也可以作为变换球的旋转和节奏的方法扰乱对方以获得主动地位。

动作要点：击球时使用大陆式握拍方法，拍面稍向上倾斜，虎口放在拍把的上半面与左上斜面的交界线上，以右肩朝前的姿势往后拉拍，拉拍的幅度要尽量大。挥拍由后上方至前下方削切，击球的中下部以产生旋转，身体重心必须从左脚向右脚移动，拍头和腰肩的转速越快就越能获得力量和速度。切球时要与地面平行地做出动作，避免拍面下垂，要向前挥拍完成动作。反手削球动作示意图如图 3 - 12 - 1 所示。

图 3 - 12 - 1　反手削球动作示意图

1. 反手削球的握拍方法

一般常用的握拍法是东方式反手握拍法和大陆式握拍法。虽然也有人采用接近于东方式的正手握拍法打反手削球，如格拉芙，但这种握拍法的缺点是：为了保证击中球时拍面接近垂直，必然会让击球点太靠后，太接近身体，导致身体、手臂勉强用力，特别费劲。因此，这里不提倡一般网球爱好者模仿。

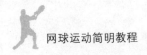

2. 击球前的准备动作

当判断好来球的方向后决定采用反拍削球时，首先应用左手扶住拍颈，转肩同时向后上方拉拍，保持拍头高于肩部，高于手腕，肘部关节抬起，拍面张开斜对天。

3. 在向后上方举拍时，应当确保扭转肩膀，并紧张用力

扭转肩膀并紧张用力，可以在球速太快、来不及向前主动削击时，也能依靠肩膀的紧张用力，较好地把球削挡过去。最关键的是，依靠肩膀转动用力，在向前削击球时，便于利用自己的体重对球施加更大的力量，增加球的下旋。

4. 向前挥拍时拍面的运行轨迹

向前挥拍击球时，要保证由上向下挥拍。但应注意，由上向下再向上挥拍的动作，绝不能靠手臂、手腕的主动发力来完成。球拍一定要随着重心前移，同时右肩膀向前顶出，顺势挥出。

5. 击球时的拍面应接近垂直

只有击球时拍面接近于垂直，才可做到对球的削切比较厚实。如果拍面仰开，削击球太薄，就会使回球轻飘无力。所以，击球点最好离身体稍近一些。远了就做不到厚削击球，自然会导致回球无力。

6. 击球时眼睛的作用

击球时眼睛要紧盯着球，直至球确实离开拍面。从理论上讲，反手削球时，球与球拍接触的时间较长。因此，应尽可能地长时间盯着球，保持头部不动，增加击球的稳定性。

7. 击球时左手的位置

在击球时，左手应保证留在身后，维持身体平衡和右手平稳地向前挥击。左手从扶持球拍到球向前挥击离开后，开始与右手呈现一种对称式运动。右手不断向前挥出，左手不断地向后摆。这种协调对称的双手挥动是保证身体平衡和有效击球的重要条件。

8. 挥拍击球的完整性

击球后的随挥动作是让球拍随着球击出的方向继续向前下方挥出一段，然后向前平稳地运行一段距离后，再自然地将球拍挥到右边外侧比腰高的位置。不要突然停止挥拍或过早将球拍向上提拉。反手削球的拍面运行轨迹，类似于一个香蕉的自然弧度。

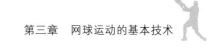

第十三节　反弹球技术

实际上，击反弹球与打落地球是十分相似的，只是由于反弹而起的球的速度非常快，必须在球一落地就要去接触它。接触球时，是用垂直的拍面还是用稍向下的拍面，这将取决于球与网之间的距离。如果距离较近，可以采用垂直的拍面；如果距离相对较远，则可采用稍向下的拍面。

一、半场反弹球

特点与作用：半场反弹球是在来球反弹上升至高点之前将其击出。特点是可以在更早的时机处理球，不让对方有从容应付的余地，而且可以在精神上对其进行施压；可以用最短的时间随球上网。

动作要点：必须尽快进入击球点，这就需要迅速移动脚步；拉拍时，动作要小，出手要快，通常在腰部高处击球；击球时手腕相对固定，利用对方来球速度借力击球；在来球上升到高点期之前击球，手腕不要用力太大，自然地完成挥拍动作。

二、底线反弹球

特点与作用：对手击出深球时，为了不至于退到场外回击，选择反弹球回击是最好的办法。其特点是面对深球时不需要向后退，击球发动比较突然。

动作要点：这个动作不需要向前跨出，挥拍时应注意前送姿势。由于击球点低，所以需要充分屈膝放低重心，而且还得小弧度地往后转身引拍配合时机击球，击球时不要抬起身体。球反弹之前开始挥拍，在球的上升期击球。

第十四节　放小球技术

放小球是一项必须掌握的技术，在比赛中应用得相当广泛，对调动、干扰和牵制对手能起到很好的作用。在比赛中运用放小球技术，可以更有效地发挥自己特长技术的攻击性，并使自己的技术多样化，使对方不能专心防守，同时能调动和打乱对方的站位、击球节奏，从而使自己的各项技术得到充分发挥。尤其在对方体力下降的情况下，运用放小球技术可以收到更好的战术效果。

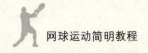

特点与作用：放小球的目的之一是把对手从后场引至前场，创造进攻得分的机会；另一个目的是当对手站在后场或大角度跑出场外时，突然放小球可使对手来不及到位而失分。掌握了放小球技术，可使自己的打法多变，令对手捉摸不透。

动作要点：放小球时，击球前的准备动作与正、反拍击球动作相同，球拍后引，侧身对网，拍头稍高，侧身还击来球。击球时拍面稍开，动作柔和，触球点在球的下部，使之产生下旋，并适当地以向前切推或上托动作把球击出，使之落在对方球场近网处。

注意事项：当对手没有察觉到你将要打近网小球的意图时，最好的放小球时机就到来了。你要像通常做常规后摆一样，把球拍移到后方。当球拍前摆并就在接触来球以便向其传递下旋之前的那一瞬间，转动你的手臂使拍面部分朝上。然后增加拍头的速度并采用一个短促的随球动作去引导和控制球，以使球刚好过网并落在球网附近。

第四章　网球运动的基本战术

网球战术是指运动员在比赛中，根据网球竞赛规则和网球运动的规律、比赛双方的具体情况和临场变化，合理运用个人技术或两人配合所采取的有意识、有组织的行动。网球运动有各种不同的打法，不同类型打法的运动员在比赛中对战术的运用是不同的。比赛中采用的战术必须有针对性，不能用单一战术对付所有打法。

从竞技运动的要求来看，网球比赛的目的是在规则的制约下，通过多得分、少失分来争取最后的胜利。因此，比赛双方应根据本队队员的技术特点、身体素质、比赛经验等情况，有针对性地选择战术。在运用战术时，为了掌握比赛的主动权，要善于根据双方技术、战术的优劣及临场情况的变化，采取灵活多变的行动，通过技术的抗衡和战术的对垒，达到战胜对方的目的。根据网球运动的规则和基本特点，网球战术可分为单打战术和双打战术两大类。

第一节　单打战术

一、上网型打法

上网型打法的战术指导思想是以网前进攻为主要得分手段。其基本战术方法大致可分为发球上网、接发球上网、随球上网和偷袭上网。

（一）发球上网战术

发球上网是上网型选手利用发球的力量和速度进行主动进攻，先发制人，然后上网抢攻的一项主要战术，是上网型选手的主要得分手段。

（1）用第一发球的力量，发上旋或侧旋球至对方发球区右区外角，然后迅速上网至发球区中线偏左，主要封住对方正拍直线球，运用截击技术将球击至对方反拍区（图 4 - 1 - 1）。

（2）用第一发球的力量，发平击球至对方发球区右区内角，然后迅速上

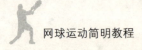

网至发球区中线，判断来球，截击至对方底线正反拍深区，随中场截击贴近网前（图4-1-2）。

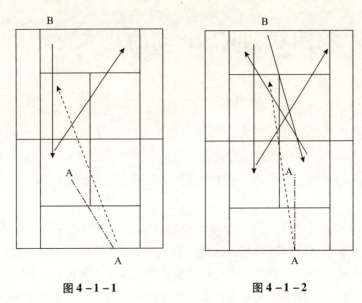

图4-1-1   图4-1-2

（3）用第一发球力量，发上旋球至对方发球区左区外角，迅速上网至发球线偏右，封住对方反拍直线球，截击球至对方正拍区（图4-1-3）。

（4）用平击发球或侧旋发球至对方发球区左区内角，迅速上网至中场，判断来球，截击至对方正反拍底线深处，然后跟进准备近网截击（图4-1-4）。

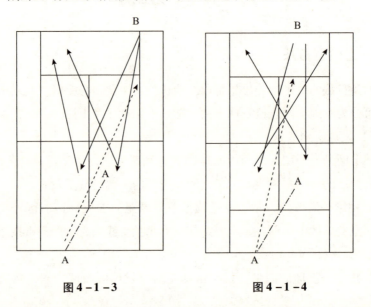

图4-1-3   图4-1-4

注意事项：

（1）发球上网的发球，重心要略上升，击球点要稍前些，以便上网时迅速移动。

（2）移动的同时，要判断对方来球，不论此时处在什么位置，在对方击球瞬间都要急停、判断，然后再第二次起动向前截击。

（3）第一发球的命中率要高，要达到60%以上，这样才能发挥出发球的威力，为发球上网创造有利条件。

（4）发球的速度、旋转、落点要有变化，才能有效地破坏对方接发球的节奏。

（5）中场第一截击质量要高。

发球战术应遵循的原则：

1. 攻击对手的反手侧

一般的球员都存在着反手球技术较差、容易出现失误的弱点。如果将球发到对方正手上，对手接过来的球攻击性大的情况比较多。可是如果将球发到对方的反手方向，对方接回来的球一般攻击性较弱。

2. 瞄准场区的边角发球

对手接这种边角球时，必须向边线方向快速移动且可能跑出场外，此时对方场区就会出现很大的空当，从而为我方进攻创造了有利的条件。

3. 发深球

把对手逼到端线外去接发球，因此他接回来的球不太可能有很强的攻击力。

4. 加大球速的同时尽量避免浅球

如果发球发得浅，即使球速很快也难有威胁，因为对方刚好能上来打一个有力的还击球，特别是对中上等水平的人来说，只要球到达他手边，对付多快的球速都不是很困难。

5. 对准对手的正面发球

如果将球对准对方身体的正面发过去，对手一时难以决定是用正手接还是用反手接，会产生一瞬间的犹豫，其结果很容易出现失误。

6. 变换发球路线

发球战术的基本原则是针对对方的反手侧发球，但如果每次发球都相同，对方已习惯了你的球路，可以突然发一个对手意料之外线路的球，最好连同发球的种类也一起改变。这种突然改变线路和类型的发球，可以打破对方接发球的节奏，从而取得比赛的主动权。

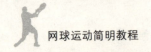
7. 发旋转球

发深的旋转球，球的滞空时间较长，可为自己向网前靠近争取时间，因此对发球上网者来讲是十分有效的战术。

8. 第一发球减小旋转，以速度施压

发球的速度要比旋转更有威力，然而，如果因速度造成发球失误则得不偿失。应该在强调速度的同时，更注意稳定性。

9. 第二发球要增加旋转，提高准确性

飞行轨迹较高的旋转球比直线的发球失误率要低，第二发球应果断挥拍加大旋转。

10. 左手击球者应发削球

"左撇子"球员之所以让对方感到头痛，是因为他所击出球的旋转方向与右手球员完全相反，特别是发出的削球，其旋转对右手击球者更具有威胁。

（二）接发球上网战术

接发球必须树立积极主动、抢先上手的战术意识。上网型打法应积极利用快速多变的各种手段来接发球，尤其是接第二发球，要抢攻上网或推切上网，以充分发挥上网型的打法特点。

（1）接右区外角第二发球时，可用正拍抽击或推切球，回击直线后迅速上网，准备运用正反拍的截击技术将球击至对方右区底线深处（图4-1-5）。

（2）接右区内角第二发球时，可用反拍抽击或推切球，回击对方反拍后迅速上网，准备运用正反拍的截击，攻击对方的空当（图4-1-6）。

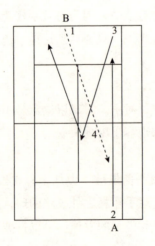

图4-1-5

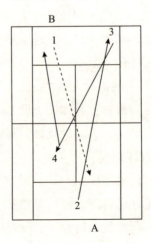

图4-1-6

（3）接右区内角第二发球时，可用侧身正拍抽球压打对方弱点，然后迅速上网，伺机攻击对方的薄弱环节（图4-1-7）。

（4）接左区外角第二发球时，根据对方技术情况，利用反拍抽击或推切球回击对方弱点上网。一般以打直线上网为好，一是距离近，对方准备时间短；二是上网后容易封住角度（图4-1-8）。

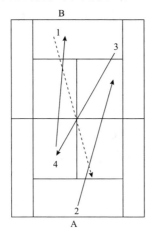

图4-1-7　　　　　　　　　图4-1-8

（5）接左区内角第二发球时，可用正拍抽球或推切球，回击对方左右两点上网，封住角度攻击对方的薄弱环节（图4-1-9）。

（6）接左区外角第二发球时，根据发球质量侧身正拍狠抽对方直线或斜线后迅速上网攻击对方空当（图4-1-10）。

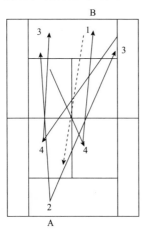
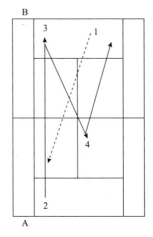

图4-1-9　　　　　　　　　图4-1-10

115

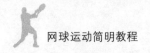

注意事项：

（1）对方击球瞬间，应立即进入底线，准备迎上击球。

（2）判断来球落点，迅速调整身体与球的距离。

（3）身体前迎，后摆动作小，借助身体力量及球的反弹力量做迎上高点击球。

（4）击球后，根据球的飞行落点，迅速随球移动，做网前截击。

接发球战术的基本原则：

1. 对没有威力的第二发球，应采取向网靠近的原则

在网球比赛过程中，即使是发球很优秀的选手，当第一次发球失误而不得不进行第二次发球的时候，也要考虑保险而不可能发出非常有力的球。因此，在这种情况下，接发球的站位可以稍向网前靠近一些，一来可以给对手增加压力，二来可以把握回击球的时机，便于掌握比赛的主动权。

2. 站位时，可稍微离开应该在的位置，迷惑对手

对于发有威胁的切削球的人，可以故意离开接球位置向球拐弯的方向取位，制造假象。与此相反，也可故意地采取站到对方所瞄准的区域之外的位置上。这样一来，可能会产生抓到主动权的机会。

3. 预先考虑好 4 种接发球的模式

接发球者为了夺得主动权，必须在头脑中预先有 4 种接发球的模式，做好充分的准备：是正手接球，还是反手接球；是打深，还是进行攻击性击球（须在对方发球较浅的位置上）。

4. 接发球不要企图直接得分

绝对不要想在接发球时就得分，因为你想得分，必然要加力，增大挥拍幅度，其结果是增加失误率，所以必须把接好发球的稳定性放在首要位置。与双打比赛不同，单打在接发球时对方没有人站在网前截击，只要把球击回对方，自己还有机会进行下一轮的竞争。

5. 接回的球应迫使对手不能进行攻击

当对方属于底线型选手时，接发球的选手一定要打深，这是一条原则。因为只有打得深，对方才不可能打回有角度和有攻击性的回球。除坚决打深外，如能将球打到对方的反手侧则更好，因为大多数选手对反手侧的球都不会太有攻击力。

6. 当对方发球较软弱时应果断攻击

在对方发来的球容易接的情况下，是攻击的好机会。此时接发球的方针应该是瞄准对手的反手侧进攻。当然也可以果断地加力快速攻击对方。

7. 当接发球攻击对方后可以立即冲到网前争取主动权

当对方发球弱而很容易攻击时，可以接完球后立即冲到网前准备攻击。发球人由于球发得比较弱，不会也不敢冲到网前来截击，此时你可把这个较容易接的发球打到对手反手侧，然后冲到网前做好截击的准备。

8. 当对方发完球上网截击时，要争取将球打到其脚下

遇到对手发完球后立即上网来截击的情况，此时会给自己造成一定的压力，往往不由自主地要加力，而接发球加力的结果常常导致失误。因此，当遇到这种情况时，首先要沉着冷静，争取将球打回到对手脚下，使对手不能打出攻击性的截击球，这样一来，机会反而转到自己这边来了。

（三）随球上网战术

上网是利用双方在底线对攻相持时或对方接发球时，出现质量不高的中场球，果断地用正、反拍抽击，然后迅速随球上网的一项战术，也是比赛中的主要得分手段。

（1）利用各种不同球速、不同旋转、不同落点的发球，使对方接发球出现差错，造成接发球质量不高，出现浅球或中场球，此时可用正反拍抽球后随球上网。

（2）在底线相持对攻或对拉中，利用抽击球的速度、力量、旋转和落点的变化来控制对方，使其回击时出现质量不高的浅球或中场球，然后迎球抽击随球上网，达到上网攻击对方的目的。

（3）利用上旋抽球，把对方压在底线后面，等待时机突击上网。

（4）相持中突击大角度拉开，突放小球上网。

（四）偷袭上网战术

偷袭上网战术主要是在对方只注意一种打法而忽略对付其他打法时，我方所运用的一种变换上网战术。它通过打破对方进攻及防守的节奏，达到攻击对方的目的。

（1）在运用发球上网战术时，如对手已经适应，可突然改用发球后根据对手来球情况还击再随球上网。这样两种战术不断地变换使用，可达到偷袭和扰乱对方的目的。

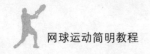

（2）在底线对拉、对攻中，当对方专注底线打长球时，突然加力或拉上旋高球上网偷袭常可使对方措手不及而造成失误。

注意事项：

（1）比赛中始终要保持头脑清醒，对自己的战术运用要心中有数。

（2）上网战术的变化要及时、果断，并注意战术变化的质量。

二、底线型打法

底线型打法的战术指导思想是以底线正反拍抽球为得分手段，利用抽球的速度、旋转和落点的变化来创造进攻机会。主要的战术方法有对攻、拉攻、侧身攻、紧迟攻和防守反击。

底线型打法种类：

（一）对攻战术

对攻战术是底线型打法中较为重要的一种主动进攻得分的战术。它是用正反拍强有力的抽球，以速度力量压制对手攻击得分。

（1）以正反拍抽击的速度和力量攻击对手的弱点，用速度压住对方伺机得分；

（2）用正反拍强有力的抽球，连续压对方一点，突击其另一点；

（3）利用正反拍的有力击球，调动对方大角度跑动，同时寻找机会进攻得分；

（4）在调动对方两边跑动时，突然连续打重复球，再变线进攻得分。

（二）拉攻战术

拉攻战术是底线型打法中比较普遍采用的一种战术。它以底线正反拍拉上旋或正拍拉上旋球、反拍切削球使对方左右跑动，一旦出现机会，立即给予致命一击的战术方法。

（1）正反拍拉强力上旋至对方底线两大角深处，不给对方上网及底线进攻的机会，本方寻找机会进行突击进攻。

（2）正反拍拉上旋球时，增加正反手区小斜线落点，加大对方移动距离并出现质量低的回球，然后伺机进攻。

（3）逼拉对方反拍深区，伺机突击正拍。

（三）侧身攻战术

侧身攻战术是底线型打法中的主要进攻手段。它是利用强有力的正拍抽球，配合良好的判断和步法移动，在 2/3 的场地上用正拍攻击对方。

（1）连续用正拍攻击对方，创造得分机会。

（2）用正拍进攻，调动对手移动，反拍控制落点，伺机用正拍突击进攻。

（3）全场进攻对方反拍，再突击变线正拍。

（4）用正拍连续攻击对方一点。

（四）紧逼战术

底线型打法的紧逼战术是以快的节奏进攻对方的一种战术方法，也是当今世界优秀选手常用的进攻手段。主要是发挥正反拍抽击技术，迎击上升球，准确地控制落点，节节紧逼，以达到攻击对方的目的。

（1）接发球时紧逼向前进攻，使对方发球后来不及准备，产生心理压力，从而寻找机会攻击。

（2）连逼对方反拍，突袭正拍，伺机上网进攻。

（五）防守反击战术

防守反击战术在底线型打法中占有很重要的位置。利用良好的底线控球能力，发挥判断反应快、步法和体力好、击球准确的特点，调动对方，达到在防守中寻找机会进行反击的目的。

（1）对方运用发球上网进攻战术时，接发球可采用迎上借力接球，将球回接至对方脚下或两边小角，然后准备反击破网。

（2）对方进行底线紧逼进攻战术时，可采用底线正反拍拉上旋球至对方底线两边大角度深点，不给对方进攻得分的机会，然后伺机进行反击。

（3）对方运用随球上网进攻时，提高底线破网第一拍的成功率和突然性以及破网的质量，以寻求第二次破网反击的机会。

底线战术的基本原则：

1. 打深球，不给对手机会

在底线打法中最重要的一条原则就是要打深球。将球打得越深，对手就越要在底线后面接球，不可能回击角度非常大的球，也就是说打深球就把对方攻击的危险性降低了，则掌握比赛主动权的机会就来了。

2. 打对角线，破坏对手的身体姿势

在连续对抽过程中，如果遇到对方打来的浅球，一定要抓住机会，快速抽击对角线球，把对手逼出场外去追球，而当对手往回跑调整身体姿势时，你可以轻松地将球打到对手的空当上。

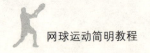

3. 抽球时，要根据情况增减力量

底线抽球，一般应该用平时练习的 70% 的力量，而且要注意应当充分放松地去打球，没必要对所有的球都用全力去回击。往往双方对拉的回合一多，就会不由自主地加大力量，反复的猛抽猛打才是产生失误的原因。根据场上的具体情况，抓住机会进行全力攻击才是最佳选择。

4. 底线抽球以正手为主

一般选手都是正手技术比较好。即使是职业比赛中速度很快的球，也有不少可以让到正手位来打。一般而言，底线抽球正手占 70% ~ 80%；反手占 20% ~ 30%。在比赛中要尽可能使用自己最拿手的技术是网球比赛最基本的原则。

三、综合型打法

综合型打法是以扎实的基本功、全面的技术为基础，根据不同的对手及其技术和战术掌握情况、场地特点与战术需要，灵活地变化战术打法。综合型打法的攻与守平衡，符合积极主动、机动灵活的战术要求。

（1）对付发球上网打法时，采用接发球破网或者先力争接发球成功，再准备第二拍破网。

（2）对付随球上网打法时，采用底线打深球战术，用正拍进行对拉，反拍切削控制落点，寻求进攻机会。

（3）对付底线稳健型打法时，采用发球上网或随球上网及底线紧逼战术，以打乱对方节奏，寻求进攻机会。

（4）对付接发球上网打法时，需要提高第一发球命中率，变化发球速度和落点，破坏对方接发球节奏，降低其质量，控制场上主动权。

注意事项：

（1）起动速度快，采取迎上高点击球。

（2）随球抽击的成功率要高，质量要高，以利于网前的进攻。

（3）随球抽击的技术要不断变化，如平击、上旋、下旋、推切等，打乱对方的击球节奏，降低其击球质量，为自己创造更多的上网机会。

附：正确地理解比赛

在学习了基本技术如正手、反手、发球和截击等以后，我们应该开始学习如何"打比赛"。即使是初学者也应该采用修改过的计分方法来打比赛，例如可以对规则做一些修改或是改变击球的方式。如果在掌握了所有的技术之后才开始打比赛的话，比赛就应该是很多年后的事情了。

在刚开始学习网球时，我们就应该了解一些基本的网球战术。如要击球过网并要使球落在界内，而且要持续下去，这是开始需要掌握的简单战术。

下一步要掌握的战术就是将球打到对手的空当，这样我们可能不会直接得分，但是我们的对手需要为这一分付出很大的努力。

打的回合稍多一点，我们就会找出对手的强项和弱项。如果我们将更多的球回到对手的弱手侧，对手的失误率就会增加。

这些基本的战术原则是比赛的基础，明白这些后我们就知道应掌握哪些技术来执行自己的战术计划。这些战术非常有趣而且也非常容易理解，但需要花时间来不断练习。

失误和错误：

提高网球技术的捷径就是把网球场当作"失误的中心"，这样我们就可以尝试不同的击球方式，且在不同情况下使用，测试自己的稳定性。即使是世界上最好的运动员在面对对手变化无常的击球方式时同样也会有失误。

在场地上的"错误"就是决策的失误，即采用成功率很低的回球方式。例如，第二发球也采用大力的平击发球就是一种决策的失误。大多数人都明白，如果想要将第二发球发到界内，就要给球施加一些旋转或者减小发球的力量。

失误和错误的区别非常简单，如果击球动作正确并且有一定的战术意义，即使击球失误了也不用为之心烦。事实上，应拍拍自己的后背鼓励自己，下一次击球时将注意力集中在有用的措施上，如"提前移动到击球区"。

另外，如果选择了错误的或者说选择了成功率非常低的击球方式（如穿越球必须压在边线上），这样很明显就会失分。如果能减少失误，得分率就会明显提高。

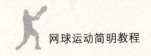

第二节 双打战术

在双打训练中，应先学习怎样在双打比赛中运用日常练习中已掌握的技术。如果组成一对的两个人只是分别按自己最拿手的方式一味地进攻，是不可能取得成功的。相互理解了两个人打球的方式和习惯后，就会比较容易安排战术。另外，先相互了解彼此的缺点，然后再考虑该怎样利用自己的技术去与之进行配合，尤其显得重要。一般而言，双打比赛中，可根据自己的特点和同伴进行分工协作，这与单打比赛只靠一人来比赛有明显的不同。擅长单打的人，如果没有双打的经验，不一定能打好双打，两者之间有很大的区别。

一、双打的配对原则

（1）两名选手应当具有合作精神，不能在球场上只顾炫耀自己。比赛中要善于忍让和善解人意。打好球时要祝贺，帮助同伴树立信心，失误时不要辩解，主动表示歉意。

（2）两名选手之间的技术差距不能太大，否则技术较差的选手在比赛中常常会成为对方攻击的目标，技术较好的选手为了照顾自己的同伴，扩大自己的防守面，有可能会漏出空当，给对手打出制胜球的机会，同时也容易出现配合失误。

（3）一对好的双打选手主要表现为比赛中同伴之间始终能够有效地沟通，互相尊重和理解，能帮助对方稳定情绪。双打选手之间的非言语交流更为重要，彼此之间的体态语言对两人的发挥至关重要。非语言交流的方式有：打完一分时，两人转身面对面，并肩同行；用手势加强非语言交流，相互击掌或拍肩，主动点头示意。

（4）双打配对选手应当具有统一的战术思想和各具特点的技术风格。

二、双打的发球方战术

（一）发球方的战术原则

由于双打是由4人进行的比赛，每人分管半边场地，因此对发球方更加有利。好的发球能直接发球得分或使对方接发球失误，同时能为发球上网、网前截击得分或为同伴网前截击得分创造有利条件。为此，在双打比赛中必须提高和增强第一发球和第二发球的质量和威慑力。

双打的发球应达到如下要求：

（1）提高第一发球的成功率和质量，用80%的力量发出平击、侧旋或上旋球，命中率达到70%以上；第二发球利用旋转来加强落点的控制，尽量减少第一发球和第二发球之间的差别，从而真正显示出发球在双打中的直接进攻优势。

（2）利用不同的发球及变幻无常的落点来控制发球局的主动权，使对方接发球员难以适应，以破坏对方接发球员的进攻节奏。

（3）根据同伴在网前封网的位置和对方接发球员的站位及技术特点来选择发球和发球落点，为网前同伴的抢网和发球上网截击得分创造有利条件。

发球变化是双打中取得发球局胜利的重要法宝之一，所以在双打中要不断地变化发球方法，即将各种不同的发球灵活地交替使用。如果能在每次发球时变换速度、旋转和落点，对方将无法正确判断发球方的打法而做出相应的接发球准备，这样对方就容易束手无策而造成失误或接出质量差的球。

（二）发球方的站位

（1）发球员的站位一般离边线较近，这样可以加大外角发球的角度，增加接发球的难度，同时也便于自己沿着发球的线路随球上网，迅速来到网前；而且由于搭档在网前封住了回球的直线线路，接发球队员大多选择回斜线球，便于自己较快地回击来球。

（2）发球队员的搭档一般站在距离球网3米左右的位置，在这个位置既可以防近网球，后退两步又可防挑高球。所站位置离同侧边线的距离应当以横跨一步可拦住对方的直线球为宜。这样对方不敢轻易地回击直线球，而且移动两三步也可以防守落点在中线附近的球。

（三）发球方的击球策略

由于双打中对手的不同，发球的旋转与落点的使用也不同。发球方的击球策略有以下4点：

（1）如对方接发球员站位靠前，即站在端线以内接发球上网为主，攻势较强，那么发球员就应以控制落点和旋转为主，一般以发侧旋和上旋球为主，配合向中路发平击，破坏对方接发球抢攻，争取发球局的主动权。

（2）如对方接发球员站在端线外接球，且回球的成功率高，但缺少攻击性，那么发球员可发侧旋和上旋球把对方拉到场外，争取上网截击和网前同伴

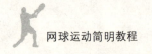

抢网截击得分。

（3）如对方接发球员的正拍好于反拍，那么发球就应以发不同的旋转至对方反拍为主，再突变发正拍，待对方注意了接正拍，再改发反拍。

（4）发球队员的搭档站在网前时要集中注意力，随时做好对方接发球击向自己的准备。同时发球方的网前队员还可以采取抢网或者虚晃的击球策略。网前队员在对方接发球队员球拍触球前的瞬间向中场移动，将对方回击的斜线球拦截；也可以在对方接发球队员击球前故意向中间移动，造成要抢网的假象。给对方施加压力，影响对方接发球的质量。

（四）发球方的拦截策略

（1）如对方接发球队员没有上网，发球上网后的第一次截击球应截击至发球队员处，然后继续向网前贴近。要求截击拦得平而深，质量要高。

（2）如对方接发球队员上网，发球上网后的中场第一拦应拦至对方上网者的脚下或两条双打线内。要求控制好球的力量，以便拦出好的落点。

（3）发球方同伴应根据发球队员的发球质量及对方接发球的习惯进行抢网，干扰对方接发球。要求将球拦至对方脚下或两条双打线内。

（五）发球方的阵形

1. 双上网阵形

双上网阵形对发球质量有很高的要求，只有第一发球命中率高，才能为上网创造条件。发球后迅速随球上网，与网前搭档共守在网前，实施双打比赛中最具攻击性的双上网战术。

2. 澳式阵形

澳式阵形是发球方两名队员都站在同一半场，而留出另一半场，当球发出后，发球方两名队员再按约定移动到自己的位置拦截对方的来球。发球方采用澳式阵形能给接发球队员施加一定的干扰，迫使接发球队员回击出直线球，改变通常斜线接发球的习惯，同时发球方网前队员有可能出击抢网，很容易打乱接发球队员的接球节奏。

3. 前后站位阵形

在前后站位的阵形中，网前队员和底线队员可在发球前约定好抢网战术。发球后，网前队员从自己所站的半场快速移动到另外一侧半场，拦截可能回过来的斜线接发球。而发球队员则向反方向移动，进行补位，回击可能过来的直线接发球。

（六）练习方法

1. 徒手发球上网练习

练习目的：练习发球后随球上网动作的连贯性。

练习步骤：运动员 A 和 B 在底线右区，运动员 C 和 D 在底线左区轮流做发球徒手动作后上网，跑至发球线后做一次分腿垫步，然后做一次徒手拦截动作后回到底线；10 次后交换练习。

练习要点：要注意每一个动作做到衔接自如、灵活敏捷。

2. 发球上网连续拦截练习

练习目的：练习发球后随球上网动作的连贯性，培养发球后上网拦截的意识。

练习步骤：运动员 A 和 B 两人轮流在底线做发球徒手动作后上网，在发球前做分腿垫步，将教练员在对方场内送来的球拦回；然后再向前移动到网前做分腿垫步，再将教练员送来的第二个球拦回；完成后回到底线。

练习要点：移动与拦截的动作要连贯协调；要拦截出斜线球。

3. 发球上网截击练习（参见图 4 - 2 - 1）

练习目的：结合实战，提高发球后随球上网的战术意识。

练习步骤：运动员 A 发球上网，运动员 B 接发球；运动员 A 根据来球的情况向左或向右前方移动，拦截对方的来球；一局之后，双方交换发球。

练习要点：发球方要注意对来球的判断。

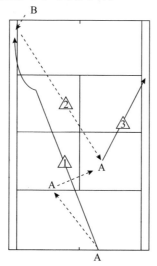

图 4 - 2 - 1　发球上网截击图

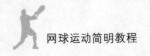

三、双打的接发球方战术

（一）接发球方的战术原则

双打的接发球与单打的接发球完全不一样。由于本身处于被动位置，加上对方网前又有一名队员进行封网，所以接发球的难度更大，要求也就更高。在高水平的双打比赛中，若能打破对方的一个发球局，往往就能取得这一盘比赛的胜利。

双打接发球的原则是：向前逼进，采取攻势，给对方发球者造成心理压力，为我方从被动转为主动并为上网截击创造有利条件。

双打的接发球应达到如下要求：

（1）面对发球员早做准备，站好位置，判断准确，胆大心细，向前迎击；动作小而快的接发球能提高接球的成功率和质量，使发球方处于困难的境地。

（2）双打的接发球应有计划地向发球者进行回击，绝不能轻易打给网前选手。判断出对方发球上网后，应立即迎上击球，用低球回击至对方脚底，然后随球上网。

（3）双打的接发球要眼明手快。如果对方发球后网前非常活跃，同伴的抢网也很凶，那么接发球员要迎上压得快，打得凶；或者刚到网前移动就立即回接直线球，给对方施加压力，让其措手不及。

（4）接发球的方法可采用迎上压着打，或迎上助削，或接上旋球，把球接至对方发球者上网的脚下，为接发球方进攻创造条件。

（二）接发球方的站位

（1）接发球队员应当站在对方发球队员与本方发球线中点连线的延长线上，这样可以取得较大的防守控制范围，同时，接发球队员应随时根据发球队员的位置进行相应的调整。

（2）接发球队员的搭档大多数情况下应当站在发球线附近，面对对方网前队员，注意观察他的动向。站在发球线附近、靠近球场的中间位置，既可以上前封锁对方队员回过来的斜线球，也可以回击对方网前队员打向自己的截击球。

（三）接发球方的击球策略

（1）接发球队员可回击斜线球到对方发球队员的脚下。

（2）接发球队员可抽击直线球尝试穿越。

（3）接发球队员挑高球到后场，打乱发球方的战略部署。

（4）当遇到绵软无力的第二发球时，接发球方可以回击底线深球到发球队员迅速随球上网，占据主动。

（四）接发球方的拦截策略

（1）接发球上网后的网前截击球应根据对方发球后的拦网质量，迎上截击或控制球截击，将球拦至对方脚底，或两人中间的空当，或两条边线区内。

（2）如接发球质量高，对方发球上网并且在第一次拦时起了高球，接发球员的同伴应立即抢网截击，要求动作突然，击球凶狠。

（五）接发球方的阵形

1. 接发球双上网阵形

为了抢占网前有利位置，接发球队员接球后随球上网，与此同时，接发球队员的搭档也迅速移动到网前，两人共同组成双上网阵形与发球方在网前对抗。接发球双上网对接发球队员要求较高，要求接发球队员判断好、接发球质量高。

2. 接发球双底线阵形

比赛中如果发球队员的发球很有威胁，网前队员又非常活跃，可采用双底线阵形。由于两人都在底线，便于接发球方网前截击球，使其攻击力减弱，不能马上得分。

3. 接发球前后站位阵形

这是比赛中常见的阵形，当接发球方被对方强力发球和凶狠的网前截击压制时，不得不采用前后站位过渡，再伺机上网。

4. 接发球抢网阵形

比赛中接发球队员回出一记质量较高的接发球，而发球方网前队员拦截出质量不高的球时，接发球队员的搭档可迅速移动抢网给发球方致命一击。

附：网球——智力的游戏

在学习或者打网球时，控制自己的思维和感觉与正确地学习技术或选择战术同等重要。大脑和情绪是一对强有力的同盟者，一旦对它们失去控制，你的竞赛能力就会受到影响。

一个非常好的判断方法就是看呼吸节奏，尤其是在压力下的感觉。先深吸

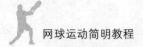

一口气再呼出，然后击球。一些运动员在比赛中非常紧张，以至于屏住呼吸来打球。此时可以做一个深呼吸。先绷紧肌肉然后再放松也是缓解压力非常有效的方法。压力下动作变形的一个典型表现就是挥拍缩短，随挥动作不完整。在分与分之间放松肌肉，调整呼吸，就能在比赛中更好地保持完整、流畅地挥拍。

在比赛过程中，随着压力的增加，运动员在分与分之间通常会显得非常匆忙，尤其是形势对自己不利的时候。他们认为，通过加快比赛的进程就能掩盖比赛的缺陷。事实并非如此。实际上，在分与分之间应放慢节奏，好好计划下一分应该如何打。

运动员在比赛中得分不顺时容易自责，并采取消极的态度。对一些运动员而言，保持积极的心态和自信心是坚忍不拔精神的最好验证。即使你没有感觉到信心，也需要在对手面前表现出自信。另外一个有效的策略就是将自己想象成自己最好的朋友或双打搭档。这样你就会有支持感，而不是自我批评和贬低。比赛过程中，将注意力放在正确的方面也是非常重要的。现场情况、观众、对手和自己的发挥水平都会分散自己的注意力。应通过训练来排除这些因素的干扰，只注意现在的任务。随着比赛的进行，调整自己的计划和战术，不要对自己的技术有情绪，而应尽早地移动到击球区并准备击球。

第五章　网球技术的教学与训练

第一节　网球教学原则

教学原则是教学实践中具有普遍意义的认识，是教学过程客观规律的反映，是教学工作必须遵循的基本要求。在网球运动教学中要正确地遵循体育教学原则，以利教学任务的完成和教学质量的提高。

一、不同年龄、体质等特征应采用的常用教学方法

无论是一个水平很高的网球运动员，还是一个偶尔打球的业余爱好者，理解了下面的一些重要概念，就可以提高网球的技术水平。网球运动长久不衰的一个重要原因就是不同身高、体型、年龄和身体素质的人都可以从中获得乐趣，虽然他们学习网球的方法并不完全相似。下面是对不同学习方法的概括：

（1）成年人一般比较有耐心，喜欢通过详细的讲解来理解动作的基本原理，通常希望掌握一个动作后再学习下一个动作。

（2）青少年一般比较自觉，但害怕被同伴孤立。喜欢观察、谈论并模仿朋友的"动作模式"，所以教练要尊重他们的感觉，不要当场提出批评。

（3）儿童经常通过简单的模仿就可以很快地掌握动作，他们不喜欢各种长篇大论式的讲解。他们学习时的一个很重要的特点就是不耐心和渴望新的学习内容。

（4）初学者通常希望教练很快地讲解基本动作，然后就上场去感受看起来非常有趣的网球运动。他们一旦可以将球成功发到界内，就表示可以准备打比赛并乐于记分。

（5）高水平运动员对提高自己的成绩有很高的期望，可能会花上一个小时或更多的时间来练习一个单一的技术，如正手回击斜线深球。这些运动员希望完善自己的动作，确保在比赛的压力下也能保持动作的稳定性。

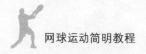

（6）还有一些网球学习者喜欢通过视觉、语言或者肌肉运动知觉来学习网球技术。对于视觉性学习者而言，高水平运动员的正确慢动作示范非常重要，最好给这类人多看相关技术的录像。

（7）语言型学习者喜欢通过详细的讲解来学习特定的技术动作，文章或书对他们而言就非常有用。因此，教师或教练的"示范式讲解"非常重要，可以同时满足视觉型和语言型的学习者。

有一些网球运动学习者可能会说他们需要体会技术动作或击球的"感觉"。他们喜欢通过肌肉运动知觉，即通过肌肉、肌腱、关节的感受器来学习。通过正确的挥拍轨迹，教练可以让这种类型的运动员体会正确的击球动作。

二、一般的教学原则

（一）自觉积极性原则

自觉积极性原则是指在教师指导下，充分调动学生学习的主动性和创造性，发挥学生学习的主体作用，使学习成为学生的自觉行为。在教学中运用自觉积极性原则，应注意以下几点：

1. 明确学习目的

网球运动教学一开始，就应向学生进行学习目的教育，使学生认识网球运动在健身、竞赛等方面的意义，增强学生学习网球运动的自觉性和积极性。教学开始时，应向学生宣布教学的目的、任务、要求、考核项目与标准。每次课开始时也须使学生明确本课的任务、内容与要求。在学习每一动作时，应向学生讲明所学动作的作用，使学生始终能有目的地进行学习。

2. 培养学生对网球运动的兴趣

从某种意义上说，兴趣是最好的老师。在网球运动教学中，培养兴趣至关重要。学生对网球运动有兴趣，就会努力克服困难，认真研究技术，自觉进行练习，不断提高要求。在教学过程的各个阶段中，要根据学生的情况提出切合实际的要求，使学生通过一定的努力能够达到。要使学生在每次课上都有新的体会，都能看到自己的进步。对基础较差、起步较慢的学生，要多鼓励、帮助，运用适合他们的教学方法，加快他们掌握动作的进程。对基础好、进步快的学生，可以适当提高教学要求，使他们能学到更多的知识、技术和技能。课的组织形式应多样化，动静交替，不同身体部位的动作练习要穿插进行，并适当采用游戏、比赛等方法，使网球运动教学成为一个生动活泼的过程。

3. 了解和把握学生心理活动的规律

在网球运动教学中，教师要善于了解和把握学生心理活动的规律，有针对性地解决教学过程中出现的不良心理现象和由此引起的具体问题。刚学会打网球时容易出现不注意动作质量的冒进心理，遇到困难完不成任务时会出现悲观失望心理，纠正错误、改进动作效果不明显时易产生焦虑心理。在教学中，教师应根据导致学生产生各种不良心理现象的原因，因人而异"对症下药"，采用正确方法来消除不良心理。

4. 发挥教师的主导作用

要调动学生学习的自觉积极性，必须发挥教师的主导作用。教师既要为人师表，教书育人，热爱自己的工作，注意自己的言行举止，又要严格要求学生，建立良好的师生关系。在教学上应做到精益求精，上课时精神振作，口令清晰洪亮，手势清楚大方，讲解生动易懂，富有说服力和启发性。教师还应努力提高示范的质量，通过准确、优美、轻松、自如的动作示范，激发学生的学习兴趣。

（二）循序渐进原则

循序渐进原则是指教学中根据学生的认知规律、动作技能的形成规律和人体生理机能活动能力的变化规律，正确安排教学内容和运动负荷，选择教学方法，由简到繁、由易到难、由未知到已知，逐步深化，使学生能系统地学习和掌握知识、技术和技能，逐步强健身体，增进健康。在网球运动教学中运用循序渐进原则，应注意以下几点：

1. 制定好教学文件

进行网球运动教学，必须制定切实可行而且完整的教学文件，以保证网球运动教学工作系统、有序地进行。教学文件包括课程教学大纲、学期教学进度、课时计划（教案）等。教师应认真研究教材，了解教材的系统性，把握各项教材之间的关系，以便在编制教学文件时体现循序渐进的原则，使每学期、每次课的教材前后衔接，逐步提高教学要求。

2. 逐步提高运动负荷

一次课的运动负荷应从小到大，逐步上升，并保持在一定的水平之上，然后逐步下降。一个季度或一个学期的运动负荷安排，也须遵循这一原则。这不仅有利于增强学生的体质和提高其运动能力，也有利于其运动技能的提高和巩

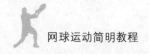

固。初学者球性差，练习时肌肉紧张，容易疲劳，运动负荷不能太大。待他们身体、技术基础提高后，再逐步增加练习时间。

（三）因材施教原则

因材施教原则是指在教学中既要面向全体学生提出统一要求，又要根据不同学生的个体差异区别对待，把集体教学和个别指导结合起来，使每个学生的才能和身心健康都得到充分的发展。在教学中运用因材施教原则，应注意以下几点：

1. 了解学生的一般情况和个体特点

在教学时，教师应通过各种途径和方法，切实掌握学生的情况，如思想素质、意志品质、组织纪律、接受能力、身体状况、网球基础等，既要掌握教学班的一般情况，又要了解学生的个体特点，以便采取不同的措施，因人施教。在网球教学开始时，一般可实行一次摸底测验，以了解学生的网球技术基础。

2. 一般要求和个别对待相结合

一般要求应根据网球教学大纲的基本规定提出，力求符合学生的年龄、性别、基础和身体发展水平，应该是全体学生经过努力可以达到的。教师应把精力放在全体学生的普遍提高上，使多数学生达到教学的一般要求。但由于学生身心发展的不平衡性，会有一些学生觉得学习"太容易"，另一些学生觉得学习"太困难"。因此，教师在面向全体学生的同时，还要注意兼顾两头，个别对待。对基础好、接受能力强的学生，可加快进度，提出更高的要求，以满足他们的学习欲望。在练习中，对少数基础好的学生，可以安排较长时间和较高强度的练习。对基础差、接受能力弱的学生，则应耐心辅导，适当放慢学习速度，降低练习目标，使他们能逐步达到一般要求。

（四）巩固提高原则

巩固提高原则是指在教学中要使学生牢固地掌握所学的知识、技术和技能，逐步提高和完善，建立正确的动力定型，并不断发展身体素质，达到增强体质的目的。在网球运动教学中运用巩固提高原则，应注意以下几点：

（1）集中安排网球课。网球课最好相对集中，每周排 2～3 次课，以利于运动技能的巩固，避免因课与课间隔太久而使运动技能的消退。

（2）反复练习，逐步提高。在教学中，要组织学生进行反复、经常的练习。在初步掌握动作后，就应进行大量的练习，使动作从量变到质变，逐步形成正确的动力定型。反复练习不是简单的重复，而是要不断提出新的、更高的要求，并经常进行技术评定，使学生看到自己的进步，激发学生学习的自觉积极性，促进其运动技能的巩固与提高。

（3）改变练习条件，提高练习难度。在网球运动教学中，改变练习条件对巩固提高所学知识、技术和技能可以起到良好的作用。改变练习条件不仅可以检查学生掌握技能的熟练程度，使学生的运动技能得到进一步的发展，还可以丰富教学手段，提高学生对学习的新鲜感。例如，在学习了反手击球和反手削球后，可以进行正手击球—反手击球—正手击球—反手削球的跑动中练习，或者在双方对打几个回合后，一方在打出落地深的回球后，随球上网截击。

第二节　球感练习

网球的练习中非常重要的一项是球感的培养，尤其是对初学者和小球员。根据网球运动的特点，可在不同的场地进行球感的练习，这对练习者手、眼、球拍和球的控制力，自我判断及反应能力等综合素质的培养有很大的帮助。

一、抓抛球练习

（1）把球抛起，在落地前和落地后用双手抓住。

（2）用球筐作为目标，将球投入其中，距离可逐渐拉长。

（3）用左右手分别对地面连续拍打球。

（4）对墙抛球，球撞墙落地后用双手接住，熟练后再用单手接住。

（5）对墙抛球，球撞墙后不等落地，直接在空中分别用双手、单手把球接住。

（6）将球向上抛，在原地转圈后接住落地球或空中球。

（7）将球抛向身后，转身抓住落地球或空中球。

（8）两手各抓一球，同时抛起，落地后用同侧手同时接住。熟练后可在空中把球接住。

（9）两手各抓一球，同时左手抛向右边，右手抛向左边，在空中用异侧手把球接住。

（10）两人面对面抛球，分别接住落地球或空中球。熟练后，距离可逐渐拉长，角度可逐渐拉开。

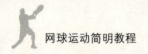

二、持拍练习

（1）用球拍拍起地上的球和用球拍与脚配合拾起地上的球。

（2）向下拍球，熟练以后可以移动拍球、转圈拍球、蹲下拍球。

（3）用拍框拍球至熟练，注意眼睛要紧盯住球。

（4）用球拍向上颠球，熟练以后，加上移动、转圈或按口令颠球。

（5）颠球几次后，让球停在球拍上。然后再将球向上抛出，继续颠球，再停下，反复进行练习。

（6）向上颠球5次，落地后接起，再颠球5次，反复练习；熟练后逐渐过渡到颠球4次、3次、2次、1次。

（7）面对墙1～2米，颠球5次，等球落地后将球轻打向墙，再落地后接起，颠球5次。连续多个回合后，开始颠球4次、3次、2次、1次，然后过渡到不停顿的连续打墙练习。

（8）距墙1米左右，持球拍向上颠球5次后，将球轻打向墙，撞回后在空中接住，再颠球5次。多个回合以后，依次颠球4次、3次、2次、1次，直到连续对墙碰击，距离可根据掌握情况适当拉开。

（9）用正、反拍面依次连续颠球，最好能加上用球拍框边缘练习颠球。

（10）左右手使用2把球拍，分别练习颠球。

（11）两人间隔1米的距离，一人颠球5次，落地后轻打向中间，另一人将弹起的球接住后，再颠球5次。反复练习，多个回合后，依次颠球4次、3次、2次、1次，直到能连续轻打多个回合。

（12）两人间网1～2米，一人颠球5次，不落地直接传给同伴，同伴在球未落地前接起，也颠球5次，再回传给对方。多个回合以后，依次颠球4次、3次、2次、1次，直到连续轻打多个回合。熟练后距离可逐渐拉开进行练习。

（13）两人用一把球拍，一人先颠球3次后，再把球拍交给同伴，同伴在球落地前接住并颠球3次。反复练习这一动作，直到颠球2次、颠球1次换拍。

（14）一人将球停在球拍上，抛给同伴，球落地弹起后，同伴接住，颠球1次，并迅速地将球停在球拍上。反复练习直到熟练。

（15）两人各用一球，各颠球3次，同时抛向对方，球弹起后接住，各自再颠球3次。反复练习直到熟练。

三、网球墙球感练习

平时我们常看到有人对着墙打网球，多数情况是因为附近没有网球场，或者没有球伴一起练习，只好对着墙练习。这种可供练习网球的比较平整的墙，我们称为网球墙。在这里我们需要向大家提醒的是，网球墙并不单为没有球伴的运动者而提供，它的作用是全方面的。从初学者的球感练习培养到基本技术的巩固和提高，从正反手击球、截击球到发球、高压球的专项技术训练，从少儿、青年到中老年运动者的球技培养，都证明网球墙练习是一种重要且实用高效的训练手段。

（一）对墙练习内容

1. 对墙正反手抽击球的练习

可以作为上场比赛之前的一种热身活动，由近到远、从轻到重地对墙击球，让自己逐步适应，逐步进入状态。击球时，要保持动作的稳定性、连续性，尽量一次多打几个回合。步法的移动要及时、迅速，动作要完成得舒展、到位。

2. 撞墙截击球的练习

靠近墙把球送向墙，在球反弹后未落地之前连续击打，保证尽可能多地连续击打球。对墙击打时，应注意身体前迎，重心前移。多体会手腕固定时甜区击球的感觉，击球点一定要在体前。

3. 对墙发球的练习

在墙上画出标志线，要求在与网齐高、离墙约发球撞墙的位置，边体会边调整，找出最舒服、最准确、最有力的发球动作，多加练习定型。

4. 对墙高压球的练习

因为这种练习可以自己控制球的力度、方向和位置，在基本掌握了高压球技术后，就可以进行这种对墙的连续高压球练习。这对熟练、巩固和提高网球技术会有很大的帮助，也是练习高压球的最行之有效的方法。

5. 壁球式练习

这是两个人之间相互轮流对墙击球的练习方法，并且是最接近实战的一种练习。它不但可以提高运动者的步法水平，还可以增强其处理不同来球的综合击球能力。

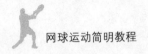

（二）不同年龄段的网球墙练习

1. 少儿的网球墙练习

重点是球感、球性方面的练习。练习时应注意，动作要简单明了，方法要由易到难，尽可能地让其多次连续击中网球，培养日后上场打球的初步认识。

2. 青年的网球墙练习

初学者的重点是球感、球性的练习；想进一步提高技术的球员需要进行各种专项技术的练习，着重提高动作的稳定性和击球的控制能力。有些网球爱好者在对墙练习时易犯的错误是总喜欢用百分之百的力量击球，结果越打站位离墙越远。教学实践表明，离墙越近的连续击球越能提高对球的控制性，可以达到较好的练习效果，难度也就越大；相反，距离越远，击球的难度就会变小。不信，你可以试一试，体会一下离墙远和离墙近的击球，哪一种连续性击球练习更容易呢？

3. 老年人的网球墙练习

由于老年人身体条件的特点，应避免做剧烈或频繁地前后左右移动太快的运动。所以，在网球场上，除了有专职的网球教练喂送球外，网球墙就是老年人最好的球友。老年人可以不紧不慢、或左或右地自由控制击球的位置和速度。既能掌握运动的强度，又可以享受到网球运动的乐趣。综上所述，网球墙对网球练习十分重要，希望大家能由此重视网球墙的练习，实践体会一番，去感受这看似无用而又冷冰冰的墙壁是怎样带着你进步、带给你美妙与欢乐的。

第三节　步法的教学与练习

打坏一个容易打的球，往往是由于错误的时间和错误的步法。步法的重要性在网球运动中常常被人们忽视。网球的步法不仅仅是奔跑打球，而且要有如芭蕾舞步的精确、拳击家的灵敏反应及篮球运动员的善择时机。

（一）步法的教学步骤

（1）学习掌握移动步法中的基本步法及动作要领。例如跨步、滑步、交叉步、踮步。

（2）徒手练习向前后、左右移动步法的动作。

（3）结合挥拍动作练习移动步法。

（4）利用多球进行移动步法练习，练习中注意要由慢到快、由易到难。

（5）有目的、有针对性地把技术训练和移动步法练习有机地结合起来练习。

（6）移动步法练习要与专项身体训练有机结合起来，以增强下肢起动的速度和力量。

（二）步法的练习方法

（1）坚持进行慢跑练习。

（2）快速地做原地高抬腿和小步跑练习。

（3）做各种姿势的跳绳练习和连续有节奏的跳跃运动练习，如单脚跳、双脚跳、移动的单脚交替跳、双摇跳等。可以用计时式的快速跳绳训练脚步的频率和灵活性，也可以用长时间的跳绳来提高耐力和脚腕力量。

（4）做向左右两侧的交叉步跑步练习和向前后的急速跑以及后退跑练习。

（三）步法易犯错误动作及纠正方法

（1）缺乏判断，移动慢。

纠正的方法：

① 结合视觉信号多做起动练习。

② 多做短距离的各种跑接球练习。

（2）身体重心起伏过大。

纠正的方法：

① 强调移动后要保持好准备姿势。

② 多做低重心的往返移动练习。

第四节　发球的教学与练习

发球动作是比较复杂的，在学习发球时，必须由浅入深，循序渐进。练习者可采用分解法进行练习，把站位、握拍、抛球、后摆、击球和随挥动作分解开，按要领逐一做模仿的专门练习，由单一分解动作到组合动作，改进不合理的动作，再逐步到抛球和击球的完整动作练习。

（一）发球的教学要求

（1）使用东方式反手握拍法。

（2）抛球到位，并抬头看球，抛球与右手挥拍后摆同时开始，这样动作才能协调一致。

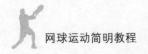

（3）球拍引到背后并抬起肘部，击球前的拍头下垂形成"搔背动作"。

（4）保持体前击球，并使重心跟进，击球时，眼睛一定要注意盯着球，使拍面击在球的正确部位，做扣腕动作。

（5）击球后球拍继续随挥至身体另一侧。

（6）注意重视第二发球的练习。专家认为，衡量发球好坏的重要标志是第二发球的质量。强而有力的第二发球，同样可以具有很强的攻击力，有好的第二发球当后盾，第一发球就可以更加放手一搏了。

（7）练习者要熟练地掌握发球，把它作为比赛得分的一种重要手段。

（8）发球要善于变化，应当把旋转、力量、落点很好地结合起来变换运用。

（二）发球的教学步骤

（1）掌握正确的发球握拍法，即大陆式或东方式反手握拍法，只有这种握拍法才能发出不同旋转的发球。

（2）抛球练习（不挥拍）。好的发球都要有一个准确而又稳定的抛球。

（3）徒手做发球前的准备姿势，模仿抛球和发球的完整动作，做到动作放松、准确、协调、完整、舒展。

（4）用多球进行抛球与击球相结合的练习，做到边模仿，边练习，边体会。

（5）发球完整动作练习。首先在挡网上进行练习，距挡网 5～6 米，然后逐渐加大距离，直到同场地长度一样为止。

（6）先练习发不定点球，后练习发定点球（在发球区内设立不同的目标），逐步提高难度，以提高发球命中率和准确性。

（7）在规定的时间内发一定的命中数量或在一定数量内要求一定的命中率，以此来提高发球的命中率和准确性。

（8）练习发平击、切削、上旋等不同性能的球，并且能熟练掌握技巧。

（三）发球的练习方法

（1）练习蹲下发球。在发球线后蹲下，左手抛球，右手持拍由下而上挥动，将球击打到对方发球区内；待基本掌握技术后，由发球线向后移动 2～3 米，最后移至底线后练习。主要体会击球过程中向上、向前、向下挥拍的感觉。

（2）在发球线后、中场和底线后分别放置一个小凳，练习坐着发球。主要体会稳定重心后的手臂、手腕击球动作。

（3）站立在发球线后，练习向对方发球区发球，主要体会向下挥拍击球的感觉；练习熟练后，向后移动 2～3 米练习，主要体会向前、向下挥拍的感觉；移至底线处练习发球，主要体会向上、向前、向下挥拍的感觉。

（4）对墙练习发球，在墙上画一条与网同高的线，并标出中心拉带线。在中心拉带线两侧间隔 2 米处的横线上方各画一条竖线；在离墙 6 米处练习发球，随着技术的提高，位置逐渐后移至同网球场距离接近。

（5）掌握发球技术后，进行提高发球的命中率和准确性的练习。准备一些球，在对方的发球区内设定目标，进行发球练习，将球发向目标；不断轮换左右区，不断增加发中次数。

（四）发球易犯的错误动作及纠正方法

（1）抛球不稳，抛球点时高时低。

纠正的方法：

① 在挡网处，找一根竖杆，将球沿着竖杆直线向上抛送球。当球出手时，左手应沿着竖杆直线上指。

② 在高处倒挂一个桶状标志物，练习将球平稳地抛入其中。

③ 在抛球时，要注意用整只手臂来完成动作，杜绝用手腕或前臂来抛球的错误做法。

④ 反复练习向上抛球动作。

（2）发球时，抛球和击球动作不协调、不连贯、不顺畅。

纠正的方法：采用"计数"法，从准备姿势起，数"1"时，双手同时向下挥动。数"2"时，双手同时向上挥动，左手抛球，并保持左手指球，右手持拍指向上。数"3"时，左手下压抱于腹前，右手顺势上挥击球。

（3）发球挥拍击球过程中，握拍松动，形成拍面变化，击球不稳。

纠正的方法：找一个硬币，放在练习者手中，握拍发球时，确保硬币不从手中落地。如果落下，则说明动作有误。

（4）发球时，"鞭打"动作不充分，击球无力。

纠正的方法：

① 右手拿球，练习发球动作，体会扔出快而有力的平直球动作的感觉。

② 左手抛球，右手向上做"鞭打"动作，并快速抓住球。

③ 站在练习者身后，当挥拍至头部后方时，抓住拍头，扶其肘部上抬，体会向上发力的感觉。

（5）发球时，球的落点偏低，或拍面的击球点位置靠下。

纠正的方法：将网球嵌入挡网上方，让练习者伸直身体，伸展手臂，练习

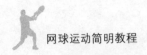

用球拍的甜区稍靠上部分挥拍击中球。

（6）击球点太靠前，或击球时身体前倾太多，球拍拍面下压太多，致使发球经常下网。

纠正的方法：

① 在底线后蹲下或跪下发球，主要体会向前、向上挥拍击球的感觉。

② 将球稍向后抛，选择合适击球点，手腕向前。

③ 在底线后 2～3 米处站立发球，主要体会球拍击球时向前送球的感觉。

（7）发球点太靠后，击球时身体前倾不到位，球拍拍面下压不够，造成球经常飞出界外。

纠正的方法：

① 在发球线后蹲下发球，主要体会向前、向下的挥拍动作，保证将球击在发球区内。

② 将球稍向前抛，选择合适击球点，手腕下压。

③ 在发球线后站立发球，将球发在发球区内，主要体会向前、向下的击球感觉。

（8）发球时，后摆动作不放松，肩关节紧张，转肩不够，造成击球无力。

纠正的方法：双脚平行于底线站立，面对球网练习发球，体会转肩击球的感觉，多练习挥拍的动作，主要体会"鞭打"动作，同时对发球要有信心。

（9）发球击球时，手臂过分伸直，从而造成肩部损伤。

纠正的方法：击球时，身体要保持直立向上，但手臂和肘部保持自然微屈状态。

（10）发力过猛，失去控球能力。

纠正的方法：反复练习挥拍动作，充分理解大力发球的要领，采取多球练习法。

第五节　接发球的教学与练习

接发球是仅次于发球的重要击球技术，也是一项较难掌握的技术。必须进行专门和系统的接发球训练。熟练地掌握接发球技术，才能应付对方在发球时迅速而突然的变化，破坏对方的发球抢攻，打乱对方的部署节奏，变被动为主动，以适应实战的需要。

如果把网球的发球比作锋利的矛，那么接发球就不仅仅是坚固的盾，在判断准确、看准时机后，还可以是一种有效反击的有力武器。正因为如此，接发球被看作仅次于发球的第二位击球技术，一旦对方发球命中，接发球即影响着这一分的得失。如果选手仅仅依靠平时练习所掌握的那些技术，就会很难应付对方在发球时迅速而突然的变化，所以必须进行专门和系统的接发球训练，才能适应实战需要。

一、接发球的教学要求

（1）准备接发球时内心不要紧张，身体要放松，协调用力。只需在击球时使劲，因为身体紧张会影响腿部的移动。

（2）注意力高度集中，当对方抛球上举挥拍的时候，眼睛应全神贯注地盯住对方，注视对方的抛球动作，包括身体与球拍的位置、抛球的方向和高度以及发球的方式，以便准确判断，迅速反应。

（3）快速激活，向前迎接球，要主动进攻，注意提起脚后跟，使重心向前。

二、接发球的教学重点

（一）准备动作

站位采用重心较低、两腿分得较开的方式，上体略微前倾。每次接发球首先做一个分腿垫步的动作，通过垫步可从腿部肌肉的被拉长而获得弹性势能，以使身体更快地移动到球的位置。一般多采用正手握拍，如果判断对手发球多发向自己的反手位，也可采用反手握拍。研究显示，高水平的接发者在对方发球后击到球之前，垫步与移动已经能够作为一个合成的动作而完成。

（二）引拍

接发球的难度越大，引拍动作的幅度应该越小。应该提前向前斜向移动击球，以便缩小发球手击球的角度，减少发球手回击球的时间。当使用防守型接发球时，如果对来球来不及做出反应，球员可能不得不使用中间握拍法（即大陆式握拍法）。然而，如果球员有足够的时间或发来的球不太难接，最好使用适合一侧击球的握拍法。

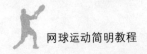

三、接发球的教学难点

（一）紧张度不够

在所有的技术中，接发球是要求身体紧张度最高的一项技术。人处于惯性状态，在接发球时身体没有达到应有的紧张度，会导致来不及做动作，致使接发球质量较低或直接失误。所以，在接发球之前，注意力要高度集中，眼睛盯住对方。在做击球前的准备时，心理上的调整也会对动作有很大的影响，心理上要有一种等待很久了，迫切需要对方能发出一记高质量的来球以展现你的能力的欲望。就像人们比喻阿加西在接发球前眼睛发出的光芒就像火山要爆发一样，这时我们身体的重心自然就会向前，起到积极迎前的作用，而不是消极的等待。

（二）引拍过大

引拍过大，是所有击球者都容易出现的问题。在多数情况下，接发球是借用来球本身的力量给以回击的，要采用身体的整体式转动（球拍、躯干、手臂），以及最早的球拍准备。外侧脚朝向将要移动的方向转动，当上体转动时，非持拍左手横穿过身体以协助身体更好的转动。在已经充分储备好身体的能量时，找准击球位置的同时完成一个短小的引拍。

四、接发球的练习方法

（1）用多球训练法进行接发球练习。教练站在发球区附近位置用多球发球，给练习者进行专门的接发球练习，发出的球要有落点、力量、旋转、速度等各种不同性能的变化，尽量与实际发球相似。

（2）提高接发球准确性的练习。多人轮流发球，练习接球者把球回击到指定的区域内。

（3）与发球配合进行接发球练习。由一至两名练习者练习发球，练习接球者结合实战，有计划地进行接发球破网、接发球抢攻、接发球随球上网的练习。

（4）接发球实战能力的练习。有目的地安排进行单打或双打战术练习，互相对抗，提高在实战中接发球的心理素质。

五、接发球易犯的错误动作及纠正方法

（1）准备姿势时没有提起脚跟，脚步"踩死"。

（2）眼睛没盯住球，手没有握紧球拍。

（3）正手接发球时，面对较容易打的球却接连下网。

纠正的方法：

（1）左手抱住右手臂，几乎不做向后引拍的动作，就向前侧身跨步击球。

（2）教练在网前喂速度较快的球，让练习者在体前迎上去迅速击球，引拍动作要越小越好。

第六节　正反手击球的教学与练习

一、正反手击球教学的要求

（1）握拍要正确，需要提前做好准备姿势，注意力集中，眼不离球。

（2）击球时手腕要紧固，击球动作干净利落，击球时重心要稳，击球后球拍跟进动作要完整柔和。

（3）在教学中要注意循序渐进的原则，先慢打再快打，先轻后重，先稳再凶，由浅入深，逐步掌握。

（4）要特别注意多在跑动中练习击球，要死线活打，结合实战。

二、正反手击球的教学步骤

（1）根据底线正、反手抽击球技术和步法要求，进行徒手或持拍挥拍练习，体会挥拍的向后拉拍、转肩、转腰和重心交换等动作要领。

（2）在原练习挥拍的基础上，结合步法进行挥拍练习，体会步法与手法的协同配合。运用分解法和完整法进行练习。例如：准备动作是"1"；接着向后引拍，向侧前方跨步是"2"；腰部扭转，向前挥拍是"3"；脚步跟上，动作还原是"4"。然后再进行连贯动作的挥拍，直至动作定型。

（3）反复进行底线正、反手击球练习，并对球进行抽击，此练习能很好地体会动作。

三、抽击球的练习方法

（1）对镜进行徒手挥拍练习，巩固、熟练正确的正、反手挥拍技术。

（2）原地对着挡网站立，并进行正、反手的自抛球落地击球。

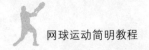

（3）多球练习，分别用正、反手击打不落地球过网，然后击打落地球过网。

（4）稍远靠墙站立，分别进行正、反手连续击球练习。

（5）面对挡网 3 米左右站立，教练背靠挡网正面抛球，练习者进行正手击球练习。视掌握熟练程度逐渐拉长路离击球，反复练习，然后进行同样的反手击球练习。

（6）练习者站在底线中间，教练在相距 3 米左右抛球，进行多球的正手击球练习。一定次数后，再后移 3 米抛球，反复练习。

（7）底线正手打斜、直线练习。教练在网前先向左侧喂送多个球，练习者依次打正手直线球和正手斜线球；然后再向右侧喂球，练习者打正手直线球和正手斜线球。

（8）底线反手打斜、直线练习。教练在网前先向左侧喂送多个球，练习者依次打反手直线球和反手斜线球；然后再向右侧喂球，练习者打反手直线球和反手斜线球。

（9）底线正、反手打直线球两点练习。教练站在网前中间，分别将多个球喂送到底线两侧。练习者站在底线中间，当球落到右侧时，跑上前击打正手直线球，然后迅速回到原位，再跑到左侧打反手直线球。反复多球练习。

（10）底线正、反手打斜线球两点练习。教练站在网前中间，分别将多个球喂送到底线两侧。练习者站在底线中间，当球落到右侧时，跑上前击打正手斜线球，然后迅速回到原位，再跑到左侧打反手斜线球。反复多球练习。

（11）教练站在网前右侧，练习者站在同侧底线附近。教练喂送到底线的同侧、球场中路、右发球区的外角，练习者打正手直线球和斜线球，回球到教练身后两边的固定位置。

（12）教练站在网前左侧，练习者站在同侧底线附近。教练喂送到底线的同侧、球场中路、右发球区的外角，练习者打反手直线球和斜线球，回球到教练身后两边的固定位置。

（13）正手斜线与直线的交叉练习。教练与练习者连续击打底线正手直线球，交换练习时连续打两条对角线的正手斜线球。

（14）反手斜线与直线的交叉练习。教练与练习者连续击打底线反手直线球，交换练习时分别连续打两条对角线的斜线球。

（15）教练与练习者底线对打，每人碰到直线球以斜线球回击，碰到斜线球以直线球回击。先让练习者回击正手直线球，然后再回击反手直线球。

（16）教练与练习者底线对打。每人碰到直线球以斜线球回击，碰到斜线球以直线球回击。先让练习者回击正手斜线球，然后再回击反手斜线球。

（17）在网前教练多球喂送，一个正手球，一个反手球，时间间隔逐渐减小，左右侧的喂球落点也逐渐拉开。练习者尽量保持多回合连续地击球。

（18）教练采用截击技术，把打过网的球分别依次击回练习者的正手位和反手位，要求练习者尽量争取多回合地正反手抽击球。

四、正手击球易犯的错误动作及纠正方法

（一）击球点靠后，造成击球困难

纠正的方法：

（1）判断要准确，动作要到位。

（2）反复强调正确的击球位置。练习者原地站立，在正确的击球位置抛球，反复练习击球动作。

（二）拉拍时肘关节领先，造成击球时手腕手臂紧固困难，击球无力

纠正的方法：

（1）练习者固定持拍的肘关节，用来持拍的手控拍完成后摆拉拍动作。

（2）教练站立在练习者身后，用手抵挡练习者肘部。

（3）练习者反复练习用拍头后摆，而不是用手臂后摆球拍。

（三）向后引拍时，动作幅度过大，造成击球不稳

纠正的方法：

（1）练习者从预备姿势开始，以右脚为轴原地向持拍侧转体至身体侧对球场，不要求后摆球拍。

（2）教练站在练习者身后，应用手控制、阻挡引拍的动作过大。

（3）在练习者身后放置一个较高的垂直障碍物，或背靠着墙练习向后引拍，限制球拍的过大后摆，以保证不让球拍碰墙来阻止过分地向后、向上拉拍。

（4）在练习者身后放置一把椅子，让他将球拍放在椅子上，做好引拍动作，练习向前挥拍。

（四）击球时，拍面固定不住，使球失去前进的力量

纠正的方法：

（1）练习者反复练习在击球瞬间停住球拍，然后随球挥拍直至结束。

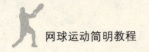

（2）练习者每次击球后，检查拍面是否基本垂直于地面。

（3）练习者反复练习接近于挑高球的正手抽球，同时感觉拍面是打开的。

（五）击球后球拍随挥不够，有弹击球的感觉

纠正的方法：

（1）反复模仿练习随挥动作。

（2）练习者击球后，球拍随挥到左肩处结束。

（六）击球时步法不灵活、不协调

纠正的方法：

（1）练习者反复做抛出球后，积极移动，在正确的击球位置停住，并检查位置是否正确。

（2）练习者反复进行小步幅、快频率的移动练习。

五、反手击球易犯的错误动作及纠正方法

（一）击球时，手腕、手臂过早外展、外翻，造成击球不实

纠正的方法：

站在发球线后，将球放在中线上，降低重心，将球拍放在球后地上，做向前、向上的挥拍动作，要求将球沿中线直直滚向球网中间。

（二）击球点过晚或太靠后，造成击球困难

纠正的方法：

（1）练习者练习时，在击球瞬间停住，检查出球点。

（2）击球要及时引拍，做到球到拍到。

（三）后摆拉拍不充分或动作太慢

纠正的方法：

（1）原地反复练习后摆拉拍。

（2）教练给练习者反手连续抛出几个球，练习者快速转动身体并向后引拍，要尽可能地避免球击到球拍。

（3）练习者应该注意每次左手拉拍至左肩时肌肉都有紧张的感觉。

（四）随挥摆动不够充分

纠正的方法：

（1）练习者侧身站立，球拍不后摆，反复练习反手击球的动作。

（2）练习者侧对铁丝网等障碍物，距离 1.5 米左右，一人抛球，练习者

击球后，要求球拍触及铁丝网等障碍物。

（五）拉拍过程中球拍离身体太远

纠正的方法：

（1）练习者反复练习拉拍动作，在拉拍结束时，拍柄要触及身体。

（2）练习者反复练习拉拍动作，练习者用不持拍的手拉拍，促使球拍靠近身体。

（六）拉拍时转体不够

纠正的方法：

（1）练习者反复练习引拍转体动作。

（2）教练击出大角度球到练习者左侧，迫使练习者转体去追击来球。

六、反手削球易犯的错误动作及纠正方法

（一）反手削球时，手腕松动，造成拍面没有"吃中球"而乱飞

纠正的方法：

（1）教练在练习者前方抛球，让练习者用绷紧的手臂做削球动作，体会绷紧手腕时用手背"吃中球"的感觉。

（2）对墙连续反手截击，体会固定手腕"吃中球"的感觉；再向后移，连续反手削击落地球。

（二）拉拍结束时球拍过低

纠正的方法：

（1）练习者反复练习拉拍动作，练习时，拉拍引拍后，拍头高度要高于反拍上旋击球的高度。

（2）击球时拉拍要及时。

（三）随挥程度不够

纠正的方法：

（1）练习者反复模仿正确的击球后随挥动作。

（2）在随挥结束的位置标志，练习者对网反复练习自抛自击。要求练习者击球后，球拍触及标志。

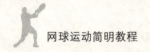

七、双手反拍易犯的错误动作及纠正方法

（一）引拍时，身体没有侧对来球，造成击球时重心前移不够，致使两肩一高一低，重心不稳，身体向一侧倾倒

纠正的方法：向后引拍，跨出右脚，形成侧对球网的姿势；再把右脚交叉于左脚后方，保持侧身对球。当教练从前方抛来球时，交叉的右脚向前跨出，再转肩挥拍，在体侧击球向前。

（二）击球时，击球点靠前或靠后，形成击球费劲且不稳定的情况

纠正的方法：教练站在练习者的侧面，待练习者向前跨步、向后引拍时，伸出手轻扶拍面，并顺着挥拍向前而逐渐增加对抗力量。当挥拍到体侧时，用最大力量让球拍停住。练习者体会在体侧击球点位置的最佳身体用力感觉。

第七节　截击球的教学与练习

一、截击球的教学要求

（1）在对方击球前或者击球的瞬间，重心就前移，做到人到球到。

（2）击球时双肘关节应放在前面，眼睛始终盯住来球，以身体的力量和短小的撞击动作来截击球。

（3）根据对方来球的高低，要随时调整击球时的拍面角度，始终保持出球点在身体侧前方。

（4）后摆动作不要太大。

（5）截击低球时，最好使球的落点深些，以增加对方回球的难度；截击高球时，要采取进攻的打法，以求截击直接得分。

（6）中场截击后应立即向网前移动，及时到位占据网前有利位置。

二、截击球的教学步骤

（1）徒手做模仿挥拍练习，再持拍模仿挥拍练习。

（2）结合步法反复做挥拍练习。

（3）用多球进行单个动作的网前截击练习，以便体会动作和球感。

（4）两名练习者在场上发球线附近进行截击对拦凌空球的练习，练习反应判断反正手、反拦相互变换的能力。

（5）在网前中场或近网对底线进行截击球练习，先单线定点，后进行左右移动截击或不定点截击。

（6）通过发球上网或随球上网在中场和近网截击练习，提高实战中的截击能力。

（7）网前一人截击球，底线两人破网，提高截击者的难度，练习反应、判断能力。

三、截击球的练习方法

（1）对镜练习，结合步法练习正手和反手截击动作，注意动作的规范性。

（2）对墙练习，距离 2 米左右，直接与墙进行正手和反手截击练习。随着熟练程度的提高，逐渐拉开与墙的距离，进行正反手截击练习。

（3）两人的截击练习。两人在网前相距 3 米左右，进行直线的连续正手截击练习。然后再进行反手直线截击练习，距离可适当拉开。

（4）教练在发球线后多球喂送，让练习者分别进行定点正手截击和定点反手截击练习。要求分别打到指定的目标区域内。

（5）多回合的直线截击球练习。教练在底线击球，练习者在网前截击直线球，教练将球回击到网前，练习者则再将球截击过网。

（6）教练在右中后场分别喂送不同方向的球，练习者跑上前把球截击到左侧固定区域；教练左中后场分别喂送不同方向的球，练习者把球截击到右侧固定区域。

（7）教练在同侧底线多球喂送，练习者在右侧截击直线球后，迅速移动触摸左侧标志物，再立刻回到右侧截击斜线球。

（8）两人站在底线或两人站在网前，连续交替截击练习。采取碰到直线球的练习者以斜线球回击、碰到斜线球的练习者以直线球回击的练习方法。然后，让打直线球的练习者与打斜线球的练习者交换练习。

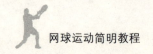

四、截击球易犯错误动作及纠正方法

（一）向后拉引拍幅度过大，击球过迟，未能在身体前击球，造成来球撞击拍子的结束

纠正的方法：

（1）建立正确的截击球引拍技术概念。

（2）背靠墙反复练习截击球技术的模仿动作及击球练习。

（3）背对墙站立，由教练向正前方抛球，分别向前做正反手截击球练习。要求引拍时不要碰墙。

（4）将球拍伸到击球点的位置，保持截击球的状态。从正面将球碰到球拍上，让练习者体会握紧球拍"吃中球"的感觉，然后缓慢地加力挥拍，并稍带有向前挥击球的动作。

（二）击球点太靠近身体以致击球无力

纠正的方法：

（1）练习者反复练习转肩、上步动作。练习者侧身对网站立，教练在前方用手顶住其左肩或者右肩，让练习者向前做截击动作，多体会用肩膀推教练的手的感觉。

（2）击球时眼睛要紧盯着球，教练从前面抛球，练习者向前跨步，同时用手分别在体前抓住球或在反手位时用手挡住球。

（3）要求练习者拍头向侧上方，模仿撞击球动作，也可用加重球拍练习。

（4）将球吊在离身体适当的位置，反复练习撞击球动作。

（三）腕力不够

纠正的方法：

（1）在球拍与球碰撞瞬间手腕固定并加大握力。

（2）采用多球训练。

（四）网前站立两腿过直

纠正的方法：

（1）网前站立，提起脚跟，双脚不停地移动。

（2）练习者膝关节弯曲，不要紧张，并且要反复练习左右、前后移动。

（五）低点球截击时，上身弯曲过度，形成了错误的"捞球"动作

纠正的方法：

截击低平球时，要迅速降低重心，使后腿膝盖贴近地面，保证球拍与地面平行，形成端起球拍的姿势。

（六）高点球截击时，手腕向下太快、太多，使球落网

纠正的方法：

在高点举拍后，要保证重心向前平移；手腕也要尽量平送，才能使拍面充分前送。

（七）截击过程中，拍头有些"下停"或球拍过于水平，造成球触球拍时手腕松动

纠正的方法：

从准备截击时起就要保证拍头高于手腕。在击球时，手紧握球拍，手腕绷紧，保证拍头以适当的"上翘"撞击。

（八）截击球结束时，随挥动作太大

纠正的方法：

在截击球时，突然停止击球动作，收住球拍。

第八节　高压球与挑高球的教学与练习

一、高压球的教学与练习

（一）高压球的教学要求

（1）准备打高压球时要尽快移动到击球位置。

（2）到位移动中，要抬头仰视来球，在击球过程中，要眼不离球，早举球拍找出准确的击球点。

（3）打高压球应果断，不能犹豫。

（4）对原地、跳起和后退高压球分别进行练习。

（二）高压球的教学步骤

（1）持拍做模仿练习。

（2）结合跳起步法做挥拍练习，体会击球的时间感和空间感。

（3）多球进行各种高压球练习。逐渐加大难度：先用手抛，后用拍送球；先近网，后后场；先定点，后不定点。

（4）教练在底线挑高球，练习者要在网前专门进行各种高压球练习。

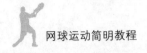

（三）高压球的练习方法

（1）对镜子练习高压球挥拍动作，注意保持左手充分上指、球拍上举的击球前准备动作。

（2）结合后退高压球的侧后交叉步步法，来练习高压球的挥拍动作。

（3）对墙练习高压球，注意开始时要由轻到重、由近到远地击球。方法是对墙 6 米左右站立，发球击向墙根前 1 米左右的地面，待球反弹向墙再飞向空中时，用高压球技术将球再击向墙根前地面，球又弹向空中时，再练习击打高压球。

（4）自抛高球。待球落地反弹后进行高压球练习，然后再进行不等球落地的高压球练习。

（5）教练在网前高凳上手抛高球，练习者进行连续的高压球练习，并逐渐增加前后左右移动的高压球练习。

（6）练习者在网前高压球后，迅速上前碰网一次，再立即用后退高压击打教练抛出的球，然后再上前碰网。反复练习，多体会后退高压球的步法。

（7）用多球进行各种高压球练习。先练习网前高压球，再练习后场高压球、反弹高压球和高压球加截击。先定点，后不定点，逐渐加大难度。

二、高压球易犯的错误动作及纠正方法

（一）移动不到位，没有"沾到"球的下面去击球

纠正的方法：

（1）反复练习跑动，同时提高眼睛随球移动的能力。

（2）对墙练习连续打高压球。

（3）多球练习法，教练在网前扔抛高球，练习者连续击打高压球。

（二）挥拍时，引拍动作幅度过大，导致有时打不到球

纠正的方法：

（1）用口令提示练习者迅速将球拍"举起来"，同时左手向上指抛球。

（2）练习用高压球动作击打教练抛出的球，练习者注意保持左手上指、右手举拍在上的姿势。

（三）击球点太低，导致打不到球

纠正的方法：

（1）运用多球练习法进行提高判断预测能力和随球移动能力的练习。

（2）提前出拍，练习者反复练习直接上举球拍呈击球预备姿势，要求练习者左手指抛球。

（四）击球不稳或太猛，造成出界或下网

纠正的方法：控制好击球力量。

（五）下压太慢或太快，造成出界或下网

纠正的方法：多练习打固定球，并调整好击球时间。

（六）在移动中打高压球时，转肩侧身引拍不充分

纠正的方法：注意在移动的同时转肩、转身，左手指向球，右手提前举拍在肩上。

（七）身体过多前倾或后仰，或过多依靠手腕力量

纠正的方法：

（1）掌握正确的击打高压球技术。

（2）进行多球法练习，选好击球点。

三、挑高球教学与练习

（一）挑高球的教学要求

（1）眼睛始终注视球，动作协调及放松。

（2）注意由低到高的挥拍动作轨迹。

（3）防守和进攻要结合练习，防御性挑高球和进攻性挑高球结合运用。

（二）挑高球的教学步骤

（1）循序渐进，掌握底线正、反手上旋球、下旋球的抽击技术后，再练习上旋或下旋挑高球。

（2）运用多球进行专门的挑高球练习。先定点练习，然后再在跑动中进行不定点练习，难度逐渐加大。

（3）练习者一人网前练习高压，一人在底线练习挑高球。

（4）按双打要求，对方两人在网前截击或高压练习挑高球及防守反击技术。

（三）挑高球的练习方法

（1）无球模仿挑高球动作，要求动作规范。

（2）在墙上设定一个目标，距墙 15 米左右，对墙练习挑高球。球在通过最高点下落时，尽量碰到墙上设定的位置，反复进行正、反手挑高球练习。

（3）站在底线后边，自抛球练习用正、反手做挑高球，球的落点靠近底

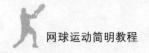

线附近。

（4）教练在网前喂球，球速由慢到快，位置由中间到两边，练习者正、反手挑高球技术。

（5）两个人一组占半片球场，互相挑高球。挑防守性高球时，要求尽量往网的上方挑高球，达到挑高的目的，然后再要求将球挑到后场。

（6）练习者一人在底线中间，一人在网前中间，进行可控制的挑高球和高压球练习。尽量做到连续多回合不失误。然后两人交换练习。

（7）练习者一人在底线送出高球，网前的同伴用高压球技术分别击向左侧、中路、右侧，底线的练习者迅速移动，并挑高球到网前，同伴用高压球回击，反复练习。然后两人交换练习。

（8）练习者一人在网前将球送给底线同伴，底线同伴挑高球到网前，再用高压球回击；再挑高球到中场，再后退用高压球回击；再挑高球到后场，进行高压球练习。随后再接着不断向前、向后移动练习高压球。最后两人交换练习。

四、挑高球易犯的错误动作及纠正方法

（一）向后引拍时，手腕没有后屈，造成挑起高球没有上旋

纠正的方法：进行徒手和持拍的模仿动作练习，注意手腕、手背要紧张和保持后屈。

（二）击球时拍头高于手腕，造成球没有上旋或上旋力量不强

纠正的方法：反复持拍模仿拍头低于手腕的击球动作，每次进行检查。

（三）击球时拍型掌握不好，击球部位不准，造成球出界或下网

纠正的方法：利用多球进行动作的动力定型练习，改进并掌握动作。

（四）击球时拍面过于后仰，使球过网落点浅

纠正的方法：持拍反复练习击球动作，注意控制拍面，接挑高球练习。

（五）挑高球击球时向前用力过大，造成球出界

纠正的方法：

（1）多采用削挡球的手法来进行挑高球练习。

（2）多球练习，动作柔和，用力适度。体会随挥动作的向上、再向前送球的感觉。

（六）防守性挑高球时，击球点太靠后，球的飞行弧度太大，致使球的落点太浅

纠正的方法：

（1）多球的自抛球练习，时刻提醒自己要挑得深一点。

（2）对墙练习挑高球，逐渐拉开距离练习。

（3）控制好拍面，不可过分上仰。

第九节 放短球与反弹球的教学与练习

一、放短球教学与练习

（一）放短球的教学要求

（1）眼睛紧盯住球，在球拍触球的刹那放松手腕，随挥动作要小，整个动作既柔和又隐蔽。

（2）循序渐进，先易后难，先定点，再进行跑动练习。

（3）直线轻球和斜线轻球结合练习，直线轻球会更具有威胁性。

（二）放短球的教学步骤

（1）运用多球进行练习，先定点练习，然后在跑动中练习。

（2）在底线正、反手抽击球对练中，进行突然放轻球练习。

（三）放短球的练习方法

（1）对墙反复练习。距墙 3 米左右，分别用正、反手削送球上墙，等球落地 1 次后再轻削送球上墙。距墙 6 米左右，分别用正、反手削送球上墙，等球落地 2 次后再轻削送球上墙。距墙 9 米左右，连续轻打落地 3 次的球上墙，再轻打。

（2）一次对墙抽击球练习，一次对墙放小球练习，依次反复连续进行练习。

（3）练习者两人在发球区的小场地上轻打练习。先进行落地一次轻打，再进行落地两次轻打。保持多回合连续地放小球练习。

（4）教练在底线多球喂送，练习者在网前放小球练习。

（5）教练在底线多球喂送，练习者在底线放小球练习。

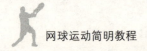

二、反弹球教学与练习

（一）反弹球的教学要求

（1）眼睛要始终注视着击球点，避免击不准球。

（2）击球时身体重心下降，屈膝弯腿，引拍幅度小，拍头由低向高提起。

（3）在击反弹球的向前动作中，尽量使动作连贯，不要有停顿，及时向网前靠近。

（4）击出的反弹球的落点要平而深，这样才能由被动转化为主动。

（5）循序渐进，由轻到重，由慢到快。

（6）分别进行轻击、推击和抽击反弹球的练习。

（二）反弹球的教学步骤

（1）距墙较近的地方，进行正、反手反弹球练习，先慢后快，先轻后重。

（2）教练用送多球定位的方法，把球送至练习者脚下进行反弹球练习，要不断变化距离和难度。

（3）实战练习，由后场向前场跑动，到中场击反弹球练习。

（三）反弹球的练习方法

（1）原地面对挡网，自抛反弹球练习。

（2）一人抛球，另一人练习反弹球。

（3）对墙反复练习。距墙8米左右，将球打向稍高的位置，等球弹回后，对落地第二次时的球进行反弹球练习。等球弹回后再挑向高处，进行第二次落地的反弹球练习。距墙5米左右，对墙打一次稍高的球，再打一次刚落地的反弹球上墙。

（4）教练在网前提供多球，练习者则在底线的附近进行反弹球的连续练习。

（5）教练在网前与中场练习者进行截击与反弹球的连续练习，尽量争取多回合练习。

三、反弹球易犯的错误动作及纠正方法

（一）向后拉拍的幅度过大，造成漏球、来不及击球或者击球点偏低的情况纠正的方法：

（1）持拍模仿练习，通过反复练习形成动力定型。

（2）挥拍动时可在身后放一固定物控制挥拍幅度。

（二）没有充分做到屈膝弯腿，降低重心击球

纠正的方法：准备时注意屈膝弯腿，而不是屈上身，做动作时身体不要起伏太大。

（三）拍触球瞬间，眼睛离开球，造成漏击或击不到拍子的"甜点"上

纠正的方法：眼睛紧盯着球，拍子对准来球。

（四）击球时手腕不够紧固，没有握紧球拍，造成击球无力

纠正的方法：

（1）注意击球时手腕紧固和放松的交替进行，握紧球拍。

（2）对强烈反弹球进行适应练习。

（五）击球时拍面角度不好，出现球拍下垂

纠正的方法：持拍反复练习击球动作，注意控制好拍面角度，速度越快越要加大前倾拍面角度。

第十节　双打的教学与练习

一、双打的教学要求

（1）要加强提高发球质量的训练，提高第一发球的命中率，将球速、旋转和落点的变化结合起来练习。

（2）加强接发球技术的训练，接发球要求低而稳地把球打在发球员上网者的脚下，提高接发球的成功率和对抗能力。

（3）双打球员必须在重视基本技术的基础上，加强技术和战术的配合训练，使其在双打的快速对抗中从容不迫，应付自如。

（4）双打球员在练习中注意训练与同伴的密切配合，移动要同步，一起向前，一起后退，一起向左、向右移动，封好角度，站位抢位及时。

二、双打的练习方法

（一）双打的站位练习

根据双打练习者的站位，以中线和双打边线为限进行半区的底线破网对中场或近网的截击练习。

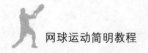

（二）发球上网练习

甲方双打练习者可一人发球，一人网前，两人轮流发球上网，进行双打发球上网战术的配合练习；乙方一名练习者接发球，要求接球成功率高，以提高甲方练习者发球上网后处理中场第一板截击球的能力。发球上网时甲方打乙方半区。

（三）接发球破网的对抗练习

甲方一名练习者根据自己的双打站位，进行接发球破网练习；乙方两名或一名练习者发球上网，一人在网前到网；乙方的两名练习者要轮流发球上网进行陪练，提高甲方练习者接发球的能力。

（四）针对全场的破网或中场、近网的截击练习

双打乙方的两名练习者在球场一边左右半区的网前或底线；甲方的一名练习者根据自己的双打站位在底线或网前进行半区的破网和网前练习。要求乙方练习者控制球进行陪练。

（五）两人网前两人底线的练习

甲、乙双方4人打1个球，练习网前截击的进攻能力和底线的破网反击能力，练习可采用对抗形式进行。

（六）截击凌空球的练习

可采用一对二、二对二的形式，在中场或近网进行截击球练习，提高在网前快速对抗中的反应能力及击球和控球的能力。

（七）多球练习

（1）发球练习。

（2）接发球练习。

（3）发球上网抢网补位的练习。

（4）发球上网中场，近网高压三板的练习。

（八）记分练习

甲、乙双方练习者用计分的方法，进行战术的结合和对抗练习，以提高实战能力。

第六章　网球的专项训练

第一节　网球专项素质训练

根据不同的赛制，网球比赛的时间长短有所差别，但是一般用时都比较长，而且一天之内可能不止一场比赛。同时网球运动又是由很多短时间的剧烈运动和间歇组成，因此它对球员的各项素质都提出了不同的要求：

耐力：长时间比赛能力和从疲劳中恢复能力。

速度：反应速速、快速启动和短距离冲刺能力。

柔韧性：身体协调能力和关节韧带的柔韧性对球员的动作控制能力以及防止运动损伤都很关键。作为职业球员，身体素质训练的重要性毋庸置疑，而对于业余球员来说，身体素质训练也很重要，很多高水平的网球技战术都要以良好的身体素质为基础。进行必要的身体素质练习不但可以减少伤病的发生，而且能提高自己的水平，从而更多地体会网球运动的魅力。

一、身体素质训练内容

身体素质训练是任何一项体育运动中都不可缺少的重要组成部分。现代网球运动对身体素质的要求越来越高，练习者要掌握全面的技战术，就必须具备良好的、全面的身体素质。因此，要想提高网球技战术就必须加强身体素质训练，并达到较高的训练水平，这样才能真正打好网球。网球比赛不仅是技战术的比赛，更是力量、速度、耐力、柔韧和灵敏的比赛。网球比赛是由许多个短时间的剧烈运动和休息组成的运动，比赛时间的长短从 1 小时到 3、4 个小时不等。尽管场地不算大，但球速很快，球员必须快速移动，才能击出有爆发力和良好控制力的球。没有好的身体素质作为保证，很难发挥高超的技战术水平，因此必须进行全面的身体素质训练。根据网球运动对球员身体素质的要求，要想打好网球，必须具备充沛的体力，以及全面而协调的各项身体素质和

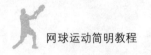

专项身体素质。

（一）力量素质训练

力量素质是指人的机体或机体的某一部分肌肉收缩和舒张时克服内外阻力的能力。力量素质对人体运动有极大影响，是人体运动的基本素质。网球运动大多数动作并没有特别显著的肌肉紧张状态，但这绝不是说网球运动不需要发展力量。网球运动特别要注意增强手臂与肩部的肌肉力量，加强腰部和腿部的肌肉力量，增加这些部位肌肉组织内肌纤维群的数目、肌肉纤维部长度和围度，使这些部位的肌肉组织增长及增粗。

1. 仰卧起坐、俯卧撑、蹲跳练习

（1）仰卧起坐。

（2）俯卧撑推地挺身起。

（3）俯卧撑。

（4）仰卧举腿：举腿成直角，放下要慢，可不触地板。

（5）蹲跳。

2. 实心球、哑铃、小杠铃片练习

网球"力量练习方法"是从事重复分量较轻的举重或举重物来进行爆发性动作的练习，特别要利用这种分量的器械进行模仿性击球动作的练习，效果会更佳。训练中应注意：轻分量，多重复，快频率，发展爆发力，并与发展柔韧性练习相结合。

（1）坐起接实心球并传出。

（2）胸前传接实心球。

（3）双手持球做正反手练习，用正手挥拍动作将球传向同伴的正手边或反手边。

（4）持哑铃转腕。

（5）持哑铃弯举。

（6）运用杠铃提肘。

（7）运用杠铃做体前屈转体。

（二）速度素质训练

速度素质是指人体或人体某部位快速运动的能力，也就是人体或人体某一部位快速做出运动反应、快速完成动作、快速移动的能力。网球运动中速度可分为反应速度和移动速度。它的反应速度不像短跑起程中听声音的反应速度，而是与视觉、判断有关的反应速度。因此在训练时，可给一些与视觉和判断有关的信号，让练习者按信号做出快速反应的奔跑。

（1）听口令或看手势起跑练习。

（2）不同距离的折回跑。

（3）变向或变速跑。

（4）侧前、侧后跑。

（三）耐力素质训练

耐力素质是指人体长时间进行工作或运动中克服疲劳的能力。耐力素质是人体身体素质的重要组成部分之一，任何体育运动项目都必须具备相应的耐力素质水平。完成一场长时间硬拼的网球赛必须有良好的体力，这要求参与者有一个强壮的心血管系统，这个系统将会增进其吸取和使用有效的氧气的能力，从而供给身体各器官营养和能量。

耐力素质的最佳训练方式是跑步和游泳。网球比赛中的跑步以及其他移动动作不是长时间的周期性运动，而是时而迅速、时而缓慢的运动。因此以跑步作为耐力训练时，要求在不断变化动作速度的情况下进行。

（1）长距离跑，每周进行 3 次，每次 25～40 分钟。

（2）变速跑，冲刺 100 米，慢跑 100 米，再冲刺 100 米等。这种练习应持续 20～25 分钟。

（3）长时间的连续跳跃或跳绳。

（4）长距离的游泳，游泳可快慢结合。

（5）进行长时间的练习比赛。

耐力练习通常要安排在技术训练后，而不要安排在技术训练前进行。耐力训练在时间上要多一点，在距离上要适当长一点，在重复次数要多一点，这也是一种增强毅力、信心的训练。

（四）柔韧素质训练

柔韧素质是指人体关节活动幅度大小以及关节的韧带、肌腱、肌肉、皮肤及其他组织的弹性和伸展能力。网球技术动作的完成与肌肉韧带的拉长、关节活动范围的增大有很大关系。

练习者应该经常拉伸的部位有：大腿韧带、小腿后群肌、大腿股四头肌、肩部以及背部肌群。

每次拉伸上述各部位，都要持续 15～30 秒，然后放松，再重复，并力争

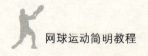

在下一次练习时增加拉伸的幅度。

下面介绍一些基本的柔韧性练习方法，应在力量训练前和训练后进行：

（1）手腕屈伸、内收外展、顺逆时针转动。

（2）上臂和前臂屈伸、内收外展、内外旋、环转。

（3）颈后侧拉肘。

（4）摆腿、压腿练习。

（5）俯卧后仰。

（6）跪坐压髋。

（7）股四头肌伸展。直立，用左手握住左踝，慢慢地将左脚跟向臀部拉，持续30秒。重复做另一边。

（五）灵敏素质训练

灵敏素质是指人体在各种突然变换的条件下，迅速改变体位、转换动作和随机应变的能力。它是人的运动技能、神经反应和身体素质在运动中的综合表现，是一种较为复杂的素质。网球运动的比赛要求球员在瞬息万变的情况下，快速而果断地做出准确的判断，并采用相应动作来完成。因此要求球员具备良好的灵敏素质。

下面介绍一些基本的灵敏性练习方法：

（1）肩、肘绕环。

（2）单臂体前绕环。

（3）立蹲撑接跳跃。

（4）各种形式跳绳。

（5）交叉步跑。

二、专项身体素质训练方法

球员除需要发展一般身体素质外，还应结合基本技术加强专项素质的练习。下面介绍几种专项身体素质训练和辅助训练的方法。

（1）绕"十"字计时跑。

（2）步法训练。教练以口令或手势指挥练习者，练习者以滑步、跨步、交叉步等步法按教练指挥的方向，做向前、后、左、右方向的各种移动。

（3）传球拍击球练习。练习者击完球后，立即把球拍转移到本队的下一练习者。训练放松能力及快速的思想与行动的能力。

（4）发球抛球练习。练习者站在距墙 30 厘米远的地方，抛球手侧靠墙壁，向左脚前一臂处的上方将球垂直抛起，并在最佳击球的高度画一标志，作为练习的目标。在左脚前一臂处的地上放上网球拍的拍面，看向上抛的球落下时是否落在拍面上，以检验上抛的垂直程度。

（5）网前短时反应及灵活性练习。在网前人背对网，接到教练信号后转身，教练送球至底线破网。

（6）网前抢网后跑动练习。练习者从左区出发，教练送正手区网前，练习者截击后绕对方场回队。

（7）澳大利亚训练法（一对二底线与网前练习）。

教练在中场送球给练习者 A，练习者 A 在底线上跑动还击，并且用力打练习者 B、C 的破网球，B、C 要努力截击，A 还要还击 B、C 的截击球。

要求：A 为主要的训练对象，要尽力还击多种来球，B、C 的截击球要控制好落点、角度，让 A 在努力跑动中能够还击到球。A、B、C 轮换练习。

（8）美国 ATP 教练组训练法。

将练习者分成 A、B 两组，分别站在底线后，A 组的第一人发球给 B 组，B 组的第一人还击球给 A 组后，立即跑至 A 组排尾。A 组第一人还击给 B 组第二人后立即跑至 B 组排尾，依此类推。凡在击球中失误者一律退出，做挥空拍正手 30 秒钟，不再排队。其他练习者继续击球直到剩下最后两人为止。

附：体能训练注意事项

（1）让训练充满快乐，强调训练的益处，并希望球员抱有积极的态度。

（2）永远不要把体能训练当成处罚方式，那样做只会让球员回避体能训练，这与体能训练的目的背道而驰。

（3）要有创意，利用多种体能练习方式，能够达到同样训练目的的新方法对球员有更好的激励和吸引作用。

（4）一定保证每位球员都有自己的体能目标，要具体且实际。向球员提示这些目标，能够激励球员训练时更加努力。

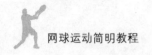

第二节　网球心理训练

一、网球心理训练的重要性

（一）心理训练

运动员的心理训练，是指训练运动员为完成专项运动所需的心理因素得到稳定和提高，并学会调节心理状态的各种方法，以便在训练和比赛中使身体和技战术水平得到正常或超常的发挥。网球运动员的心理训练，就是根据网球运动的特点和运动员的心理活动的规律，有目的、有计划地培养运动员在训练和比赛中的心理素质，调节心理状态，提高适应比赛的能力，以保证训练效果和比赛成绩的取得。

运动员的心理训练，根据任务和要求的不同，可以分为一般心理训练和准备比赛的心理训练。一般心理训练，就是运动员在整个运动生涯中经常进行的心理训练。其目的在于提高运动员从事网球运动所需要的心理素质，由于它是在平时训练中系统安排的，所以又叫长期的心理训练。

一般心理训练的主要任务是：培养适合网球运动的良好的个性特征，如性格、动机、态度等；加强心理过程训练，不断完善网球运动所需要的心理品质，如专门化知觉（球感、时空感、节奏感）、注意力、记忆、思维、情绪、意志等；提高运动员的自我控制能力。

准备比赛的心理训练，是针对既定的比赛任务进行的。目的在于使运动员能在较短的时间内调节好心理状态，形成最佳的竞技状态，所以其又叫短期的心理训练。

准备比赛的心理训练的主要任务是：激发比赛动机，树立取胜信心；控制和调节心理状态，消除心理障碍，形成最佳竞技状态；提高心理适应性，能在千变万化的比赛中保持积极稳定的心理状态。

以上两类心理训练是互相依存和互为条件的。如果没有一般的心理训练，准备比赛的心理训练就失去可靠的基础，难以取得良好的效果；反之，如果不对运动员进行准备比赛的心理训练，一般心理训练就失去了意义。我们目前较缺乏的是一般心理训练。应该把心理训练渗透到运动员的日常训练和生活中去，以提高运动员的自我控制能力，从而达到提高运动水平的目的。

（二）心理训练的意识和作用

心理训练与身体训练、技术训练一样，是科学训练的要素之一。就一个网球运动员来说，身体素质、技战术水平和心理素质是决定训练和比赛成果的3个不可分割的因素，其中身体素质是保证比赛取胜的生理物质基础，技战术是比赛取胜的基本条件，而心理素质则是身体素质和技战术水平得以充分发挥的内部动力。心理素质是运动员在训练和比赛中控制生理活动状态、调节技术动作的主导因素。比赛双方若身体水平和技术水平相差无几，如果一方缺乏必要的心理训练，运动员的心理素质发展不好，即使身体、技术、战术水平较高，在竞赛中也难以稳定地取得好成绩。有时越是身体好、精力旺盛的运动员，失常越厉害；技战术水平高的运动员，因没有准备面对失利的良好心理状态，有时会失败得更惨。因为他充足的活动能力会冲击他的心理状态，使其更紧张，更难恢复自我控制能力。

对运动员进行心理训练可从以下几个方面取得成效：

（1）通过心理训练可使运动员的个性心理特征得到良好的发展。一个优秀运动员在竞赛中表现出来的独特风格，如临强不惧、沉着冷静、情绪稳定等，是在长期严格的训练中逐步形成的。而良好的个性特征有利于提高运动员的运动能力和训练效果。

（2）通过心理训练可以培养网球运动员在掌握网球技战术以及比赛时所必备的心理素质。如精确的感知、敏锐的思维、注意力的分配和及时转移等。

（3）通过心理训练可激发网球运动员具有正确高尚的比赛动机和强烈的求战渴望，建立必胜信念。同时提高运动员的自我控制能力，及时消除心理障碍及由此带来的行为障碍，使其心理状态适应训练时比赛的要求，为提高运动技术水平和战术效果及获得最佳竞技状态奠定良好的心理基础。

心理训练的内容十分广泛。从人的心理活动的内容来看，可以包括运动员认知过程训练；注意力的训练；运动记忆的训练；运动员想象、思维的训练；运动员情感、意志的训练；运动员个性特征的训练。从运动员的专门任务和要求来看，心理训练的内容又可包括运动员参加比赛的心理状态、运动员技能技巧形成的心理训练、运动员专门化知觉的训练等。

为了正确地调整和控制运动员在训练和比赛时的心理活动，使运动员的中枢神经系统达到最适宜的兴奋性，根据现代科学研究成果，大致有以下一些不同的手段，这些手段给网球运动员以不同的影响。它们包括：

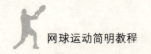
生物学手段。主要通过植物性途径来调节中枢神经系统的兴奋性。包括运动员的营养、睡眠制度、兴奋剂和各种药物等。

生理学手段。主要是通过来自本体感受器、皮肤感受器和其他分析器的第一信号冲动来影响中枢神经系统的兴奋性。如按摩、水浴等。

心理学手段。主要是利用语言，通过第二信号系统调节中枢神经系统的兴奋性。在这里语言刺激起着心理治疗的作用，而且有助于运动员主动控制和调节训练或比赛时的心理活动。

本章中介绍的心理训练方法主要是采用心理学手段，也就是能通过第二信号系统，即来自外部或内部的语言刺激调节和控制运动员在训练和比赛时的心理活动，使中枢神经系统达到最适宜的兴奋状态。

> **网球格言：**
>
> 网球中真正意义上的困难，本质上来说都是来自心理上的。
>
> ——堤姆西·加尔维

二、网球运动员心理训练的方法

一个心理训练有素的网球运动员在大多数比赛中都能发挥出正常水平，能经受住各种复杂的考验。在遭受挫折、失掉战机、裁判不公或自己出现错误甚至被判罚后，都能迅速从中摆脱出来并能继续打好球。比赛局势及上场队员等的变化都不会对他们的比赛情绪或打法产生消极的影响。他们能够控制住自己的情绪，能在有压力的情况下使注意力集中在所要完成的动作及比赛任务上，总是要求自己尽最大努力去完成每一个跑动、起跳或击球动作。

国内外运动心理学专家们的大量研究表明，在心理训练方面行之有效的方法很多。在具体运用时，可根据不同的项目施用不同的方法，并根据不同的条件和个人，有选择地搭配使用。下面介绍几种方法。

（一）一般心理训练方法

通过长期的心理训练，提高运动员自我控制和自我调节的能力，使他们掌握调节心理状态的有效方法，有些方法在准备比赛的心理训练中也可使用。

1. 放松训练

运动竞赛需要一定的紧张度，但紧张与放松在运动员的有机体上是辩证统一的。运动员如果不擅长很好地使自己的身心处于放松状态，他就不能在必要时使自己有效地紧张起来。放松训练主要运用语言进行引导，使肌肉放松，心情平静，从而调节神经系统的兴奋性，可有效地消除运动员训练或比赛时的紧张状态。

放松训练应选择一个幽静而安闲的环境。运动员可采用坐姿或卧姿，闭上眼睛，逐步放松身上所有的肌肉，轻松、自然地进行呼吸，然后进行放松训练。例如，放松手臂，尽量舒服地使自己镇定下来，让自己放松到自己能达到的最深程度。在这种放松状态下，紧紧握住右拳，保持住，依次体会右拳、右手、右前臂的紧张感，然后放开拳头，放松，待手指逐渐伸直后，请据此体会一下前后两种感觉的差别。反复做两次后，用左拳重复同一过程。然后是二头肌、三头肌的放松训练。上肢训练结束后，再过渡到面部、颈部、肩部、胸部、背部、髋部、大腿、小腿。在每一次紧张和放松时，都要把注意力同紧张和放松的感觉紧紧地联系在一起。在练习时再采用深深地吸进一口气然后慢慢呼出的呼吸方式，可取得很好的效果。

放松训练经过以下阶段可逐步提高质量。

第一阶段，结合具体的肌肉的紧张和放松进行，即上面介绍的具体做法。

第二阶段，在不进行任何肌肉收缩活动的情况下，放松身体各部位肌肉。这时要把注意力集中在放松主要肌肉的感觉或情绪上，可以按第一阶段的顺序去做，也可以按自己排定的训练先放松那些通常不紧张的肌肉，再放松紧张的肌肉。

第三阶段，主要是通过自我暗示进行放松，使放松感迅速传遍全身，通常在任何情况下均可迅速放松。在放松时可以检查自己身上的紧张部位，如果还没有放松，就要迅速消除紧张感。

第四阶段，就是在实际情况下对紧张状态进行放松。学会只要意识到自身紧张的信号，便马上进行深呼吸、慢呼吸并默念放松暗语，让自己立刻出现一种放松反应。

通过放松训练，可使运动员的紧张感觉消失，自我感觉轻松、淡定并富有生气。

2. 自我暗示

积极的自我暗示对增强自信心、消除紧张情绪非常有益，而且还有助于提高技术和战术意识，有利于技能的学习和巩固。自我暗示是使运动员利用自己的想象力，通过内部语言使自己处于一种理想的最佳状态。

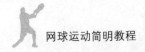

自我暗示的第一步仍是放松训练，因为处于一种放松而平静的状态时，最易于感受各种各样的自我暗示。先制定一张能够反映自己愿望的自我暗示表格，当自己处于放松状态时连续重复每条暗示 3～4 遍。下面举几个实例：

——我具有最佳的身体状态和良好的情绪，我完全能打好这场球。

——我感觉很好，我能打赢对方。

——我能够控制住自己的思想和情感，我能够改变自己的技术风格，并能改进技术动作。

——我认为问题和挫折正是我从中获得经验、教训和自我成长的机会。

——我可以想象出自己愉快、健康和成功的情景，我肯定会做到自己想象的那样。

3. 想象训练

想象训练就是运用内部语言使运动员重视过去的运动表象，或以运动经验想象出比赛的情景。如想象一次成功的防守过程（判断→取位→打球），想象比赛的场面（观众的喧哗等）。良好的想象训练可以帮助运动员形成精确的运动知觉、清晰的动作记忆能力和灵活敏捷的想象能力，从而使他们能够控制和熟练地使用好运动表象，尽快地掌握技术、战术，提高临场意识。想象训练还可以帮助运动员增强自信心，在赛前赛中亦可加以运用。

想象效果的好坏取决于表象的清晰程度和想象水平的高低。通过想象训练可以提高表象的清晰度和想象的能力。进行想象训练时可闭上眼睛，使想象的内容越清晰越好。下面举几个实例：

——想象自己正在伸展肢体。

——想象自己正沿着一条马路跑步。

——想象自己正在完成练习中常练的打球技术。

——想象教师和其他队员正在看自己。

——想象自己正在用各种方法完成上述的打球技术。

——详细地想象自己在完成相同技术动作时的最成功和最不成功的经历，努力发现两者间的任何差异。想象时可用慢动作的方式，使自己能够仔细地检查技术过程的每一个环节。

——想象练习中自己刚完成的一个成功的技术动作，以便于进一步练习巩固。

——想象自己正处在一个理想的放松环境中，能够看见颜色，听见声音，闻到芳香，感受到轻柔的微风和温暖的阳光正在吹拂和照耀着自己的身躯，自己正躺在地上，欣赏这个柔和而又清静的特殊环境。

4. 集中注意力训练

集中注意力训练可帮助运动员提高在复杂情况下集中注意力的能力及准确而迅速地进行注意的分配和转移的能力。这种能力在平时训练中及比赛纷乱的环境中都是非常必要的。在进行心理训练时也需要注意力的高度集中。下面举几个实例：

——端正静坐着放松，自然呼吸，并采用腹式呼吸，然后把注意力集中在这种腹式呼吸的动作上。

——通过鼻子进行呼吸，尽量多吸进一些空气，然后慢慢地将气呼出，并试着尽量排空肺部的气体，一边呼气，一边数"1"。再一次吸气，然后慢慢呼出数"2"。如此反复，一直数到"10"，然后再重复一次全过程。如果此时注意力离开呼吸活动，则几乎无法继续进行这种计数工作。

——把注意力集中在某一物体上，使自己的思想同其他事物（其他思想、情感和身体感觉）的联系隔绝，让自己对这一物体的知觉充满整个头脑。如观察一块手表，努力看清楚它的形状、各种文字标记等，然后闭上眼睛想一遍刚才看到的东西，是否有清楚之处，再睁开眼睛观察。如此重复3~5遍。

5. 智慧训练

现代运动竞赛不仅是体力的较量，而且也是智慧的较量。在同等身体、技术条件下，智力上的优势具有不可忽视的意义。因此智力训练应该成为运动训练的一个组成部分，必须为发展智力制定专门的、有针对性的教育方法，才能使运动员的智力有效地发展。

——必须有目的、有计划地传播必要的知识（如专业理论、辩证法、心理学、青年修养等），组织好学习的过程，让运动员通过实践来消化和掌握所学知识，鼓励并支持运动员自学。

——有目的地向运动员布置观察任务（在看比赛、录像及训练、比赛时），培养运动员独立的观察和感觉能力，减少教师介绍的间接观感作用。并使运动员学会区分哪些是本质的东西，哪些是非本质的东西。

——加强记忆力、注意力和想象的训练。

——在每次训练课上提倡和鼓励想象训练，注意想练结合。提高运动员分析问题和解决问题的能力，养成积极思维的习惯，多提问，多比较，多商讨。

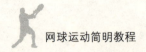

——经常检查、考核运动员掌握知识的情况以及理论联系实际的能力、在训练和比赛时的应急情况。

6. 意志训练

意志是决定克服各种困难、实现既定目标的心理过程。意志训练在运动员的整个训练过程中占有重要地位。教师要把意志训练始终如一地、巧妙地安排在教学训练的全过程中去，采用各种教学方法，培养良好的意志品质。

——激发强烈的动机。动机是激励人的行为以达到一定目标的内在原因。动机内涵越高，则运动员的积极性越高，情绪越高昂，意志也会更坚强。一般来说，运动员都有一定的运动动机，但需要提高动机的水平，注意培养和激发运动员的责任感，把运动员的成绩与祖国的荣誉和民族自豪感结合起来，以产生强大动力。

——加强对运动员的严格要求，严格其训练制度和生活制度。训练中运动员每做一个动作都要求其敏捷、迅速、有力，并且要坚持到底。一定要避免萎靡不振、松懈无力的行动和无效果的意志努力。

——增加训练难度，发展持久性的意志努力。过于容易的训练任务无助于培养意志。在困难的条件下训练，需要运动员做出意志努力，才具有培养意志的作用。同时还要培养运动员在疲劳的状态下进行顽强的意志行动的能力。

——采用对抗性训练和必要的惩罚性措施。对抗性强、有胜负的训练方法能够激发运动员的自尊心和荣誉感，从而会自动地进行意志努力。惩罚性的训练措施是以强制的训练方法迫使运动员进行意志努力，但需要对其讲明道理，以消除其消极对抗的情绪。

7. 球队的团结

网球运动是一个单项运动项目，教师和运动员之间、队员和队员之间的有益交往，相互尊敬、亲近的感觉，和睦的气氛，彼此间的宽容和互相鼓励等，都有助于提高训练效果，使比赛结果更令人满意。

——让运动员了解其职责。应该给予运动员参加比赛的机会，使他们珍惜和尊重别人的工作。承认别人的贡献是加强运动队团结的本质问题。

——让替补队员记录比赛的情况并加以分析，参加作战方案的制订和总结，使他们产生一种责任感。

——相互了解，推心置腹。教师对运动员的个人背景情况的了解将有助于建立一支有战斗力的球队。

——让队员知道自己在队里的作用及安排在该位置的原因，使每个队员都感到自己和其他队员一样，在队里有着发挥特长的机会。以客观证据说明队员在队里的地位，然后提出奋斗目标，并告诉他们克服弱点的方法，他们便能对自己的处境及他人的位置想得通，同时还会理解和支持其他队员。

——树立共同的目标，共同享受成功的喜悦。集思广益，制定全队目标，使每个队员都知道自己的努力方向及个人目标与全队目标的关系，提高他们的责任感。更重要的是在他们完成自己的目标及全队的目标时，更感到自己是队里不可缺少的一员，有一种成功的幸福感。

——组成竞争小组，不仅能促进技术与战术的提高，还可使小组内成员关系密切并产生一种特殊的荣誉感，这种荣誉感在比赛时就会成为全队荣誉感的一个部分。教师必须承认每个小组和每个队员的成绩及他们的突出表现，并在公开场合或私下予以表扬。教师对运动员应一视同仁，尤其要关心替补队员。

——运动员间要相互支持和理解，在互相帮助中共同提高。核心队员应积极发挥作用。

——加强纪律性。为实现全队奋斗目标，制定严格的规章制度必不可少。由那些共同经历艰苦训练的运动员组成的球队最齐心协力。一个球队的纪律性越强，越能适应各种困难环境。

8. 正确处理思想政治工作与心理训练的关系

思想政治工作与心理训练同属于训练过程，担负着提高运动技术水平的共同任务，但各自发挥的作用不尽相同。思想政治工作主要是对运动员的立场、观点及行为规范、道德情感等方面进行教育。培养运动员的爱国主义感、集体主义感、同志友谊感、人道主义感、义务感、责任感、荣誉感等。对于改善训练关系、保持教育平衡及培养运动员具有为振兴中华不断提高训练水平的自觉性和顽强拼搏的精神风貌，都具有积极的意义。

在整个训练过程中，思想政治工作具有动员性、开导性、严格性、说服性、策略性、启发性等特点；而心理训练则是为了加强心理体验、调节心理状态、增强适应性和保持最佳竞技状态，两者缺一不可。

（二）准备具体比赛的心理训练

通过长期有效的一般心理训练，运动员掌握了放松的技巧，自我暗示能力得到了提高，内心想象效果明显，注意力能由自己支配，意志品质有了明显的

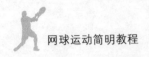

提高。那么他们的自我控制能力必然会增强，在进行准备比赛的心理训练时就能取得良好的效果，能有效地运用内部语言控制自己的情绪、思维和行为，以便调整和控制比赛时的心理状态，从而保持最佳竞技状态。

赛前的心理调整：

1. 模拟训练

模拟训练就是在大赛前模拟比赛的地点、时间、气候、吃住行特点、观众情绪、噪声干扰以及对手的技战术特点进行训练，以增强运动员的必胜信心，激活赛前的紧张心理，提高运动员对与比赛有关的客观环境和比赛对手的适应能力，稳定运动员情绪，以此作为取得比赛胜利的必要条件。

要安排好模拟训练，教师必须对比赛的对手、比赛的环境和条件进行详细的了解和分析，包括对比赛中可能遇到的各种不利局势的充分估计。从而有针对性地让队员进行磨炼，做好准备和防范，以增强运动员在不利局势下的适应能力，增强自信心。

进行模拟训练可以是语言形象的模拟。这就是教师向队员提问，由队员进行准确回答的一种心理训练方法。如在准备会上教师可以提出"对方打直线怎么办""对方加强防守怎么办"等问题，队员以比较正确的见解来回答问题，做好心理上的各种准备。

模拟训练还可以是实战模拟。如安排陪打队，模拟比赛对手的进攻及防守特点，进行针对性训练。又如反败为胜的模拟训练、裁判偏袒对方的模拟训练、观众情绪影响及各种噪声的模拟训练、适应环境条件和"时差"的"拉练"赛模拟训练等，以此为运动员做好大赛前的心理准备。

2. 心理诱导

要保证充分的睡眠并把注意力转移到与比赛无关的刺激物上，使运动员的心理获得放松。这类手段多种多样，如赛前进行各种娱乐活动，读有趣的书，听一段有节奏的轻音乐或喜爱的歌曲等。

3. 开好赛前准备会

成功的准备会对稳定全队的情绪产生重要的作用。在准备会上要客观分析敌我双方的实力，摆正自己的位置，提出切实可行的目标，同时对比赛中可能出现的各种问题进行充分全面的估计，分析和提出解决这些问题的方案，并使每个参赛的队员心里都十分了解。事先做好心理准备能有效地预防和控制不良情绪的产生和蔓延。

赛中的心理调整：

1. 教师的言行调节

由于比赛的复杂性，出现情绪波动是难免的（特别是新手）。对于自我控制能力较差的队员来说，教师对消除其紧张心理起着举足轻重的作用。首先教师自身要冷静，自己的紧张和垂头丧气的情绪会加剧队员的紧张，并使他们也感受到慌乱的情绪。幽默能成为缓和紧张气氛的极为有效的手段。当教师发现队员过于紧张、动作僵硬、精神负担过重时，可与其讲几句幽默的话，分散运动员的注意力，消除其紧张情绪。另外，教师一般在失利时容易对运动员发怒。但发怒有两种，即消极性发怒和积极性发怒。消极性发怒，即讽刺嘲笑，只会使运动员感到自己没有能力，因而一蹶不振；而积极性发怒，如"你是队里最出色的队员，可今天是怎么搞的？不该打成这样！"可使运动员清楚地意识到教师对他寄予很大的希望，这会在比赛中积极地消除运动员的紧张情绪，而且关键在于教师要弄清楚引起队员紧张的原因，从根本上解决问题。教师在胜败时的各种情绪表现都将影响运动员的比赛情绪。因此，教师在比赛中要有良好的心理状态，使运动员在教师的语言和神态中得到取胜的信心。

2. 心理适应调节

例如，让新手和临场的运动员先看一段时间的比赛，教师从旁启发，分析场上情况，同时交代清楚任务，做好心理适应准备工作，再让他们上场比赛。即使比赛经验丰富的运动员，有时也会因各种原因而产生异常心理变化，此时也可采用替换其下场的措施，让其观察比赛，冷静头脑，待心理适应后再上场比赛。赛中适时的暂停，也可起到心理调节的作用。如在本方连续失误或对方进攻频频奏效的情况下，队员的紧张程度会越来越高。此时教师采用暂停的办法可使运动员持续紧张的情况得到缓解。

3. 积极主动的呼应

比赛中积极主动的呼应可增强信心和保持旺盛的斗志，并使注意力高度集中。呼应还能在心理上产生一种压倒对手的气势，取得一次胜利后的积极呼应能使高涨的情绪继续保持下去。而在逆境中也能积极呼应，就可以避免不良情绪的相互影响及恶化，从而恢复士气。在比赛中运动员要调整自己的心理状态还可采用自我暗示、呼吸调节和表情调节等方法。

赛后的心理调整：

赛后运动员的心理变化是多样的。如胜利可能产生荣耀感、自豪感，产生

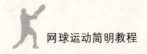

加强训练、再次参赛的情感；也可能出现骄傲自满、盲目自信、轻视他人、对今后的训练漠不关心等消极情绪。失败时可能表现为患得患失、怨天尤人、丧失信心、自暴自弃等；也可能表现为从失败中总结经验教训、克服自己的缺点、加强训练、争取下次比赛获胜的积极心理。

运动员比赛时的心理紧张情绪，虽然赛后一下子放松了，但不是马上就可以恢复到正常平静的心理状态。所以，赛后必须对运动员的心理进行调整。重点解决的问题有：迅速消除比赛成绩的干扰，正确看待胜负；消除不正常的攻击心理；防止丧失自信心；消除比赛后的紧张情绪，等等。

——赛后的训练可采用慢节奏、游戏性的练习，使运动员感到心理轻松愉快。

——通过丰富多彩的转移性活动（如参观、游览、看电影、听音乐等），使运动员暂时忘却比赛情景，减弱紧张情绪，降低兴奋水平，使之逐步恢复到正常的心理状态。

——采用移情的方法，把紧张的情绪转移到其他有兴趣的活动上去，如找知己交谈，倾吐胸中抑郁，书写、绘画、弹唱、写作，等等。

——增进自我认识。对队员进行正确对待胜负和客观认识自我的教育，提高思想水平，加强道德修养。使运动员能正确看待优点，努力改进不良习惯，胜不骄，败不馁，形成新的自我表象。

通过上述方法和措施，逐步把运动员的注意力转移到即将进行的活动中去。

> **网球格言：**
>
> 压力是最好的测谎器，因为正是在此时你的技术到底怎样才会原形毕露。
>
> ——布莱德·吉尔博特

第三节　网球运动员的选材与早期训练

一、网球运动员的选材

为了使网球运动员能顺利成才，在进行网球教学、训练前必须进行科学的选材。

（一）选材时期与阶段的划分

网球运动员的选材过程可以分为初级选材和专项选材两个时期。初级选材时期又可分为初选阶段和复选阶段；专项选材时期可分为专门选材阶段和精选阶段。

1. 初级选材时期

初级选材时期的主要任务是将喜爱网球运动且具有较好身体条件的少年儿童组织起来，进行科学、系统的网球教学与训练，从中逐步发现和培养适合从事网球运动专门训练的少年儿童。

（1）初选阶段：此阶段可以在幼儿园或小学低年级人群中选择那些热爱网球运动、活泼好动、身体形态和机能较好、天资聪明、模仿能力强的孩子们，对他们进行短式网球的教学和训练。

（2）复选阶段：少年儿童在基础教学和训练中可以自然地表现出他们的身体素质条件、学习和掌握网球技战术的情况。复选时，教练员应根据孩子们的上述表现及发展潜力进行选择。在复选阶段基本采取观察记录和归纳分析的方法。在有条件的情况下，可以通过科学测试获得定性或定量的选材指标。

2. 专项选材时期

（1）专项选材时期：此阶段的选材显得非常重要，应选择一些网球运动专项需要的内容作为专选的标准，通常应根据少年运动员的基本身体条件及发展潜力、身体机能状况、学习和掌握网球专项技战术的能力和程度及心理素质条件进行优选。此阶段的选材最好采用一些科学测试项目，客观、科学、准确地利用某些量化指标来评价运动员的水平。

（2）精选阶段：此阶段的选材工作属于高级选拔阶段，应通过此阶段选材筛选出"顶尖"运动员。精选阶段的选材工作应尽量运用科学化的手段对运动员进行测试，通过若干科学指标来评价运动员的竞技能力。在精选中还应特别重视运动员的思想表现和意志品质修养。

（二）网球运动员选材的基本要求

1. 对身体形态的基本要求

网球运动员身体形态的选材要求是身材比较高大、体魄强健、四肢匀称且修长、手掌较大且有力、小腿及跟腱较长、关节径相对较小。因此，身体形态选材指标应包括身高，体型，上肢和前臂的长度，手掌形状、大小和力量，下

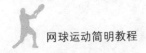

肢、小腿和跟腱长度，大腿长度，关节径的粗细及关节的灵活性，大腿和小腿的长度比例等。

2. 对身体机能的基本要求

网球运动比赛竞争激烈，比赛时间有时较长。因此，要求网球运动员必须具有良好的心肺机能，同时还要求运动员的视觉、味觉及平衡器官的机能始终处于良好的竞技状态。因此，身体机能选材指标应包括肺活量（或肺通气量），运动负荷机能测试（着重于混合代谢机能状况），视力、视野的测试，平衡能力，握力及握力的轻重感，肩关节、肘关节、腕关节的位置感觉，机体抗疲劳能力。

3. 对身体素质的基本要求

网球运动要求运动员具有高度全面的身体素质基础，并应突出表现在反应速度、爆发力、动作速度、身体灵活性和耐力等几方面。因此，身体素质选材指标应包括反应速度（加速能力）、上下肢的爆发力和灵活性、动作速率、动作协调性和灵活性、耐久力（包括力量耐力）。

4. 对身体素质方面的基本要求

网球运动比赛竞争激烈，决定了网球参赛选手必须有较强的心理素质。单、双打比赛的不同又对选手的心理稳定性、注意力的转移等心理因素提出了更高的要求。因此，心理素质选材指标应包括浓厚的兴趣、明确的动机、运动知觉和感觉、情绪控制、心理的稳定性、精力（注意）的集中和转移、行为与思维的控制、自信心等。

此外，在选拔高水平运动员时，还应考虑到运动员的思想水平和意志品质的修养。

二、网球运动员的早期训练

早期训练对运动员的网球意识和技战术的培养具有重要作用，因此，越来越受到人们的重视。但在这一时期要注意各年龄阶段少年儿童的身体及心理特征，切勿因冒进而适得其反，这就需要对少年儿童的年龄阶段进行划分并制订相应的教学、训练计划和要求。

（一）教学、训练阶段的划分（如下表所示）

表 6 - 3 - 1　教学、训练的划分表

阶段名称	教学训练任务	特点	大约年龄
启蒙阶段	引导初学者入门	进行短网教学，熟悉网球性能，逐步向网球专项训练过渡	6 ~ 8 岁
基础训练阶段	打好基础，逐步向专项训练过渡	多方面综合性基础训练，多方面运动技能的提高	9 ~ 10 岁
专项训练阶段	培养专项能力	进行网球专项训练，不断提高专项能力	11 ~ 12 岁

（二）各教学、训练阶段的内容、特点及要求

1. 启蒙阶段

（1）年龄：6 ~ 8 岁。

（2）网球训练与非网球训练之比为 30:70。

（3）身体训练及协调性和快速移动能力的提高：参加多项体育活动，通过音乐训练来提高节奏感，鼓励开展体育舞蹈等辅助训练手段来发展身体全面的协调性和灵活性。每周约训练 2.5 小时。

（4）心理素质的提高：游戏和技战术练习交替安排，让运动员能够感受到进步的乐趣，经常表扬运动员，重视与同伴合作练习的习惯培养，尽量减少失误，逐步提高其技战术能力。每周约训练 1.5 小时。

（5）比赛和比赛练习：有计划地参加比赛，自己和自己比赛、网球队之间比赛、男孩女孩一起比赛等，以提高训练的多样性和娱乐性。

（6）教练的参与程度：允许一定时间的自由练习和创造性练习。

2. 基础训练

（1）年龄：9 ~ 10 岁。

（2）网球训练与非网球训练之比为 50:50。

（3）身体训练及协调性和快速移动能力的提高：参加其他各种球类运动，如足球、篮球、乒乓球，继续提高协调性和灵活性。每周约训练 5 小时。

（4）心理素质的提高：鼓励和提高自信心、正确地对待胜负、传授常用的确定目标的方法、提出适度的要求、粗略学习各项击球动作。

（5）比赛和比赛练习：介绍各种比赛战术，技术重点放在正确的握拍和步法，鼓励挥拍时加速和挥拍后的放松，鼓励运动员坚持从底线攻击（注意

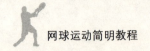

进攻的准确性），提高各种打法的球感和创造性。以上练习每周约进行 4.5 小时，每年大约参加 15 场单打比赛和 30 场双打比赛；队内进行单循环、娱乐性比赛；男孩女孩可一起比赛。

（6）教练的参与程度：准确示范；多数时间用于运动技能的训练。

3. 专项训练

（1）年龄：11~12 岁。

（2）网球训练与非网球训练之比为 55:45。

（3）身体训练及协调性和快速移动能力的提高：提高上下肢的反应速度；采取多种手段提高协调性、灵活性和柔韧性，进行徒手力量训练；参加辅助运动项目的活动。以上练习每周约进行 5 小时。

（4）心理素质的提高：强调技战术水平的发挥，而不是取胜；强调 100% 的努力，鼓励孩子们努力拼搏；鼓励挥拍时的加速和挥拍后的放松；鼓励使用进攻的打法和策略；对击球动作和技术要精益求精；进行各种击球动作的稳定性练习。

（5）比赛和比赛练习：训练要接近实战，每周进行 6 小时 5 种模拟比赛的训练，每年大约进行 50 场单打比赛和 30 场双打比赛；参加全国性或地区性的比赛；每年 2 个赛期。

（6）教练的参与程度：要强调发挥和过程，而不是结果。

第七章　网球比赛的编排方法和基本裁判规则

第一节　网球比赛的编排方法

国际上一般采用的编排方法：除戴维斯杯和联合会杯为团体赛外，大多数的国际网球赛是单项比赛。由于参赛运动员多，场地少，但又需要在短时间内决出冠亚军，所以多采用单淘汰制。

一、单淘汰制的抽签办法

当网球比赛的球员人数是 2、4、8、16、32、64、128 等 2 的乘方时，可按下列方式采用累计的淘汰制进行比赛。若人数多于 128，则增加预选赛。当参加比赛的球员人数不是 2 的乘方时，第一轮将有"轮空"。其目的是使球员在第二轮中形成一个"满档"，即 2 的乘方数，这样比赛才能顺利进行，一直到最后 2 名球员参加决赛。

轮空数的计算方法是：所选定的号码位置数减去参加比赛的球员人数。例如有 27 名球员参赛，则选 32 个号码位量数，其中有 5 个号码是轮空的。与这5 个号码相遇的球员，将直接参加第二轮比赛，然后他们和第一轮比赛的 11名优胜者形成 2 的乘方数 16。

"轮空"先从两端开始，然后移向中间。第一个"轮空"先从下端开始，第二个"轮空"从上端开始，依次类推，交替进行下去。如果有 27 名球员比赛，就需要在 31、2、29、4、27 号位上安置"轮空"。这是中国网球协会批准的在任何区域、地区或国家的锦标赛分配"轮空"的正式分配办法。

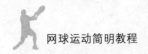

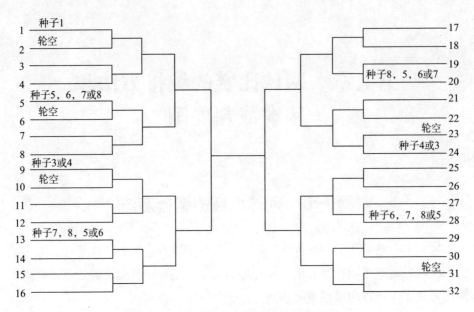

图7-1-1 27名运动员参赛的抽签位置

二、种子选手的确定与排列

（1）根据国际网球协会比赛规程的规定，确定种子应该依据前一年同一比赛的名次。在被批准的比赛中，每4~8人有1个种子，但种子最多不得超过16人。如果种子选手不够，则有多少算多少，其他人由抽签来决定其位置。双打时如非原配对，则不得当种子，除非另有明确标准。

（2）除1、2号种子外，其他种子的位置凭抽签来决定。1号种子安排在最上端，2号种子安排在最下端，如果抽签决定3号种子在上半区，那么4号种子的位置就应放在下半区，若3号抽在下半区，则4号应放在上半区。其余种子的位置也应根据这一原则分别抽签。

（3）国家的、地区的和区域性的锦标赛，其种子与"轮空"的分配，均应按上述规定进行。

三、如何安排种子

1. 种子的号码位置与抽签

16名运动员抽签，有2名种子时，1号种子安置在1号位，2号种子安置在 16 号位。

32 名运动员抽签，有 4 名种子时，1 号种子在 1 号位，2 号种子在 32 号位；3、4 号种子抽签决定在 9、24 号位上。

64 名运动员抽签，有 8 名种子时，1、2 号种子安置在 1、64 号位上；3、4 号种子抽签决定在 17、48 号位上；5、6、7、8 号种子抽签决定在 9、56、25、40 号位上。

128 名运动员抽签，有 16 名种子时（用 64 号抽签表 2 份，1 份在上，1 份在下，以 U 代表上表，L 代表下表）。1、2 号种子安置在 U—1 与 L—64（或 128）号位上；3、4 号种子抽签决定在 U33 与 L32（或 96）号位上；5、6、7、8 号种子抽签决定在 U—0、L—56（或 120）号位上，U—49、L—16（或 80）号位上；9、10、11、12、13、14、15、16 号种子抽签决定在 U—9、L—56（或 120）号位上，U—25、L—40（或 104）号位上，U—41、L—24（或 88）号位上，U—57 和 L—8（或 72）号位上。如果在第二张表上重新编号，括号里的数字可使用 65—128。

2. 非种子的号码位置与抽签

抽签应先抽种子，后抽非种子，一旦将种子运动员填写在相应位置上，并注明哪些号码位置代表轮空后，即可进行非种子抽签，可将所有剩余的运动员姓名凭抽签的顺序经抽签后填入剩下来的未被占据的号位上。

当采取上述抽签程序后，出现同一个队的运动员、同一地区的运动员或同一国家的运动员被抽入同 1/4 区时，竞赛委员会有权决定，将同队第二名运动员安置在下一个 1/4 区相同的有关位置上。

四、单循环制

若报名人数较少，场地较多，比赛日期较长，各队（人）均要求和其他队（人）进行比赛，这样可以多打几场，以丰富比赛经验，同时也使比赛更公平。各队普遍出场比赛一次称为"一轮"循环赛，每轮比赛场数是相等的。

（一）轮数和比赛场数的计算

1. 轮数计算

队（人）数为双数时，轮数等于队数减 1。

队（人）数为单数时，轮数等于队数。

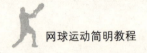

2. 比赛场数计算

$$比赛场数 = \frac{N\,(N-1)}{2}\,(N\ 代表队数和人数)$$

计算轮数和比赛场数的意义在于，它使比赛组织者能够在筹备比赛时，根据场地数量再计算出比赛轮数和场数，就可以估算比赛需要多少天打完，以及需要多少裁判人员。

（二）比赛顺序的确定方法

一般采用逆时针轮转法。该轮转方法是先将 1 号位置固定不动，第一轮次序是将比赛队数的前一半号码依次写出，排在左侧，再将后一半号码从下向上依次写出排在右侧，并用横线连起来即成。第二轮次序的轮转方法是 1 号固定不动，其他号码按逆时针方向轮转一个位置，即可排出。第三轮次序按第二轮次序的位置，逆时针轮转一次，依此类推可排出其他各轮的比赛顺序。

例如有 6 个队（人）参加比赛，比赛顺序如表 7 - 1 - 1 所示：

表 7 - 1 - 1

第一轮	第二轮	第三轮	第四轮	第五轮
1——6	1——5	1——4	1——3	1——2
2——5	6——4	5——3	4——2	3——6
3——4	2——3	6——2	5——6	4——5

如果是 5 个队参加比赛，同上排序，只需将 6 号换成轮空。

如果进行团体赛，可由 2 场单打、1 场双打组成，采用 3 场 2 胜制；或可由 4 场单打、1 场双打组成，采用 5 场 3 胜制。每场可采用 3 盘 2 胜制或 5 盘 3 胜制。

（三）决定名次方法

循环赛按获胜次数多少决定名次：如两队获胜次数相等，则按相互间比赛的胜负决定名次；如三队或三队以上获胜次数相等，则按以下诸条顺序依次判定名次；在同一轮次的判断名次中，只剩两个队仍然相等的情况下，按照两队之间的胜负关系决定名次：

（1）该队在本组全部循环赛中的获胜场数；

（2）该队在本组全部循环赛中的获胜盘数的百分比；

（3）该队在本组全部循环赛中的获胜局数的百分比；

（4）该队在本组全部循环赛中的获胜分数的百分比；

（5）抽签。

$$百分比的计算公式为：\frac{胜数}{胜数 + 负数} \times 100\%$$

五、分组循环制

第一阶段先分几个小组进行单循环比赛，然后第二阶段采用各组同名次的队（人）进行单循环赛，最后排出全部名次。

六、混合制

在一次竞赛的不同阶段分别采用循环制和淘汰制两种方法称为混合制。采用这种制度要把比赛分为两个或三个阶段。第一阶段若采用淘汰制，后面则采用循环制。反之亦然。

第二节 基本竞赛规则和裁判法

竞赛规则与裁判法是网球竞赛中的重要内容之一。目前国内通用的规则是由中国网球协会根据国际网联颁布的网球竞赛规则进行翻译、审定和出版的。根据各单位的实际教学情况，本书仅对规则进行简要的介绍，如果要详细了解规则的内容，可以阅读由中国网球协会审定的最新《网球竞赛规则》。

一、基本竞赛规则

（一）单打比赛

1. 场地

单打场地是一个长 78 英尺（23.77 米）、宽 27 英尺（8.23 米）的长方形。中间由一条挂在最大直径为十英寸（0.8 厘米）粗的绳索或钢线绳上的网分开。网的两端应附着或跨在 2 个网柱上，网柱应为边长不超过 6 英寸（15 厘米）的正方形方柱或直径为 6 英寸（15 厘米）的圆柱。网柱不能超过网绳顶端以上 1 英寸（2.5 厘米）。每侧网柱的中点应距场地 3 英尺（0.914 米），网柱的高度应使网绳或钢丝绳的顶端距地面垂直距离 3 英尺 6 英寸（1.07 米）。

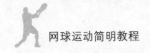

在一个双打与单打兼用的场地上悬挂双打球网进行单打比赛时，球网应该用 2 根高 3 英尺 6 英寸（1.07 米）的网柱支撑起来。这种网柱被称做"单打支柱"，它们应该是边长不超过 3 英寸（7.5 厘米）的正方形柱或最大直径是 3 英寸（7.5 厘米）的圆柱。每侧单打支柱的中点应该距单打场地 3 英尺（0.914 米）。球网应该充分伸展开填满 2 个网柱之间的空间，网孔的大小以能防止球穿过为宜。球网中心的高度应该是 3 英尺（0.914 米），并且用不超过 2 英寸（5 厘米）宽的白色网带向下绷紧固定。球网上端的网绳或钢丝绳需用一条白色网带包裹住，每一面的宽度不得小于 2 英寸（5 厘米），也不能大于 2.5 英寸（6.35 厘米）。在球网上，网带及单打支柱上均不得有广告。

球场两端的界线叫做端线，两边的界线叫做边线。在球网的每一边距离球网 21 英尺（6.40 米）的地方画 1 条与球网平行的线叫做发球线。球网与每一边的发球线和边线组成的场地被发球中线分为 2 个相等的部分叫做发球区。发球中线是 1 条连接 2 条发球线的中点与边线平行的线，线宽必须是 2 英寸（5 厘米）。每一条端线都被 1 条长 4 英寸（10 厘米）、宽 2 英寸（5 厘米）的发球中线的假定延长线分为相等的两部分，这条短线叫做"中心标志"，它与所触的端线呈直角相连，自端线向场内画。除了端线的最大宽度可以不超过 4 英寸（10 厘米）外，所有其他的线的宽度均应大于 1 英寸（2.5 厘米）而小于 2 英寸（5 厘米）。所有的测量都应到线的外沿为止。

注释 1：在戴维斯杯、联合会杯以及其他国际网联的正式锦标赛的比赛中，对于场地后面和两边的空地距离的详细要求，分别包含在这些赛事各自的规则中。

注释 2：俱乐部和以娱乐为主的网球场地，每一条端线后面的距离不能少于 18 英尺（5.5 米），两边的距离不得少于 10 英尺（3.05 米）。

2. 永久固定物

场地上的永久固定物不只包括球网、网柱、单打支柱、网绳或钢丝绳、中心带及网带，当下列物体存在时，均会被看作永久固定物。比如：后面和边上的挡板、看台、场地周围固定的和可移动的椅子以及占用者、所有场地周围和上方的固定物，还有处于各自预定位置的裁判、司网裁判、脚误裁判、司线员和球童。

注释：在本条中，"裁判"一词所包含的不仅有主裁判，还有被授权在场地上有座位的人，以及被指定协助主裁判为比赛做工作的那些人。

3. 球

球的外表是用纺织材料统一制成的，颜色应该是白色或黄色。如果有接缝，应该没有缝线。球的重量应该大于两盎司（56.7 克）、小于 $2\frac{1}{6}$ 盎司（58.5 克）。

当球从 100 英寸（254.00 厘米）的高度落到混凝土地上时，它的弹跳范围应该高于 53 英寸（134.62 厘米）而低于 58 英寸（147.32 厘米）。

当在球上施加 18 磅（8.165 千克）的压力时，向内压缩变形的范围应该在 0.220 英寸（0.559 厘米）和 0.290 英寸（0.737 厘米）之间；压缩后反弹变形的范围应该在 0.315 英寸（0.800 厘米）和 0.425 英寸（1.080 厘米）之间。这两种变形的数据应该是从球的 3 个轴方向测试后得到的平均值。在每一种情况下任何两个数据之间的差异不能大于 0.030 英寸（0.075 厘米）。

当比赛在海拔高度 4000 英尺（1219 米）以上的地方进行时，可以使用另外两种类型的球：第一种除了弹跳高度要大于 48 英寸（121.92 厘米）而小于 53 英寸（134.62 厘米）以外，还要使球的内压大于外部的气压，其他方面则与上面的描述完全相同，这种球通常被认为是增压球；第二种球除了弹跳高度要大于 53 英寸（134.62 厘米）而小于 58 英寸（147.32 厘米）以外，还要使球的内压大约等于外部的气压，并且在指定的比赛海拔高度适应 60 天以上，其他方面则与上面的描述完全相同，这种球通常被认为是零压球或无压球。

所有的关于弹性、尺寸和变形的测试都应按照规则去做。国际网球联合会将对任何关于某种球或样品是否符合上述的标准或是否可以被批准用于比赛的问题进行裁决。这种裁决有可能是国际网联本身主动进行的行为，也可以依据所有真正感兴趣的人包括任何的运动、器材生产厂商或国家网球协会或者他们的会员等的申请来进行。

这类申请与裁决应该按照国际网联的审查与听证程序来进行。

注释：所有按照本网球规则进行的比赛中的用球，必须是列在由国际网联颁布的正式的 ITF 批准用球的名单上。

4. 球拍

不符合下列要求的球拍不允许在本网球规则进行的比赛中使用。

（1）球拍的击球面应该是平坦的，由连接在球拍框上的弦组成一种式样，拍弦在交叉的地方应该是相互交织或相互结合的；拍弦所组成的式样应该大体

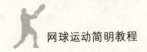

一致，尤其中央的密度不能小于其他区域的密度。球拍的设计和穿弦应使球拍的两面在击球时的性质大体保持一致。拍弦上不能有附属物和突出物，除非该附属物仅仅并且非常明确地是用来限制和防止弦线磨损、撕拉或振动的，而且它的尺寸以及位置也必须是合理的。

（2）从1997年1月1日起，在职业比赛中使用的球拍框的总长度，包括拍柄不能超过29英寸（73.66厘米）。从2000年1月1日起，在非职业比赛中使用的球拍框的总长度，包括拍柄不能超过29英寸（73.66厘米）。在此之前，非职业比赛所使用的球拍的最大长度为32英寸（81.28厘米）。球拍框的总宽度不能超过12.5英寸（31.75厘米）。穿弦平面的总长度不能超过15.5英寸（39.37厘米），总宽度不能超过11.5英寸（29.21厘米）。

（3）球拍框，包括拍柄上不应有附属的装置，除非它仅仅并且非常明确的是用来限制和防止球拍的磨损、破裂和振动或者是用来分布重量的，而它的尺寸和位置也必须是合理的。

（4）球拍框包括拍柄以及弦线上不能有任何可能从实质上改变球拍形状或改变球拍纵轴方向的重力分布从而使挥拍瞬间的惯性发生变化，或者故意改变任何的物理性质从而在一场球的比赛中影响球拍表现的装置。

国际网球联合会将对任何关于某种球拍或样品是否符合上述的标准或是否可以被批准用于比赛的问题进行裁决。这种裁决有可能是国际网联本身主动进行的行为，也可以依据所有真正感兴趣的人包括任何运动员、器材生产厂商或国家网球协会或者他们的会员等的申请来进行。

这类申请与裁决应该按照国际网联的审查与听证程序来进行。

5. 发球员和接球员

运动员应该分别相对站在球网的两侧，首先发球的运动员称作发球员，另一个运动员称作接球员。

6. 场地和发球的选择

场地的选择和在第一局中成为发球员还是接球员的权利由掷币来决定。掷币获胜的一方可以选择或要求他的对手来选择：

（1）成为发球员或接球员的权利，在这种情况下另一个运动员应选择场地；

（2）场地，在这种情况下另一个运动员应选择成为发球员或接球员的权利。

7. 发球

发球应该按照如下的方式进行：

发球员在开始发球前应立即双脚站在端线后（即远离球网的一侧），中心标志的假定延长线和边线之内。然后发球员应用手将球抛向空中的任何方向并在球触地前用球拍将球击出。在球拍与球相接触的那一刻，整个发送即被认为已经结束。只能使用一只手臂的运动员，可以用他的球拍做抛送。

8. 脚误

脚误，是指发球员在发球动作中，两脚只准站在端线后中点和边线的假定延长线之间，不能触及其他区域，不得通过行走或跑动改变原站的位置（发球员发球时如两脚轻微移动而未变更原位，不算行走或跑动），否则就会被判为脚误。在发球的整个发送过程中，发球员应该：

（1）不通过走动或跑动改变他的位置。如果发球员轻微地移动而没有从本质上影响到他原来的站位的话，则不认为他是"通过走动或跑动而改变了他的位置"。

（2）发球员的双足不能触及除了端线后、长线之间的区域以外的任何地方。

9. 发球的程序

（1）发球时，每一局比赛发球员都应该从场地的右半区开始，轮换地站在右半区及左半区的后面来发球。如果发球是从错误的半区发出的并且没有被察觉，那么由错误的发球引起的比赛结果都将有效。但是这个不正确的站位一旦被发现就应该立刻得到纠正。

（2）发出的球应该越过球网，在接球回击之前触及对角的发球区内的地面，或者落在任何组成发球区的界线上。

10. 发球失误

下列情况为发球失误：

（1）如果发球员违反了上述第7、第8或第9（2）条的任何部分；

（2）如果他试图击打球时未能打到；

（3）如果发出的球在触地前碰到了固定物（不含球网带或网带）。

11. 第二发球

在一次发球失误后（如果它是第一次失误），发球员应该从他发该次失误的同一半场的后面的规定位置再发一次。如果第一次失误球是从错误的半场发出，按照上述第9条的规定，发球员必须从另外半场的后面发球且只有一次机会。

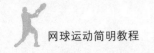

12. 何时发球

发球员应该在接球员做好准备以后再发球。如果后者试图回击发球，则认为他已准备好。然而，如果接球员示意他还没有准备好，发球员就不能要求"发球一次失误"，因为球没有在发球的固定限制内接触场地。

13. 重发球

所有在《网球竞赛规则》要求下的重新发球，或者规定比赛受到打断的案例，都应按照下面的解释来执行：

（1）单独在某次发球中呼报重发时，仅仅重发该次发球；

（2）在其他情况下的呼报，该分重赛。

14. 发球中的"重发"

下列情况中应重新发球：

（1）发出的球击到球网、中心带或网带后落在有效发球区内，或者在触到了球网、中心带或网带后落地前又触到了接球员或他所穿的或携带的任何物品；

（2）球发出后，无论好坏接球员都没有做好准备时。

在重新发球时，引起重发的那次发球不被计算，发球员重新发球，但是重新发球前的失误不能取消。

15. 发球次序

在第一局结束后，接球员应该成为发球员，发球员应该成为接球员；并按此次序在整个比赛后面所有局中依次交换。如果一名运动员发球次序有误，则应轮及发球的运动员在错误被发现后就该立即发球，而在此错误发现前的比分均有效。在此错误发现前的一次发球失误则不予计算。如果在错误发现前该局已经结束，则后面的发球次序就按照已改变的次序进行。

16. 运动员何时交换场地

运动员应该在每一盘的第一局、第三局和后面依此相同的局数结束后以及每盘结束后双方所得局数之和为单数时交换场地，如果一盘结束后双方局数相加之和为双数时，则在下一盘第一局结束后再交换场地。如果发生了错误没有按照正确的顺序站位，则错误一旦被发现，运动员就应立刻继续保持正确的站位和原先的顺序进行交换。

17. 活球

球从发出的那一时刻开始成为活球。除了失误或重发之外，活球状态保持到该分结束为止。

问题：一名运动员回球失误，但是裁判员没有呼报，比赛处于活球状态。在双方对打击球结束后，他的对手是否可以要求得到该分？

结论：不能。如果在发生失误后运动员继续比赛的话，只要对手没有受到干扰，他就不能要求得到该分。

18. 发球员得分

下列情况下发球员得分：

（1）发出的球，不属于前述重发的情况，在落地前触到了接球员或他穿戴的或携带的任何物品；

（2）如果发球员违反了下述第 20 条中的规定的失分。

19. 接球员得分

下列情况下接球员得分：

（1）如果发球员连续 2 次发球失误；

（2）如果接球员违反了下述第 20 条中的规定而失分。

20. 运动员失分

如果运动员违反了下列规定的任何一条将失分：

（1）活球状态下，在球连续 2 次触地前不能将球直接回击过网（除下述第 24 条中（1）或（3）的规定以外）；

（2）他在活球状态下的回击触到了对方场地界线以外的地面、固定物或其他物体；

（3）他截击球失误，即使站在场地外面；

（4）他故意用他的球拍拖带或按住处于活球状态中的球，或故意用球拍触球超过一次；

（5）在活球状态下的任何时候，他或他的球拍（无论是否在他手中）或他穿戴的或携带的任何物品触到球网、网柱、单打支柱、网绳或钢丝绳、中心带或网带或者对手场地的地面；

（6）在球过网前就截击；

（7）活球状态下的球触到了除他手中的球拍以外或他穿戴的或携带的任何物品；

（8）他抛拍击球并且击到球；

（9）在一分比赛进行中，他故意从材料上改变球拍的形状。

189

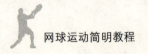

21. 运动员妨碍对手

如果一名运动员的任何举动妨碍了他的对手击球，那么，如果这种行为是故意的，他将失分；如果不是故意的，这一分要重赛。

问题：运动员如果在击球时触到了对手，他是否应该受到处罚？

结论：不应该。除非裁判员认为有必要。

22. 压线球

落在线上的球被认为是落在由该线作为界线的场地内。

23. 球触永久固定物

如果活球状态下的球落地后触到了永久固定物（除了球网、网柱、单打支柱、网绳或钢丝绳、中心带或网带），击出该球的运动员赢得该分；如果是落地前触到了永久固定物，他的对手赢得该分。

问题：回击球打到了裁判或他的椅子或者看台时，运动员称球是向场内飞的。

结论：他失分。

24. 有效回击

下列情况属有效回击：

（1）如果球触到了球网、网柱、单打支柱、网绳或钢丝绳、中心带或网带并且从上面越过后落在对方场地内；

（2）无论是发球时还是回击球时，在球落到有效区内后又反弹或被风吹回过网时，该轮击球的运动员越过网击球并且没有违反前述第20（5）条的规定；

（3）如果回击的球从网柱或单打支柱以外（无论是高于还是低于球网的上部高度）过来，即使触到网柱或单打支柱，只要落在有效的场地内；

（4）如果运动员的球拍在击球后越过球网，而不是在球过网前击打并且回击有效时；

（5）无论是发球时还是回击球时，如果运动员的击球击到了停在场地内的另一个球时。

注释：如果单打比赛在双打场地上进行并且使用单打支柱时，那么单打支柱以外的双打的网柱和那部分球网、网绳或钢丝绳和网带，在整个比赛中都将被看作是永久固定物，而不被看作单打比赛的网柱或球网。

如果回击球从单打支柱和相邻的双打网柱之间的网绳下面穿过而又没有触到网绳、球网或双打支柱并且落在有效区内，这属于有效回击。

问题：一个即将飞出场地外面的球触到网柱或单打支柱后落在对手的场地内，击球是否有效？

结论：如果这是一次发球，根据前述第 10 条（3）项，不是有效击球；如果不是发球，根据本条（1）项，是有效击球。

25. 运动员受到妨碍

假如一名运动员受到他无法控制的任何原因的妨碍而不能击球时，除了场地上的永久固定物，或上述第 21 条中的规定以外，都应该重赛。

问题：运动员由于一名观众处在他击球的方向上而无法回击，该运动员是否可以要求重赛？

结论：可以，如果裁判员认为是在他无法控制的情况下。但是如果由于场地上的永久固定物或地上的安排造成的则不可以。

26. 一局中的计分

单打

（1）如果运动员获得了他的第一分，比分计为 15，他获得的第二分计为 30，他获得的第三分计为 40，这名运动员获得的第四分计为他赢得该局，但是下列情况除外：

如果两名运动员都获得了 1 分，比分计为平分，一名运动员获得的下一分计为该运动员占先，如果同一名运动员又赢得了下一分，他就获得了这一局；如果另一名运动员又获得了 1 分，比分仍被平分；如此记分直到有一名运动员在平分后立即获得 2 分，则该运动员获得这一局。

（2）如果采用无占先计分法，应该按照下列规则执行：

如果运动员获得了他的第一分，比分计为 15，他获得的第二分计为 30，他获得的第三分计为 40，这名运动员获得的第四分计为他赢得该局，但是下列情况除外：

如果两名运动员都获得了 3 分，比分计为平分；这时双方加赛一分决定胜负分，接发球的运动员可以选择他希望从场地的左半区还是从右半区接球。获得决定分的运动员赢得该局。

27. 一盘中的计分

（1）一名运动员如果取得 6 局的胜利即赢得一盘；除此以外，他必须还要净胜他的对手 2 局，在这种情况下，一盘的比赛有可能一直延续，直到达到净胜 2 局的情况为止（通常称为"长盘"比赛）。

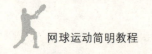

（2）假如在比赛前提前决定，也可以采用平局决胜局制的计分替代上述"长盘"比赛规则。

在这种情况下，将按照下面的规则进行：

当比赛的比分为局数6∶6时采用平局决胜局制计分，除非事先声明，否则3盘2胜制比赛的第三盘或5盘3胜制的第五盘仍应按照普通的"长盘"进行。

下面的计分制应该在采用平局决胜局制计分时使用：

（1）单打。

① 先获得7分并且净胜2分的运动员即获得这一局以及这一盘的胜利。如果比分达到6∶6时，这一局必须继续进行直到有一方运动员达到净胜2分为止。在决胜的这一局中自始至终使用从"0"开始的普通的数字来计分。

② 该轮发球的运动员首先发第一分球，他的对手接着发第二分和第三分，然后按照这个顺序双方轮流连续地发2分直到这一局以及这一盘的获胜方决定出来为止。

③ 第一分发球从右半场开始，之后的发球都应该按照轮流从右半场到左半场的顺序来进行。如果发生错误的半场发球的情况无法消除，那么从错误的半场发球所产生的比赛结果全部有效，但是一旦发现应该立即更正不正确的站位。

④ 运动员应该在每6分后及决胜局结束时交换场地。

⑤ 换球时应将决胜局计为一局，如果正好应该在决胜局前换球时，则应该推延到下一盘的第二局再进行。

（2）双打。

单打比赛中的规则同样适用双打比赛。该轮发球的运动员发第一分，然后每个运动员按照在那一盘前面的发球顺序轮流发两分球，直到那一局以及那一盘的获胜者被决定出来。

（3）发球的轮换。

在决胜局中先发球的那个运动员在下一盘开始时先接发球。

问题：虽然在比赛开始前已经决定并且宣布了要打"长盘"，但是在6∶6时却按决胜局进行了。已经进行的比分是否仍然有效？

结论：如果错误被发现时是在第二分球开始以前，错误要立即被纠正；如果错误被发现时是在第二分开始以后，则这一局比赛就应该按照决胜局进行。

28. 比赛的最多盘数

一场比赛最多的盘数为男子5盘，女子3盘。

29. 场上官员的作用

在比赛中如果有一个被任命的裁判员时，他的决定就是最后的裁定；当有一个被任命的裁判长时，运动员对于场上裁判员做出的关于规则问题的裁决有疑问时，可以向裁判长申诉，在这种情况下，裁判长的决定是最终的裁定。

在比赛中如果有辅助裁判员的助理被任命时（司线员、司网裁判、脚误裁判），他们对于事实问题的决定应该是最终的裁定，除非主裁判认为发生了非常明显的错误，那么他有权更改助理裁判的决定或命令，这一分重赛。如果助理裁判不能对场上的情况做出判断，他应该立即向主裁判示意，由主裁判做出决定。如果主裁也不能对场上的事实问题进行判决，他应该命令这一分重赛。

在戴维斯杯或其他团体比赛中，当裁判长被指定坐在场上时，他可以对任何的决定做出改正，还可以要求主裁判命令重赛。

裁判长可以在任何他认为有必要的时候，比如光线黑暗或场地条件有变或者天气突变时，判定推延一场比赛。在任何推延比赛的时候，已经产生的比分以及场地上的位置应进行保留。

问题：主裁判命令重赛，而运动员却认为不应该重赛，裁判长可否被要求给出决定？

结论：可以。对于涉及的网球规则方面的问题，首先由场上的主裁判进行决定。假如主裁判不能确定或运动员对他的决定有不同看法时，可以要求裁判长来给出决定，而他的决定就是最终的结果。

30. 连续比赛和休息

比赛应该从第一次发球开始直到比赛结束为止连续进行。

（1）如果第一发球失误，发球员应该立即进行第二次发球而不能有任何的拖延。接球员必须跟着发球员的步调来进行比赛，并且应该在发球员准备发球时做好接球准备。

在交换场地的时候，从这一局的最后一分球结束时开始计算，到下一局的第一分球被击出时为止，最多有1分30秒的时间，裁判员应该运用他的判断力来决定出现的情况是否令比赛不能继续进行。

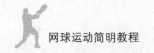
国际性巡回赛和被国际网联认可的团体赛的组织者可以决定分与分之间的休息时间。但是在任何情况下，从上一分结束时开始到下一分球被发出时为止，间隔的时间不能超过 20 秒。

（2）比赛不能因为一名运动员要恢复他的体力、呼吸或身体条件而被推延、中断或干扰。但是，在出现意外伤害的情况下，裁判员可以允许比赛因为那次伤害而有一次 3 分钟的延缓。

（3）如果由于运动员不能控制的原因，比如他的服装、鞋或器材（包括球拍）出现使他不能继续比赛的情况，在运动员进行调整的时候，裁判员可以延缓比赛。

（4）裁判员可以在任何需要和合适的时候延缓或推迟比赛。

（5）在第三盘之后或女子比赛的第二盘之后，如果出现运动员不能控制的情况，而裁判员也认为需要的时候，每一名运动员可以有不超过 10 分钟的休息时间，或比赛在介于北纬 15 度和南纬 15 度之间的国家进行时，可以有 45 分钟的休息时间。如果比赛被延缓而且直到其后的某一天才恢复进行的话，休息只能在这一天的第三盘（女子比赛在第二盘）之后进行，前一天未进行完的一盘记作一盘。

如果比赛被延缓并且在同一天过了 10 分钟之后还没有恢复的话，那么休息只能在没有中断地连续进行 3 盘之后（女子在连续 2 盘之后）进行，前面未进行完的一盘记作一盘。任何国家或组委会在组织某个赛事、某场比赛或其他竞赛时，如果在比赛开始前宣布的话，可以将本条规则进行修改或取消。戴维斯杯和联合会杯的比赛，只有国际网联可以在它们的规则中修改或取消这条规则。

（6）赛事的组委会有权决定比赛开始前的准备活动时间，但是最多不能超过 5 分钟，并且要在比赛开始前进行宣布。

（7）当使用经批准的罚分制和非累积罚分制时，裁判员将根据这些条例的内容来做决定。

（8）裁判员根据违反的情况在警告触犯者之后，可以继续给予其处罚甚至取消他的比赛资格。

31. 指导

在团体赛的比赛中，运动员可以接受坐在场上的队长的指导，但是这种指导只能在一局结束后交换场地时进行，而决胜局中交换场地时不能进行指导。

在其他的任何比赛中，运动员都不能接受指导。本规则中的这项规定必须严格遵守。

在受到警告之后一名运动员可能被取消比赛资格。当通过批准的罚分制被使用时，裁判员将按照规定来实施惩罚。

问题：如果指导是以不易被察觉的暗示方式来进行的，运动员应该受到警告还是被取消比赛资格？

结论：裁判员应该在发现运动员接受语言的或是其他方式的指导时立刻采取行动。如果裁判员没有意识到指导行为，另一名运动员可以提醒他注意这种指导行为。

32. 换球

一场比赛在经过一定的局数之后要进行换球，如果没有按照正常的顺序换球，那么就要等到下一次该由这名运动员或双打比赛中这一对选手发球时用新球来发球。在此之后的换球顺序仍然按照原先规定的局数进行。

（二）双打比赛

上面的规则都适用双打比赛并附加以下内容：

33. 双打场地

双打比赛场地的宽度应该是 36 英尺（10.97 米），即比单打场地的每一边宽 4.5 英尺（1.37 米），两条发球线之间的单打边线称作发球边线。在其他方面，场地的描述与上述单打场地的情况很近似，但是球网两边端线和发球线之间的单打线在不需要的时候可以去掉。

34. 双打的发球次序

发球顺序应该在每一盘开始前按照下面的方式决定：

在第一局，先发球的那对选手应该决定由哪一名运动员先发球，他们的对手应该在第二局进行同样的决定。第一局先发球的运动员的同伴在第三局发球；第二局发球的运动员的同伴在第四局发球，在这一盘的比赛中和后面的比赛中都按照这样的顺序来发球。

35. 双打的接发球次序

接发球顺序应该在每一盘开始前按照下面的方式决定：

在第一局中，先接发球的那对运动员应该决定由哪一名运动员先接第一局，然后这名运动员在整个那一盘的所有单数局比赛中，首先来接发球。他们的对手应该按照这种方式决定哪一名运动员在第二局里先接发球，然后在整个

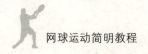

这一盘的所有双数局的比赛中都先接发球。搭档的两名运动员应该在每局的比赛中轮流接发球。

36. 双打的发球次序错误

如果一名同伴的发球次序出现错误，应该轮及发球的那名运动员在错误一经发现时就要立即调整。但是所有已经决定出来的比分都有效，在此错误发现之前的发球失误也都要被计算在内。如果该局比赛在错误被发现时已经结束，则发球次序就按照已经发生的变化来执行。

37. 双打的接发球次序错误

如果在一局比赛中接发球的次序被接球方改变，那么接发球的次序就保持错误被发现时的状态直到这一局结束。但是这一对运动员要在该盘下一次他们成为接球员的那一局时回到他们原来正确的接球位置。

38. 双打的发球失误

发球时符合上述第 10 条的情况都属于发球失误，或者如果球触到了发球员的同伴或他所穿戴、携带的物品也算失误。但是如果发出的球触到了接球员的同伴或他所穿戴、携带的物品且不属于上述第 14 条（1）项中重赛的情况，则发球方得分。

39. 双打中的击球

比赛时应该由相对双方的一名或另外一名运动员轮流击球，如果一名运动员违反了这条规则在同方运动员击球后用他的球拍触到了球，他的对手就赢得这一分。

注释 1：除了特别说明的以外，这些规则中使用的男性称谓也适用于女性。

注释 2：双打和混合双打时可选择的计分法见上述第 26 条（2）项。

二、网球竞赛裁判方法简介

（一）竞赛规程的制定

竞赛规程是比赛的指导性文件。竞赛规程包括竞赛日期、地点、项目、参赛单位、参加人数、年龄规定、报名方法、比赛办法、竞赛规则、录取名次、积分方法、裁判员及其他有关规定等内容。在制定规程时，必须精心设计规程的各项内容。确定比赛办法时，既要考虑比赛的日期要求，又要注意动员竞赛负担量的规定。在安排比赛场次时，要考虑节假日的情况，尽量把半决赛和决赛安排在周六或周日进行。

（二）裁判员的分工职责

1. 裁判长的分工职责

裁判长是一切正式网球比赛不可缺少的临场指挥官。裁判长是由主管该赛会的组织机构委派的全权代表，负责指挥整个大赛。比赛的级别不同，对裁判长资格的要求也不同。一般来讲，国际网联将裁判长分为两级：金牌裁判长和银牌裁判长。国际大型比赛必须由金牌裁判长担任，而地区性或较低级别的国际比赛则由银牌裁判长担任。我国国内的网球比赛，必须由中国网协批准的国家级裁判员担任裁判长一职。在国际比赛中，根据比赛级别的不同，有的只设一名裁判长，有的设一名监督和一名裁判长。目前我国国内的比赛仍按照一名裁判长和若干名副裁判长的模式设置。只有在全国网球巡回赛上，参照国际惯例设监督和裁判长各一人。

国际网联的监督和裁判长应做到：

（1）担任现场终审仲裁人员，对竞赛规则、竞赛准则、行为准则、网球规则及由此产生的一切问题，都有解释权和处理权。

（2）赛前安排必要的学习和实习，以便使全体裁判员能全面了解所适用的一切规则与程序。

（3）指定裁判组长并保证其能正确地履行职责。

（4）安排每场比赛的主裁判和司线员。

（5）当有必要改善比赛中的裁判工作时，可撤换主裁判，也可撤换轮转司线、司网裁判员。

（6）保证所有场地、球网及网柱都符合规则要求，并且每一块场地都有以下设备：

主裁判座椅：主裁椅的高度应在1.82～2.44米之间。主裁判椅的中心点应距网0.9米。若使用麦克风，必须对其进行安装，不可手扶，并且要使用带开关的麦克风。裁判员座椅周围不得安装公共广播用的麦克风。

司线员座椅：发球司线员和端线司线员的座椅应安放在其对应线靠近挡网的7米处，但座椅不可垫高放置。中线司线员或边线司线员的座椅，除另有安排外，应放在场地后面。当有阳光时，司线员不可正对阳光；如无阳光时，司线员的座椅应放在主裁判对面。

司网员座椅：应放在网柱边，并应尽可能地放在主裁判对面。

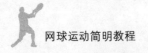

运动员座椅：应放在主裁判座椅两侧。

场上用品：每场比赛均应供应运动员饮用水及其他饮料，并备好水杯、毛巾等物资。

量具：应具备能丈量球网和单打支柱的尺、秒表、记分表等；每一场比赛的主裁判应准备好秒表、网球竞赛记分表和铅笔。

（7）保证赛场周围的挡网、广告牌和后面的墙壁不可以是白色、黄色或其他浅颜色，以免干扰运动员视线。

（8）在开赛前应决定并通知参赛者比赛的条件（如用何种网球、用球数、换球局、地面情况、何种赛制、长盘或短盘和其他有关事项）。

（9）在运动员休息地的显著位置设置布告栏，并告知所有的运动员。当日赛程表应尽快张贴于此，任何运动员都有权从监督和裁判长处获知每天比赛安排。

（10）在固定的地点安排赛会时钟，并通知所有的运动员其安置的地点。除另有规定外，手表、怀表等不能用作赛会时钟。

（11）抽签前应从竞赛委员会处得到"照顾对象"的名单，应与竞赛委员会商讨以下事宜：

① 报名运动员的最后名单；

② 种子选手排位所需的排名表；

③ 其他抽签需要的有关资料。

（12）进行预选赛和正选赛抽签工作。

（13）在监督和裁判长办公室及布告栏上张贴所有签到表（预选赛、正选赛、替换和幸运者失败表）。

（14）以紧接前场的方式或限定开始时间的方式安排每日比赛。

在安排第一天的比赛前，裁判长可与前一周比赛的监督或裁判长联系，以便确定仍在其他地方比赛的运动员前来参赛有无困难。在可能的范围内，在不损害公平合理的赛程安排的条件下，裁判长在安排比赛时，对有一定困难的运动员可以给予适当照顾。

预选赛：单打预选赛应在正选赛开始的前一天全部结束。除阴天天气或不可避免的因素干扰赛程外，预选中运动员每天最多能参加两场单打比赛。若在一天内赛完一轮以上的预选赛，其比赛顺序应由上至下或由下至上地按比赛抽签顺序进行。

正选赛：除天气或不可抗拒的因素干扰赛程外，运动员每天只能安排一场单打和一场双打比赛。除监督或裁判长另有安排外，应安排运动员进行单打比赛后再进行双打比赛。

（15）当在沙地或其他松软地面上进行比赛时，应在赛前保证地面平整、场地线清楚。

（16）决定场地是否适合比赛。

（17）设置特定的地点，采用一切合理方式，按赛程要求，通知运动员上场比赛。凡经通知上场比赛的运动员均应上场比赛。在特殊情况下，由监督或裁判长决定何时通知运动员上场比赛或裁定何时宣布已过比赛。

（18）决定某一场比赛是否更换场地进行。若因气候恶劣或其他无法避免因素导致正在进行中的比赛中断或暂停，若有必要排除运动员一天赛两场单打的可能性，或有必要考虑结束比赛，监督或裁判长无须考虑场地的地面性质或类别，可将比赛移到室内或室外场地进行。

在任何其他情况下，比赛一旦正式开始，即第一分的第一发球已经发出，则未经双方同意，比赛不可更换场地进行。双方协议时不可进行干涉。尽可能在进行中的该盘双数局赛完后或一盘结束后再更换场地。

（19）若有天气原因、光线原因或其他因素等影响比赛的正常进行，由监督或裁判长决定何时停赛。若因天黑停赛，则应在进行中的该盘双数局赛完后或整盘结束后停赛。

（20）在此比赛中，负责调查"违反行为准则"的事实，并给以恰当的处罚。对违反行为准则严重的运动员，监督或裁判长可取消其比赛资格或对其进行罚款；对执法中有不良行为（如故意偏袒一方）的裁判员，监督或裁判长可撤换该名裁判员。

（21）在赛前与赛后，适当安排护送运动员进场或退场。

（22）在比赛期间如运动员对裁判员涉及有关规则问题的判定有异议，可提请裁判长解决，裁判长的判定是最后的判定。比赛期间，监督或裁判长应始终在场，但监督或裁判长不可上场担任主裁判。

（23）赛后最主要的两项工作是：向赛会主办单位写出书面总结；给每位参加裁判工作的人员写出书面鉴定，并将鉴定同总结一并上交主办单位。

2. 裁判组长的分工职责

（1）召集足够、合格的裁判员担任比赛的裁判工作。

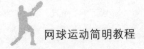

（2）组织裁判员进行必要的赛前训练，并复习网球规则、竞赛规程和行为准则。

（3）准备一份比赛中所有裁判员的名单，并注明通信地址、各自的裁判级别（国际网联批准的或国家网协批准的）。应将此名单复印后交监督和裁判长各一份。

（4）制定每天裁判员的上场顺序，所做安排须经监督或裁判长同意后方可实施。

（5）赛前召开碰头会，介绍有关场次的安排或执法程度，如：如何呼报、裁判手势要求、场地轮换要求安排等。

（6）评估裁判员的工作表现。

（7）在比赛进行中应随时在场。除监督或裁判长另有安排外，裁判组长不能担任主裁判或司线员。

3. 裁判员（主裁判）的分工职责

（1）熟悉网球规则、竞赛规程或行为准则中的所有内容。并按照国际网联"裁判员职责或程序"进行工作，在比赛中做到严肃、认真、公正、准确，作风正派，不徇私情，坚持原则。

（2）按照监督或裁判长的要求着装。

（3）在开赛前召集双方运动员：

介绍与运动员有关的情况；

在准备活动前，当双方运动员或运动队均在场时，主裁判抛掷挑边器，以选择发球权或场地；

检查运动员所穿的服装是否符合"行为准则"中关于服装条例的要求。更换服装的时间若超过 15 分钟，则取消其比赛资格。如在 15 分钟内返回场地可重新进行适当的准备活动。

（4）开赛前主裁判应清楚监督或裁判长是否为运动员安排了运动员进出场的护送人员（这一条是指国际大赛）。主裁判应在运动员进场之前提前到场。

（5）应备有秒表用来计时，包括准备活动、分与分之间 20 秒间歇、交换场地时的 90 秒以及规则条款中所规定的任何其他特定时间，确保有足够的比赛用球及用过的旧球。

（6）确定比赛中一切"事实"问题（当没有司线员时，他应呼报出界球）。

（7）确保双方运动员及所有临场裁判员能按规则行事。

（8）当认为有必要改进裁判工作时，可撤换、轮换任一司线员、司网员和脚误裁判员。

（9）主裁判对比赛中出现"规则"问题，可先做出裁决。但运动员对此有权向监督和裁判长提出申诉。

（10）按照国际网联裁判员的职责和程序，在每分结束后宣报比分。

（11）当司线员或司网裁判员宣报不够响亮时，或当进线球需给予证实以消除运动员疑虑时，主裁判可重复宣报。

（12）按照国际网联裁判员职责和程序的要求记录比赛记分表。

（13）只有当司线员明显误判时，主裁判方可改判，并且必须在司线员错判后立即改判。一切改判必须符合国际网联裁判员职责和程序的要求。当运动员明显脚误而司线员未判时，主裁判应按照国际网联改判司线员明显误判的程序进行宣判。

（14）负责检查沙土场地上的球印。除沙土球场外其他球场不必坚持检查球印。

（15）尽力维持赛场秩序。当观众有碍比赛进行时，主裁判应婉言相劝，并请求合作。

（16）比赛时，主裁判应负责引导捡球员协助运动员，而不是干扰运动员。

（17）确保比赛场地上有足够的比赛用球并负责换球，决定比赛用球是否适用。每次换球前，应适当地开启球筒并进行充分的检查以避免因换球而延误比赛。

（18）决定场地能否继续使用。比赛中若主裁判认为条件的变化足以影响比赛的继续进行，或因雨或因其他原因而迫使比赛暂停时，主裁判应中断比赛，并报告裁判长。暂停比赛直至改赛暂停期间，主裁判与其他临场裁判人员应确保做好随时恢复比赛的准备。如因天黑需停赛，应在进行中的该盘双数局赛完后，或整盘结束后方可停赛。当监督或裁判长同意暂停或改期比赛后，主裁判应记录时间和比分以及发球员姓名、双方在场地上的位置等。

（19）熟悉网球方面的英文术语。

（20）比赛后，主裁判应向监督或裁判长全面汇报有关比赛中执行"行为准则"的情况。

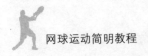

4. 司线员的分工职责

司线员是大型网球比赛中不可缺少的看线裁判员。司线员的编制有 11 人制、7 人制、6 人制和 5 人制等。司线员在场上的位置是固定不变的。边线和中线司线员应在端线后 6.4 米的地方就坐或站立；端线和发球司线员应在边线后 3.7 米的地方就坐或站立。

司线员的具体工作职责有以下几点：

（1）按照国际网联裁判员的职责和程序履行职责。

（2）与其他司线员一起身着比赛大会统一规定的司线员服装。司线员不可身穿影响运动员视力的白色、黄色或其他浅色服装。

（3）每场赛前准时到场。

（4）为争取最佳看线位置必要时可离开座位。

（5）只负责呼报自己所管辖的线，不可对他人的宣报发表意见。

（6）当不能做出呼报时，应立即做未看见手势。

（7）司线员的呼报要及时准确。在运动员发球失误时要喊 "fault"（失误）。在运动员往返击球中球出界要喊 "out"（出界）。当司线员出现误判时，要立即更正错误呼报，呼报出 "correction"（更正）。

（8）当球确实触地时（成死球），方可呼报 "出界" 或 "失误"。

（9）司线员的手势要及时、准确、大方。呼报和手势的顺序是先呼报后做手势。手势是声音的补充，做手势时手心对主裁判。在呼报 "脚误"（foot fault）时，手臂上举，手心朝前；当球落在线附近的界内时，司线员双手手背朝上，放在两腿之间。

（10）当主裁判改判时，司线员应保持沉默。运动员的一切询问要交主裁判处理。

（11）端线、边线或发球中线的司线员负责呼报脚误。

（12）当运动员违反行为准则而主裁判未看见时，司线员应立即向主裁判报告。

（13）不需要为运动员拾球或递毛巾。

（14）不要为运动员鼓掌。

（15）不要与观众交谈。

（16）未经主裁判允许不得离开场地。对主裁判的改判，司线员只能服从，不得申辩。对于运动员的出言不逊，司线员不可回敬，但可报告主裁判，请他给出处罚。

5. 司网员及拾球员的分工职责

在网球比赛中，一位坐在网柱旁的裁判人员就是司网裁判员；比赛设置拾球员的根本目的是保证比赛的连续进行。

司网裁判员的主要任务是：在运动员发球时，手扶球网上缘，遇有擦网，立即呼报"net"（擦网），然后将手上举。

拾球员的主要工作职责有如下几点：

（1）当运动员击球（或发球）失误后，迅速拾起场上的球。

（2）将球由接发球员一边的底线传给网前的拾球员，网前拾球员将球传给发球员底线的拾球员，发球员底线的拾球员再将球传给发球员。发球员拿到球后应迅速发球，不得延误。

（3）负责传递主裁判需要的东西；负责传达主裁判指令，免去主裁判上下裁判椅。

（4）帮运动员拿毛巾、递水，运动员休息时为其撑阳伞。网前 2 名拾球员要在运动员眼前与运动员面对面地站立。

（5）拾球员必须熟悉网球规则，知道双方选手何时交换发球，何时既交换场地又交换发球，何时只交换场地而不交换发球（在平局决胜制时）。这样才能准确地将球递到发球员一边。另外，拾球员必须掌握传、接、递球的技巧，做到及时准确，以保证比赛的连续进行。最后，拾球员必须具备较成熟的思想意识与较健壮的体质，才能在烈日炎炎下激烈的比赛中圆满地完成拾球员的工作任务。

（三）程序与积分方法

一场网球比赛应由各种裁判员组成，他们是主裁判 1 名、司网裁判 1 名和司线员若干名。如四大网球公开赛的临场执行裁判多达 12 名，他们各负其责。而 1 名业余裁判员担任主裁判时又该怎样进行临场工作和记录一场网球比赛呢？下面向大家介绍常用的裁判程序和记分方法。标准网球比赛记分表参见表 7-1-2。

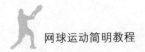

表 7 - 1 - 2　网球比赛记分表

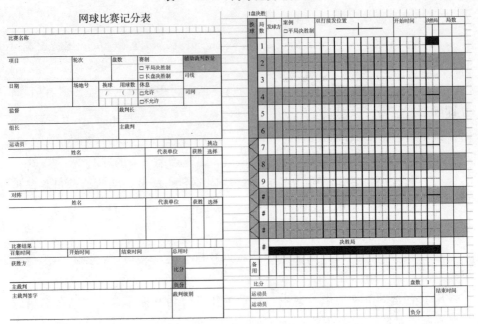

1. 裁判程序

（1）接受任务后，准备好用具，填写好记分表上有关内容。

（2）上场检查场地，测量网高，主持挑边。

（3）身体坐姿前倾，不可交叉腿，记分表拿在手中。比赛开始前，介绍双方运动员，然后宣布比赛开始。

（4）先报分，后记分。报分要清楚响亮，记分要快。用眼睛余光注视双方运动员及场上情况，报分时看失球方。

（5）注意场上情况，一旦发生外界干扰，立即叫暂停，不管此时球对哪方有利。

（6）一分开始前，先看接发球方是否准备好，再看发球方是否准备发球，确认接球方已准备好且场上无意外干扰时，再看发球方发球时有无脚误，直至球被击出，眼睛随球看有无擦网、球是否落在界内。

（7）对每分球的判断应在球落地后 1~3 秒内做出，宣报出界或做好球手势。3 秒内未报出界，就认为是界内。

（8）硬地不检查球印。沙地比赛运动员必须在来回击球停止该分时才能提出检查球印的要求。只有在主裁判对自己的判断有怀疑时才能下场检查，不能下去找球印。

（9）改判要及时果断，如果由于自身的错误判断影响了运动员的比赛，应重赛。不可在运动员提出异议后改判，宣报比分后不能改判。所以在不能做出正确判断之前，不要宣判比分。

（10）因天黑、下雨等原因影响比赛，主裁判可暂停比赛，但必须立即通知裁判长，由裁判长决定是否改期。决定之前，运动员、裁判员均不能离开场地。

（11）发生伤病时通知裁判长，带领医生到场。暂停时间按有关规定执行。

（12）比赛结束后记下比赛时间，立即走下裁判椅，收集比赛用球后立即离开场地，切忌与运动员交谈。

（13）检查记分表是否有遗漏，完成后交给裁判长。

2. 记分方法

（1）记分表要填写清楚。首先将比赛名称、双方姓名（包括单位）和场地号填写好。

（2）在主裁判的主持下挑边，选择场地和首先发球权，根据主裁判的位置，将首先发球的运动员姓名的首写字母填写在第一局空格中。第二局填写对方运动员姓名的首写字母，方位与第一局相同。第三局的方位改到另一面。第四局同第三局，依此类推，交替进行。根据这一规律，在比赛前可将第一盘各发球局运动员姓名的首写字母和所在的方位填于空格中。

（3）在局数总计一格中可根据第一局运动员所在的方位，将双方运动员的姓名的首写字母或单位填于空格中。

（4）在第××盘开始时间的空格中填写本盘比赛开始的时间。

（5）比分记在"Point"下面的方格内。上半部为发球方的得分。每一分球后，用铅笔画一记号。

（6）第几局谁胜，即在局数总计格中填上本方获胜局数的累积数。

（7）在记分表中规定的换球局附近应做一明显标志，如画一条横线"—"。

（8）当局数为6:6时，即进行决胜局的比赛，采用12分7胜制，即谁胜了该局就胜了该盘。在决胜局一格中填写双方运动员姓名的首写字母或单位，决胜局的记分要用数字表示（如0、1、2、3、4…）。

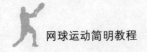

（9）每盘结束，应迅速填写结束的时间和局数比。局数比一般表示为：6—4、3—6或6—5。

（10）以后每盘的记分方法同上。比赛结束后，应将获胜方及盘数比填写好。决胜局比分应填入括号内，如7—6（7—2）。

（11）最后由主裁判签字，核对比分后送交裁判长。

第八章 网球陪练

第一节 网球陪练的基本能力

一、网球陪练的兴起

随着物质文化生活水平的提高和参与体育活动次数的增加，人们对体育锻炼的健身价值、娱乐价值的认识也越发深刻，越来越多的人更加自觉自愿地通过"体育投资"来培养健康的体魄，也通过体育锻炼的积极性休息手段来消除疲劳、愉悦身心、丰富业余文化生活。因而，体育休闲运动成为当前都市人急切的生活需要。

网球作为一项拥有宫廷贵族血脉出身的运动项目，具有高雅、文明和时尚的象征。由于是隔网对抗运动，没有粗暴的身体接触，更多展现的是场上的从容优雅。网球运动具有所有持拍运动的共有技巧和控制，需要兼具力量和智慧，需要身体各部分协调发力。它又是一种男女老少皆宜的体育游戏，可快可慢，可张可弛，可急可缓，不同人群都能从网球活动中达到充分锻炼的目的。可以这样说，在众多体育运动项目中，网球运动是最适合那些追求健康的、积极向上的、文明的、高品位的、高质量的现代生活方式人群的运动项目之一。特别是在当今社会中，网球运动除了强身健体、娱乐休闲的功能外，还成为一定阶层的人们之间交流沟通特别是社交活动的重要手段。

随着我国网球运动的不断发展，更多的人参与到网球运动中来，使社会对网球技术人员的需求量也日益增加，这对体育院校网球专业的教学工作提出了更高的要求。教学的重点从学生自己学习技术逐步向培养学生怎样教别人学习技术的方向转变。目前，社会对体育院校的学生的需求量主要还是在陪练的层次上，能胜任专业训练和业余体校训练的学生极少，所以，培养学生成为一名优秀的网球陪练有着相当现实的意义。

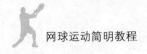

二、网球陪练员应具备的能力

（一）技术能力

正反拍抽球技术能力：这是陪练员必须掌握的关键技术，达不到相应的技术水平是做不好陪练的。能用中等力量将不同落点的来球回击给对手适当的位置，保证练习者的击球。

送多球的能力：根据练习者的实际水平，用中等力量、适当的速度和落点连续送球，保证练习者进行练习。

（二）理论知识的储备能力

系统地掌握网球专业的理论知识，包括网球术语、技术动作结构、技术分析以及错误动作的纠正等。同时还应掌握相关的理论知识，如运动生理学、运动医学、运动生物力学等方面的知识，特别是对网球运动常见损伤及其预防、临场损伤的救护等知识，陪练员都要有一定程度的了解。

（三）较强的纠错能力

在陪练过程中，面对大量的错误技术动作，怎样进行错误动作的纠正是陪练员必备的能力。首先要能从技术动作结构上分析出造成错误动作的原因，其次能正确运用纠错的方法对错误动作进行纠正。

（四）语言交流的能力

在陪练的过程中，语言交流的作用不可忽视，它能活跃场上的气氛，提高练习者的积极性。应多用鼓励的语气，从而增强练习者打球的信心。陪练者还必须掌握一定的交流技巧，语言表达要诚恳，不能狂妄自大。

（五）交际能力

交际能力是协调人际关系、团结协作、取长补短的能力。陪练员在平时的练习生活中应当确立和学员之间的配合关系，融洽感情，同时和其他陪练员团结合作，取长补短。此外，必须得到社会各界力量的支持，得到同行教练员的支持，取得大家的帮助。所以说，陪练员之间关系融洽，而且互相支持、互相配合，对保证陪练工作会很有帮助。

（六）了解网球运动的发展概况及健身价值

包括网球运动的起源及发展状态（技术和竞赛规则上的发展进程），国际网球联合会及国际、国内重大赛事的具体情况，网球发展史上一些知名运动员的基本介绍等，这些知识能够有效调动学员学习的积极性。例如，对某些球星产生崇拜的心理可以促使学员更加努力地学习。介绍网球的健身价值不仅可以激发学员的学习积极性，还可以拓宽他们的知识面，使其能够真正从心理上接受网球运动。

（七）复合的知识结构素质

知识是陪练员对实践活动的性质、特点、内容和方法等理论部分的概括和总结，是从事训练和管理工作的理论依据和工作指南。所以，陪练员除了掌握与网球有关的专项知识以外，还应该掌握教育学、心理学、管理学等方面的知识，它们是保证教学效率、提高教学质量的关键。同时还应具备运动生理学、运动解剖学、运动医学等方面的知识，它们是提高预防措施和处理应急事故水平的关键。此外还要有一些商务经营的能力，因为陪练员要选择自己的场地，要处理好与俱乐部老板的合作关系，以及吸引更多的求学者。总之，全面的知识素养是网球陪打教练员不可缺少的基础。

第二节　陪练过程中的注意事项

网球陪练中一个最重要的原则就是要让练习者感到舒服，心情舒畅。练习者想在底线抽击一个正手球，那就要让他扎扎实实地抽到一个；想在网前练习截击球，那就让他恰到好处地截击一次。所以，网球陪练员区别于专业队伍的网球教练员。后者是教练与运动员的关系，其唯一的最终目的是力求最大限度地挖掘、激发运动员的潜能去战胜对手而获得比赛优胜；而网球陪练员在这里更侧重服务行业的"经营"。陪练员面对的是社会上各行各业、不同年龄、对网球有不同需求的群体，相比之下网球陪练所面临的情况要相对复杂。不是会打球就能当陪练，这是一种新兴的社会职业，需要人的综合素质。陪打教练所具备的综合能力高低与其面对的练习者层次有着直接的关系。网球陪打，从字面上理解仅是陪人打球而已。但行内人士认为，被陪的人就是他们的顾客，是他们的上帝。在这种意识的指导下，除了单纯意义的陪练外，他们还要兼做教练指导的角色，要言辞恳切，耐心细致，为练习者分析技术，讲解动作方法，在一对一精心的辅导下，使练习者心领神会，从而进步神速。这就要求网球陪打教练需要具备比较完善的综合能力。在陪练的整个过程中应做好以下方面的事情。

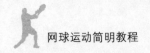

一、网球礼仪和文化

一般初学者并不了解网球礼仪和文化，所以，第一件事就是要让练习者知道其所包含的内容，即尊重网球场上的一切人和物，包括对手、观众、工作人员、球网、球拍、球等，这样才会在这项高雅运动中烘托出参与者的个人形象。网球被看作一项绅士的运动，要求人们在球场上必须举止文雅，不当的举动会被人耻笑。如果让练习者在无知的情况下出丑，估计下次就不会来找你陪练了。

二、为练习者选择合适的装备

大多数练习者可能并不知道什么样的装备适合自己，这时就要根据其年龄、身体特征来为他们选择或者告诉他们适用于哪些球拍、服装、网球鞋、袜子、遮阳帽、网球等装备。不能小看这一点，如果给一位白领女士选一把专业球拍，她学起来就会很费力，很快也就会对网球失去兴趣或者想换教练。

（1）在给练习者选拍子时要考虑球拍的品牌、材料、价格、重量、拍面的大小、球拍柄的粗细度、拍弦的性能、磅数、吸汗带的舒适度等因素。

（2）在选择服装时以吸汗、舒适为主。当然，穿着时尚的球衣挥拍击球又是另一种展示，能给网球场上增添亮丽的风景线，给参与者和观看者带来耳目一新的享受。可以根据练习者的不同需要为其介绍各种品牌和款式的球衣。

（3）对鞋袜的选择十分关键。因为在打网球时要做许多前后左右各个方向的急停、急启动、急变向动作，而主要重心都在脚上。选择鞋袜时除了品牌和样式外，更应考虑透气性、鞋面的舒适程度和鞋底的纹路与弹性，这样才能较好保护脚。袜子只要合适、吸汗就可以了。

（4）遮阳帽、网球包、束发带、太阳镜、减震器和护具除了相应的功能外，还可以被当作装饰品来利用。

在条件允许的情况下，应该用相对好的产品"武装"自己，精良的装备可以在一定程度上加快初学者学球的进程，这也是一项对健康和效率的投资。当然，即使有些练习者不怎么讲究这些事情，作为陪练员也必须具备这些知识。

三、做好练习前的准备活动

一次完整的网球健身练习应包括准备活动、正式练习和练习后的放松 3 个方面的内容。作为陪练员必须使练习者学会如何进行这些方面的运动，才能为其逐步掌握网球运动的要领打下坚实的基础。

（一）准备活动

准备活动指人们为完成正式运动所做的各种身体练习，这是健身的第一步，切不可忽略这一过程。准备活动可分为一般性准备活动和专业性准备活动。一般性准备活动是所有运动形式所共有的，如身体各部位的伸展、关节活动等。专项性准备活动则是针对正式运动形式所进行的身体练习。如足球运动前加强膝、踝关节与腰部肌肉的活动等。对于网球健身来说，主要进行一般性准备活动即可，以活动关节、牵拉韧带等伸展性练习为主，时间 5~10 分钟。若身体神经系统机能较差、气温较低、所进行的运动强度较大，则准备活动时间可相对长一些。

1. 准备活动的作用

可提高机体的代谢水平，升高体温。体温升高可使肌肉黏滞性下降，便于提高肌肉的收缩舒张速度，提高收缩力量。此外，体温升高可使体内血红蛋白和肌肉中的肌红蛋白释放更多的氧气，提高神经系统的兴奋性，改善肌肉和韧带的伸展性，以防运动时发生拉伤。

准备活动能提高身体循环系统和内脏器官的机能水平。与骨骼机能相比较，人体内脏器官机能变化慢，运动后恢复也较慢。如原地高抬腿跑练习，骨骼肌能立即收缩完成此动作，但心跳、呼吸等功能的指标变化较慢，常常是动作完成了，心率、呼吸频率才加快。我们称内脏功能与肌肉运动功能变化不同步的现象为内脏器官的"生理惰性"。通过准备活动，逐渐消除"生理惰性"，可以减少运动时身体缺氧的程度。准备活动以微微出汗并且自我感觉已活动开了为宜，心率一般在 80~100 次/分。

2. 常用的准备活动伸展练习方法

（1）跟腱、腓肠肌伸展练习。

两腿分开，双脚着地，身体前倾，双手前伸扶墙。然后下肢逐渐向后移动，加大与墙的距离，脚始终不能离地，坚持数十秒。尝试每天加大与墙的距离。

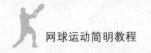

（2）背部伸展练习。

仰卧在地上，两臂伸展置于两侧，尽量屈膝靠近下颌，但两臂不要离开地面，坚持数十秒，再重复做。

（3）下肢韧带伸展练习。

两腿分开坐于地板上，身体前屈使双手握住一侧足部，尽量将头靠向该侧大腿，坚持数十秒后换另一侧重复。

（4）大腿内侧伸展练习。

坐于地板上，两脚底在身体前相对，逐渐下压膝部向地板贴近，坚持数十秒，连续做 3~5 次。

（5）股四头肌伸展练习。

左侧卧，屈右膝，右手握住右脚踝部，慢慢向前送髋，使大腿充分伸展，坚持数十秒后交换伸展另一侧腿。

（6）肩部、胸部伸展练习。

两腿分开站立，双手置胸前，两肘向侧抬起，尽量向后拉肘，坚持数十秒后重复练习。

（7）腹部伸展练习。

手脚并跪于地板上，躯干后移，使臀部位于足踵上方，伸臂使胸部贴向地板。坚持数十秒，做 3~5 次。

（二）正式练习

准备活动结束后即进行正式练习。正式练习的形式、时间和强度一定要因人、因运动目的不同而多种多样。

（1）采用多球形式：定点抛球正拍抽球练习，逐步过渡到送球底线抽球练习。

（2）定点对抽练习，逐步过渡到两点抽球练习。

（3）比赛记分练习。

总之，练习时要根据练习者的技术水平来决定练习内容、练习难度及运动量等。

（三）运动后的恢复放松

恢复放松活动是训练计划完成后所进行的整理性活动。它是每次健身运动结束的"信号"，通过放松活动可降低肌肉的紧张性，加速代谢产物的排出，促进体能的恢复。恢复放松活动的好坏直接影响健身效果是否圆满。

（1）手部肌肉放松，腿部肌肉放松。

（2）拉伸腿部韧带。

四、营养与恢复的有关知识

（一）运动前的饮食与营养措施

网球练习者在运动中有时会出现精神高度紧张、消化机能减弱和饮食不佳的现象，为此在运动前应为机体提供适宜的能量，保证体内有充足的水分和碱储备，使机体有良好的胃肠机能。同时饮食还应当满足网球练习者的心理需求。运动前热量不能摄取过多，否则会使体重和体脂增加，多余的体重和体脂会成为耐力、速度和力量的限制因素。运动前为增加碱储备，可多食用水果和蔬菜等。应避免吃辛辣刺激的菜肴、生蔬菜、含纤维素多的粗杂粮及易产生气体的干豆或韭菜等食物。

（二）运动当日的膳食和营养

运动当日的饮食原则与运动前相似。食物的热能应充足，但体积重量宜小，对胃肠道无刺激，易消化并避免进食大量的肉或油脂。运动前一餐应在2~3小时前完成，以保证在运动时大部分食物已从胃肠道排空。运动前不可饮用酒或含酒精的饮料，因为这样会延缓反应时间，易使机体产生乳酸盐导致疲劳提前产生，并损害肝细胞。

（三）运动中的饮料及饮食的补充

一般情况下网球运动时间较长，必须准备充足的饮料。大量出汗使网球练习者的体液处于相对高渗状态，因此补充的糖——电解质饮料应是低渗的（如矿泉水），以维持血糖的水平，并适当补充丢失的盐分（如饮用少量盐水）促进体内环境恢复稳定状态。

（四）运动后的饮食和营养

为加速运动后的体能恢复，运动后两三天内仍应提供充足的热能、维生素和富含无机盐的食物，以促进糖原、电解质和酶水平的恢复。运动后5小时内糖原恢复的速度最快。此时，应提供一些含高糖的食物，或含糖浓度较高的果汁饮料。运动后的食物仍应保持低脂肪水平，并遵循平衡膳食的要求，如应尽量不吃油脂较大的肉类食品等。

五、自身的技术过硬，教法要得当

陪练员除具备理论知识外更要具备扎实的基本功，包括正反手抽击球

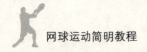

网球运动简明教程

（上旋、下旋、平击）、接发球、截击球、挑高球、高压球等技术过硬，动作规范，这是当网球陪练最基本也是最重要的核心因素。练习者要请一位网球陪练，首先会了解其有没有过硬的专业技能。陪打过程中重要的是要会教球。教练犹如一面镜子，示范动作要准确，要调动练习者的积极性，循序渐进、寓教于乐，善于发现错误原因并予以纠正。在技能上最好能有一套自己独特的和行之有效的教法，不然你的练习者总学不会就不会再找你了。在陪打练习中的喂球要有技巧，在练习比赛中还要拿捏好分寸，既不能让练习者赢得太轻巧，也不能让练习者输得有失体面。

六、注意语言表达

陪练员所面对的练习者很可能是有一定身份地位的人，因此在言辞上应显示出自己的专业性和知识性，讲解时口齿清晰，思路清楚，语言精练准确，逻辑性强，通俗易懂，自然大方，体态语言有一定的感染力且生动形象，富有知识性和趣味性；还可以用边讲解、边做动作、边让练习者体会的方法进行教学，在这一过程中让学习者知道正确的动作名称、动作标准和动作要领。总之，作为一名陪练人员一定要注意培养并提高自己的表达能力。

七、耐心与笑容，沟通与交流

网球陪练毕竟是陪练习者打球而不是专业队伍的网球教练，所以一定要有耐心，不能像批评队员似的去指责练习者，何况练习者经常是有一定社会地位的层次较高的人群，此时陪他们打得尽兴更为重要。亲切温和的笑容、真诚耐心的服务有时会让陪练员得到意想不到的收获。

沟通与交流是一种社会行为，每时每刻发生在人们生活和工作中，在球场上也同样存在。网球运动不仅是一项强健身体的活动，而且有越来越多的人把它当作结交朋友、增进友谊的一种时尚的社交方式。网球陪练更具有得天独厚的优势，可以借此机会结交各界朋友，何况只有和学生成为朋友，才会有更多的学生慕名而来，从而招揽更多的练习者。

八、自我形象和体能培养

无形的心理由外在的形象来体现，而外在的形象又由整洁得体的打扮与自然的肢体语言组成了个人的视觉魅力。作为一项绅士运动，网球陪打员在外形

214

及内涵上均应努力显示出个人魅力。

　　陪练过程中，体力消耗很大，需要持久的耐力。没有强健的体能就无法完成陪练工作，一次训练课至少是一两个小时，要不停地奔跑到位并设法把球回到使练习者感到舒适的位置上，如果在练习中陪练员经常因为体力不支而做不到上述要求，那么练习者肯定就不能尽兴，有些专业陪打族一天接五六场球是常事。

第九章　软式网球、短式网球和轮椅网球

第一节　软式网球

一、软式网球的发展概况

1878 年 10 月，日本政府聘请美籍教师雷朗德担任为培养体育专门教师所设立的体操研习所的网球教练，这是网球运动在日本发展的开端。

雷朗德从美国购来网球用具，并担负起介绍和指导的工作，体操研习所就成为日本首次与网球接触的地点。后来，体操研习所移交东京高等师范（现在的东京教育大学）管理，该校毕业生到全国中学、高校就职，均以教授网球为职责。因此，网球运动得以在日本全国各地得到普及。

由于当时日本国内尚无自制球具的能力，全部网球用具（尤其是网球）必须依赖进口，所以很难深入开展这项运动。东京高等师范学校经过多年研究，终于制造出一种橡皮球，这就是软式网球的雏形。此后经过进一步创意，终于完成自创的软式网球，并逐渐普及于日本各地。

二、日本软式网球的发展史

（一）明治时期

该时期，软式网球以大学、高中、初中为中心迅速发展，是软式网球的开创时期。

明治三十一年（1898 年），东京高等师范学校与东京高等商业学校（现在的一桥大学）互定竞赛规则，并与同年举行两校对抗赛，此后每年都举办一次软式网球竞赛。这项首次采用对抗赛方式的软式网球赛，是当时最具看头的赛会。被称为世界最大规模的戴维斯杯网球赛于 1900 年创办，而其实，日本的软式网球大赛早在 1898 年就开锣了。由此可见，软式网球是一项颇具历史

性的运动。

早稻田大学和庆应大学于明治三十八年（1905 年）共同加入对抗赛，此时由 4 所学校制定的网球竞赛规则称得上是日本最早的网球竞赛规则。

明治四十一年（1908 年），由大阪每月新闻社举办的全国中等学校庭球大赛是日本于首都举行的全国性软式网球赛会。

（二）大正时期

大正时期是日本多项运动蓬勃发展的时期，其中软式网球堪称最具完整性和全国性的运动，不但发扬光大于国内，而且扩展到海外的东南亚地区。另一方面，当时在日本所指的网球主要以软式网球为主，与硬式网球呈现壁垒分明、各行其道的趋势。

大正二年（1913 年），自庆应大学率先采用硬式网球后，原以软式网球为中心的学生族所采取的网球也开始分为软式、硬式两大派别。

到了大正九年（1920 年），两派的界线越发分明。虽然软式网球在学生族中的发展盛况曾一度受到硬式网球的威胁，但中央大学、东京医学专门学校、东洋大学、国学院大学、学习院大学等高校均重新采用软式网球，并于大正十一年（1922 年）缔结关东学生软式庭球联盟，且在同年 10 月举行第 1 届学生锦标赛后，情势开始有了转机。受到这波强势助澜，软式网球再度成为中学生及一般社会爱好者的宠儿。

大正十二年（1923 年），东京的软式网球俱乐部成立东京软式庭球协会。大正十三年（1924 年），改称为日本软式网球协会，经常举办讲习会、锦标赛、全日本锦标赛、女校组软式网球赛等活动，旨在提升日本人的运动精神并发扬软式网球运动。

大正十四年（1925 年），神宫大赛将软式网球列入竞赛项目，首次得以与其他球赛同台竞技。参加神宫大赛时，由于参赛者对"神宫规则"产生意见分歧而引发纷争，从而形成赞成派与反对派对立的局面。结果，虽然由反对派的日本软式网球协会与赞成派人士联合成立了全日本软式庭球联盟，重新制定规则，但迄今为止两者在日本软式网球界仍貌合神离。

（三）昭和前半期

昭和时代的前半期（昭和三至五年），软式网球不但普及至一般社会阶层的人民，也扩大了爱好者的年龄范围，可谓软式网球的极胜期。

昭和三年（1928 年），已分裂的日本软式网球协会和全日本软式庭球联盟

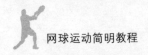

终于达成和解，重新缔结日本软式网球联盟。同年，举办了首届全国大赛、高专锦标赛和全日本中等学校锦标赛。

昭和十年（1935年），日本软式网球联盟的名称改为日本庭球联盟，并发行《"庭球"机关报》，推广软式网球运动。

昭和十四年（1939年），在大日本体育协会（现在的日本体育协会）加盟后，又将名称改为日本软式庭球联盟。

昭和十五年（1940年）于伊势神宫举行大赛，此次有1664位男女选手参与盛会。后来因受到战争愈演愈烈的影响，全国大赛就此画下休止符。

（四）第二次世界大战时期的软式网球

自昭和十三年（1938年）后半期开始，为能充分供应战争所需的军用物资，政府下达"禁用生橡胶"的命令，使得以生橡胶为制造原料的橡胶球的生产受到限制，导致日本国内一球难得的情况。

昭和十七年（1942年），第13届全国软式网球大会以战况激烈为由被取消比赛，《"庭球"机关报》也随之休刊。跟其他运动一样，软式网球也在昭和十八年（1943年）至战争结束期间留下一段空白。

（五）战后至今软式网球的发展概况

昭和二十一年（1946年），在京都举行的第1届国民体育大会上，软式网球被列入其中。

昭和二十二年（1947年），日本参加麦克阿瑟杯锦标赛的优异表现证明软式网球重整旗鼓的成效颇佳。

昭和三十年（1955年）成立亚洲软式庭球联盟；翌年，在中国台湾举行第1届亚洲软式庭球锦标赛对抗赛。参加的国家和地区包括日本、韩国和中国台湾。

昭和四十一年（1966年），《"庭球"机关报》复刊，同时开设指导人员讲习会和裁判研习会，举行多种竞赛，通过电视媒体播映普及软式网球的影片。至此，软式网球在日本又重新蓬勃发展起来。

三、中国软式网球的发展史

1986年4月，软式网球运动进入了中国。当时，日本东京女子体育大学与沈阳体育学院建立了校际关系。作为两所学校之间的交流项目，软式网球被引进中国。1986年下半年，在国家体育委员会有关部门的重视与扶持下，软式网球运动在全国部分体育院校中迅速得到开展。从此，软式网球不仅在我国扎了根，而且在各方面的浇灌下不断地成长、开花、结果。

1987年4月，我国成立了"中国软式网球协会"，原国家体育委员会副主席张彩珍任该协会的主席。在中国软式网球协会的倡导与推动下，软式网球得到了迅速普及，运动技术水平也得到很大的提高。1987年8月2日至25日在昆明海埂训练基地举行了首届全国软式网球邀请赛和中日大学生软式网球对抗赛。参加本届比赛的有北京体育学院、沈阳体育学院、武汉体育学院、成都体育学院、天津体育学院、北京体育师范学院等单位的121名男女运动员。赛会进行了男女团体和男女单项（双打）比赛，并选出优秀运动员联合组成中国大学生代表队与日本大学生队进行了对抗赛。这次比赛交流了技艺，锻炼了队伍，培养了裁判，为我国软式网球运动的进一步发展奠定了基础。

中国软式网球协会决定从1987年开始，以后每年举行一次全国软式网球锦标赛，到1994年共举行了8届。为了增加各队运动员间的球技交流机会，迅速提高运动员的技术水平，从1995年开始又增设了全国青少年软式网球锦标赛和全国软式网球冠军赛两项赛会，这些举措为我国软式网球的进一步发展和软网运动水平的提高创造了良好的条件。

中国软式网球协会为加大促进软式网球的发展力度，还采取了"请进来，走出去"的方法，与各国运动员进行广泛的交流学习。如经常派出教练赴日本受训、聘请日本专家来国内进行讲学、任教。这些活动使我国的教练水平不断提高，运动技术水平不断上升。在第10届世界软式网球锦标赛上，我国男单选手取得了第3名，女单选手取得了冠、亚军的可喜成绩，充分显示了中国软式网球运动的普及度和技术水平的提高，充分证明了软式网球运动和其他运动项目一样，在不久的将来能具备自立于世界先进水平之林的能力。

四、软式网球比赛

软式网球采取由负责发球与地面击球为任务的后卫与负责近网战术任务的前锋所组成的二人双打制。发球区与接球区中央以球网隔开，将球场分成两部分，用球拍打球时需要在发球区与接球区四周的界线内击出不落地球或弹跳一次的球，是一种根据得分与失分决定胜负的球赛。

开赛前以猜拳方式决定发球方与接球方。主审裁判一声"预备"令下，比赛双方各就各"球场"位，由主审裁判点名后开始比赛。

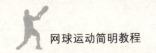

软式网球比赛分为团体赛和单项赛，团体赛共设 5 盘比赛，分别是第 1 盘双打、第 2 盘单打、第 3 盘双打、第 4 盘单打、第 5 盘双打，先赢 3 盘者为胜。单项赛分为单打和双打。单打为 7 局 4 胜制，双打为 9 局 5 胜制。一局的胜负，以先取得 4 分者为胜利，若双方各得 3 分时，以后来连得 2 分者为胜方。

发球与接球于每局胜负决定后互换一次，换场边则于奇数局完了后互换，软式网球虽是前锋与后卫各司其职的比赛，但如果二者有良好的默契能抢得先机，极有可能因彼此天衣无缝的合作而抱得锦标归。

五、软式网球的特色

（1）自日本独创软式网球后，这项运动备受大众青睐，原因之一是这种运动老少皆宜，而且不分性别年龄，人人都能参与。在举办的赛会中，可出现不同年龄的比赛组别在相同竞赛中同时出现，老、中、青选手分别出场的温馨场面，这是其他运动比赛所没有的情形。因此，没有性别与年龄限制，可终身不退休，是软式网球运动的最大特色。

（2）软式网球的爱好者不但要承袭源远流长的传统英人风范，还要注意由日本人创下该项运动时所制定的正确礼仪，合格的球场、比赛时的礼节、应遵守的规则及标准服饰等细节都是其他运动没有的。软式网球除了追求技术的切磋与胜负外，还重视精神和视觉的效果。因此，软式网球的另一大特色就是"提升健全的身体与健全的精神"，也就是实现运动的真谛。

（3）软式网球"跑"与"打"的动作，是人类最基本的动作形式。

软式网球的"跑"的动作，除了"跑"以外，还包括前后左右不同方向和速度的步伐移动，而且从比赛开始到结束，都必须保持正确的动作。为能有效控制球的方向与速度，腕力、重心移动、脚步、腰力、臂力均必须保持平衡，才能达到完美的控球目的。因此，长期从事软式网球运动能有效提高身体素质水平，达到健康的目的。

第二节　短式网球

短式网球是一种缩小网球场地和运动器材比例的儿童网球。它包括网球技战术的全部内容，适合 5 岁起各年龄的儿童参与其中。短式网球是在世界网球运动高速发展时期出现"启蒙小，成才早"发展趋势下产生的一种新型体育运动。它起源于 20 世纪 70 年代后期的瑞典，起先是一种儿童娱乐的游戏，以后经过专家不断改进，逐渐发展成为有专门理论、训练器材、竞赛规程的体育运动。1990 年，国际草地网球协会正式认可并接纳短式网球为发展规则项目。进入 21 世纪后，国际网球联合会在国际范围内推出了"小学短式网球推选计划"，美国职业网球协会也开展了这项运动的宣传活动。目前，短式网球是国际上普遍认可的儿童网球训练方法与手段。

一、短式网球场地标准

短式网球球场占地面积只有正规网球场地的 1/3 大小，其标准场地为长 13.4 米，宽 6.1 米，端线至挡网不少于 4 米，场地之间间隔 2 米。网与中线于中点处垂直，场地呈扁"田"字形。端线后挡网不低于 3.5 米，侧挡网不低于 2 米。网柱高 0.85 米，网长 7 米，球网中央高 0.8 米，网柱之间长 7 米（可用羽毛球网）。场地使用沙土、水泥、木板、沥青、塑胶等材料均可，但表面须平整。（短式网球场地如图 9 - 2 - 1）。

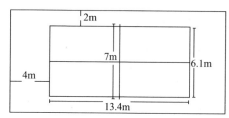
国际草地网协制定的短式球场标准

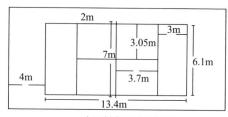
我国制定的球场标准

图 9 - 2 - 1　短式网球场地示意图

短式网球一般在室内或防风条件较好的场地训练。场地可建在透明度好、价格便宜的建筑棚内（屋脊高 8 ~ 10 米，边墙高 2 米）。

二、短式网球训练器材

短式网球球拍与成人网球球拍形状一样，但更为轻小。它的长度一般分为 47 厘米/49 厘米/55 厘米 3 种，重量与长度成正比，在 140 ~ 160 克之间（成人球拍长 70 厘米，重 270 ~ 350 克）。儿童要根据年龄和力量条件选择合适的球拍，选择时掌握宁轻勿重的原则，切忌使用超负荷的球拍或成人球拍参加

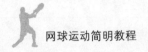
训练。

短式网球的球是用泡沫塑料制成的，直径 7 厘米，重 14.5 ~ 15 克（正规网球直径 6.4 ~ 6.7 厘米，重 57 ~ 59 克），具有良好的弹性和飘飞能力，行进时空气对球的阻力较大，飞行轨迹稳定，落地后前冲力小，便于控制。（球拍与球如图 9 - 2 - 2 所示）

图 9 - 2 - 2　球拍与球示意图

三、短式网球比赛规则

短式网球的比赛规则近似成人网球比赛规则，但计分方法不同。单打、双打和混合双打采用 11 分计分制。每局比分 10∶10 时，须有一方连续胜 2 分才为该局的胜者。根据年龄、性别采取 3 局 2 胜或 5 局 3 胜。

比赛进行时，只可一次落地击球或者凌空击球。第一次发球落网、出界、错区或错区站位、脚误，可进行第二次发球。两次发球失误即失 1 分。第一次发球触网落在有效区域内，可进行第二次发球。发球从右区向左区各完成 1 分发球后，发球权转至对方。对方也从右区发球，再发左区。如此依次轮换进行，直至一局比赛结束。第二局或决胜局比赛的发球顺序按每局比赛结束时的顺序顺延。比赛时允许高手或低手发球。接发球只能一次落地后击球，两次落地或凌空击球均判失分。

比赛时，双方积分至 8 分或 8 分的倍数时，运动员须交换场地继续比赛，原比分有效，发球顺序不变。交换场地或比赛中途，运动员不得休息，只有一局比赛结束后，运动员可休息 90 秒。比赛中，教练员只有在每局比赛结束时允许有 90 秒指导时间。

双打与单打发球顺序规则顺序一致，每人限定 2 分发球权，发球者按站位由右至左轮换。一方发球结束后，不许中途调换站位。比赛积分至 8 分或 8 分的倍数时，双方交换场地继续比赛，其余要求与单打相同。

比赛进行中，活动碰及场内一切设置物均判击球者失分。

第三节　轮椅网球

残奥会轮椅网球运动员必须有医学诊断的永久性运动功能残疾，一般由四肢瘫痪、下肢残疾且上肢截肢的运动员组成，比赛中不同残疾程度的运动员将共同进行比赛，运动员必须坐在轮椅上进行比赛。

一、历史沿革及发展历史

残奥会是现代社会和残疾人体育运动发展到一定阶段的产物，是社会文明程度的一个标志。国际奥委会十分重视和支持残奥会。第二次世界大战期间，由于当时伤病员多而医疗条件差，英国斯托克·曼德维尔脊髓损伤轮椅网球亚残运现场中心主任格特曼博士提出了以运动方式协助手术治疗脊髓损伤的设想，创立了残疾人恢复中心。1948 年，这个中心首次组织了 16 名男女残疾人乘轮椅进行了射箭比赛。1952 年，由于荷兰残疾人射箭队的加入，斯托克·曼德维尔运动会成为一个国际性的残疾人运动会。同年由格特曼博士倡导，成立了国际野外轮椅竞赛联盟（ISMGF）。1960 年，成功地举办了第 17 届奥运会的意大利人在罗马组织了首届世界残疾人运动会，为世界残疾人体育竞赛仿效奥运会的模式开了先河。此后，夏季奥运会的举办国一般也举办世界残疾人运动会。1989 年，国际残疾人奥林匹克委员会宣告成立，承担起举办残疾人奥运会的责任。此外，它也是组织各种有残疾人体育项目的运动会及国际残疾人锦标赛的唯一的世界性组织。从此，国际残疾人体育运动与奥林匹克五环旗有了更密切的关系，更加兴旺地发展起来。

轮椅网球运动于 1976 年由美国人发起。1988 年成立国际轮椅网球联合会（IWTF）。1998 年 1 月 1 日，IWTF 完全并入国际网球联合会，成为首个世界级别的残疾人体育组织。1988 年第 8 届韩国汉城残奥会上轮椅网球首次成为表演项目，1992 年第 9 届巴塞罗那残奥会正式成为比赛项目。残奥会轮椅网球比赛一般在 2 名或 4 名下肢丧失运动能力的运动员之间进行，四肢瘫痪、下肢残疾且上肢截肢的运动员也可参加。

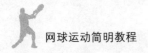

二、比赛场地

国际网联颁布的《网球规则》中规定，一片标准网球场地的占地面积不小于 36.58 米（长）×18.29 米（宽），这个尺寸也是一片标准网球场地四周的围挡网或室内建筑内墙面的净尺寸。在这个面积内，有效双打场地的标准尺寸是：23.77 米（长）×10.97 米（宽），在每条端线、边线后应留有余地，端线不小于 6.40 米，边线不少于 3.66 米。在球场安装网柱，两个网柱间距离是 12.80 米。网柱顶端距地平面是 1.07 米，球网中心上沿距地平面是 0.914 米。如果是两片或两片以上相邻而建的并行网球场地，相邻场地的边线之间距离不小于 7.32 米。如果是室内网球场，端线 6.40 米以外上空净高不小于 6.40 米，室内屋顶在球网上空的净高不小于 11.50 米。

注意事项：（1）日照问题。为了避免日光炫目，室外网球场走向多为南北走向，如果周围有建筑物遮蔽，可另当别论。

（2）降雨排水问题。为了保证在最短时间内恢复场地的正常使用，国际网联规定，室外场地的散水坡为横向，坡度不大于 8‰。室外网球场地的四周围挡网高度一般在 4~6 米之间，视球场周围环境与建筑物高度也可适量增减。需要安装照明灯光的网球场，除室内屋顶灯具分布外，室外球场上空和端线两侧不应设置灯具。室外球场灯具应设置在两侧围挡网距地面高 7.60 米以上的位置，灯光从球场两侧向场地均匀照射。每片网球场照明灯光的平均亮度应当在 600 勒克斯以上。残奥会要求在 1500 勒克斯以上。

三、球拍与球

球拍一般由木质、合成材料（石墨、碳素、钛金）制造。

球的颜色为白色或黄色，外表毛质均匀，接缝没有缝线。球的重量为 56.7~58.5 克。指定的网球类型不止一种。

四、运动员的分级

（一）导致双上肢的功能障碍标准

（1）神经损伤水平在颈 8 及伴随运动功能的丧失；

（2）上肢截肢；

（3）上肢短肢畸形；

（4）上肢的肌肉病变；

（5）类似上述 4 项的残疾。

（二）导致双下肢的功能障碍标准

（1）神经损伤在骶 1 水平面，并伴有运动功能丧失；

（2）下肢截肢；

（3）下肢短肢畸形；

（4）下肢肌肉病变；

（5）类似上述 4 项的残疾。

（三）至少符合一项的标准

（1）不能连续协调地完成在头上方接击球的动作；

（2）不能连续协调地完成前后击球动作；

（3）不能用手动方法驱动轮椅；

（4）比赛的过程中不用捆绑或辅助装置持球拍时其能力较弱。

五、竞赛规则要点

（一）规则简介

比赛开始前，主裁判员用掷钱币方法进行选择，得胜者有权选择发球权或有权选择场地。选择发球或接发球者，应让对方选择场区；选择场地者，应让对方选择发球或接发球，还可以要求对方做出上述中的一个选择。

残奥会轮椅网球项目规则与奥运会网球规则基本相同。比赛过程中，运动员不得接受教练员的指导。轮椅网球比赛除了以下几项特别规定外，与国际网球联合会制定的网球规则完全相同。

（二）详细介绍

1. 两跳原则

轮椅网球运动员在比赛时允许球落地两次。运动员必须在球第三次落地前回击。第二次落地可以在界内也可以在界外。

2. 轮椅

轮椅被认为是身体的一部分，所有涉及有关运动员身体的规则对于轮椅都适用。比赛用轮椅比日常生活轮椅要轻巧，由座椅、搁脚板、前小脚板、后防翻装置、后轮胎等部件组成。

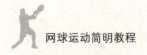
3. 发球

发球要按照下面的方式进行。在开始发球前要马上做好准备，发球员要处在一个固定的位置。在击球前允许发球员向前推一下轮椅。在整个发球过程中，发球员轮椅的轮子不能触到除了中心标记的假定延长线和边线之间以及端线后面围成的区域以外的其他区域。

如果一名四肢瘫痪的运动员不能用常规的发球方法发球，可以由另外一个人来为该运动员抛球。但是，每次发球都要采用同样的方式，并应由分级医生在分级卡上注明。

4. 失分

一名运动员在以下情况会被判定失分：

在球第三次落地前不能将球回击；

在活球期内，运动员在发球、击球、转向、停轮椅或反向转轮时，使用脚或下肢的任何部分来制动或保持平衡；三肢截肢者除外。在击球时，运动员没有保持一侧的臀部与轮椅座相接触。

5. 用脚推进轮椅

如果一名运动员不具备通过车轮驱动轮椅的能力，他可以用一只脚来驱动轮椅。即使在上面规则的情况下，一名运动员被允许使用一只脚来驱动轮椅，在移动向前的动作中，从开始发球的动作到球拍击到球时，这只脚的其他部位也不可以接触地面。如果一名运动员违反了上述规则即失分。

注：对下肢体的解释为，下肢，包括臀部、髋部、大腿、小腿、踝和脚。

6. 服装

要求运动员身着标准网球运动装。

7. 场地保护

保护场地不受破坏是运动员应该遵守的行为准则，以下部件有可能破坏场地，必须进行检查：轮椅搁脚板、轮椅前小脚轮、轮椅后部防翻装置和轮椅轮胎。

8. 修理设备的时间限制

裁判长、主裁判员均有权决定暂停比赛。

如果因运动员服装、轮椅或用具（包括球拍）出现损坏使之不能或不便继续比赛，可以暂停比赛进行修理和调整。

　　处理：如果这种现象是在运动员无法控制的情况下发生的，则允许暂停比赛进行处理。主要负责官员应判定是否合适，决定暂停时间（轮椅修理从暂停开始算起不得超过 20 分钟）。

附录1

初级网球社会体育指导员考核鉴定指导手册

第一部分：考核内容

网球技能考核结构表				
基本技术 50%	底线技术	底线正反手技术	正反手直线 正反手斜线	20 个定点球 正反手各 10 个	达标、技评
	网前技术	正反手截击技术	正手截击球 反手截击球	10 个定点球 正反手各 5 个	达标、技评
	高压球技术	高压球技术	高压球	10 个定点球	达标、技评
	发球技术	发球技术	内角上旋 外角平击	10 个球 底线左右区各发 5 个球	达标、技评
指导能力 50%	咨询	接待	观球礼仪	口试	5%
		介绍与解答	略	口试	15%
	技术指导	技术讲解与授课	讲授底线正手击球基本技术 讲授网前截击基本技术 讲授底线削球基本技术	抽签任选一项 实操 分组进行	45%
	健身指导	指导健身活动	指导网球专项/一般力量练习 指导网球专项/一般速度练习 指导网球专项/一般柔韧性练习	抽签任选一项 实操 分组进行	35%

说明：初级网球技能考核内容分为两大部分，第一部分是考生网球技术的考核；第二部分是包括咨询、技术指导、健身指导三块内容在一起的技能考核。两部分合计 100 分，其中第一部分比重为 50%，第二部分比重为 50%。

第二部分：试题与评分标准

一、网球技术考核

考试内容 \ 级别		初级	
		达标（60分）	技评（40分）
底线技术	正手	10	7
	反手	10	7
网前技术	正手截击	10	7
	反手截击	10	7
高压球		10	6
发球		10	6

考试说明：

（1）考试场地：网球场；

（2）考试形式：统一由发球机送球（或由考评员等专业人员喂球）；

（3）技术考试的评分方法分为达标和技评，即在达标考试的同时，考评员对考生进行技术评定，最后的总得分为两者之和×40%。

备注：

达标分值的计算：达标分值 = 成功率×该鉴定点分值

例如，在初级技术考试中，某考生底线正手的成功率是80%，则该生的达标分值计算如下：

达标分 =80%（成功率）×分值10分 =8分。

技术考核内容与评分标准

（一）底线正反手技术

考试要求：

（1）由发球机给每位考生送20个定点球，正反手各10个。具体方法：发球机分别在左右区交替送球，先送右区球，再送左区球。

（2）考试前，考生站在底线中点做准备，每位考生先完成正反手直线击球各5个，再击正反手斜线球各5个（以右手持拍为例），要求正反手交替进行。

（3）有效区域：将发球线、底线与两条单打边线组成的区域纵向平分为A、B两区。以右手持拍为例，正手直线必须落在B区；反手直线落在A区；

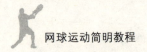

正手斜线落在 A 区；反手斜线落在 B 区。如下图所示，灰色区域为有效区。

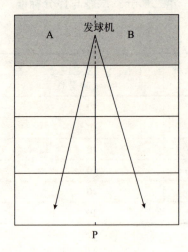

P：考生的准备位置；

→：发球机的发球线路。

技评配分与评分标准：（正、反手各一个评分表）

序号	考核内容	考核要点	配分	评分标准					得分
				非常好	较好	一般	较差	非常差	
1	技术的合理性	动作完整性 引拍动作 击球动作 随挥动作	1.4						
2	动作的熟练性	动作流畅性 动作稳定性	1.4						
3	身体的协调性	击球时机 发力顺序	1.4						
4	击球的实效性	击球的旋转 击球的速度 击球的深度	1.4						
5	步法	步法的准确性 步法的灵活性	1.4						
	合计		7						

否定项：若考生无故拖延考试时间，则被视为考试终止，考生该试题成绩记为零分。

备注：考核要点为每一个考核内容的参考要素，只给每一个考核内容进行五级评分，评分细则如下：
非常好 = 1.4 分；较好 = 1.12 分；一般 = 0.84 分；较差 = 0.56 分；非常差 = 0.28 分。

（二）正反手截击技术

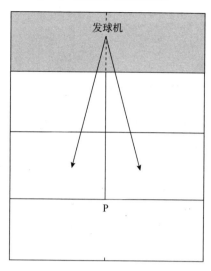

考试要求：

（1）发球机给每位考生送 10 个定点球，正反手各 5 个。具体方法：发球机分别在左右区交替送球，先送右区球，再送左区球。

（2）考试前，考生站在发球线中点做准备，每位考生先从正手截击球开始，然后是反手截击，正反手截击交替进行。

（3）有效区域：发球线、底线与两条单打边线组成的区域。如左图所示，灰色区域为有效区。

P：考生的准备位置；

→：发球机的发球线路。

技评配分与评分标准：（正、反手截击各一个评分表）

序号	考核内容	考核要点	配分	评分标准					得分
				非常好	较好	一般	较差	非常差	
1	技术的合理性	动作完整性 引拍动作 击球动作 随挥动作	1.4						
2	动作的熟练性	动作流畅性 动作稳定性	1.4						
3	身体的协调性	击球时机 发力顺序	1.4						
4	击球的实效性	击球的旋转 击球的速度 击球的深度	1.4						
5	步法	步法的准确性 步法的灵活性	1.4						
合计			7						

否定项：若考生无故拖延考试时间，则被视为考试终止，考生该试题成绩记为零分。

备注：考核要点为每一个考核内容的参考要素，只给每一个考核内容进行五级评分，评分细则如下：
非常好＝1.4 分；较好＝1.12 分；一般＝0.84 分；较差＝0.56 分；非常差＝0.28 分。

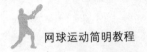

（三）高压球技术

考试要求：

（1）发球机给每位考生送 10 个定点球。

（2）考试前，考生站在发球线中点做准备。

（3）有效区域：单打界内。如下图，有效区为灰色的区域。

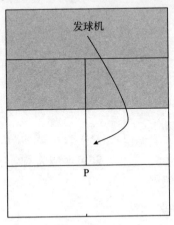

P：考生的准备位置；

→：发球机的发球线路。

技评配分与评分标准：

序号	考核内容	考核要点	配分	评分标准					得分
				非常好	较好	一般	较差	非常差	
1	技术的合理性	动作完整性 引拍动作 击球动作 随挥动作	1.2						
2	动作的熟练性	动作流畅性 动作稳定性	1.2						
3	身体的协调性	击球时机 发力顺序	1.2						
4	击球的实效性	击球的旋转 击球的速度 击球的深度	1.2						

续表

序号	考核内容	考核要点	配分	评分标准					得分
				非常好	较好	一般	较差	非常差	
5	步法	步法的准确性 步法的灵活性	1.2						
	合计		6						

否定项：若考生无故拖延考试时间，则被视为考试终止，考生该试题成绩记为零分。

备注：考核要点为每一个考核内容的参考要素，只给每一个考核内容进行五级评分，评分细则如下：
非常好=1.2分；较好=0.96分；一般=0.72分；较差=0.48分；非常差=0.24分。

（四）发球技术

考试要求：

（1）考生在底线左右区各发10个球，在正确的发球动作基础上，发入有效区域。（发球的速度、类型无要求）

（2）有效区域：发球区内。先在右区发球，将球发入A区；站在左区发球，发入B区。如左图所示，灰色区域为有效区域。

技评配分与评分标准：

序号	考核内容	考核要点	配分	评分标准					得分
				非常好	较好	一般	较差	非常差	
1	技术的 合理性	动作完整性 引拍动作 击球动作 随挥动作	1.2						
2	动作的 熟练性	动作流畅性 动作稳定性	1.2						

续表

序号	考核内容	考核要点	配分	评分标准	得分
				非常好　较好　一般　较差　非常差	
3	身体的协调性	击球时机发力顺序	1.2		
4	击球的实效性	击球的旋转击球的速度击球的深度	1.2		
5	步法	步法的准确性步法的灵活性	1.2		
	合计		6		

否定项：若考生无故拖延考试时间，则被视为考试终止，考生该试题成绩记为零分。

备注：考核要点为每一个考核内容的参考要素，只给每一个考核内容进行五级评分，评分细则如下：

非常好 = 1.2 分；较好 = 0.96 分；一般 = 0.72 分；较差 = 0.48 分；非常差 = 0.24 分。

二、指导能力考核

鉴定范围　　　　　　　　　　　鉴定要求		咨询		技术指导	健身指导	总计
		接待	介绍与解答	授课	指导提高练习者身体素质	
初级	选考方式	必考	任选一项	必考	任选一项	4 项
	鉴定比重（%）	5	15	45	35	100
	考试时间（分钟）	5	5	25	10	45
	考核形式	口试	口试	实操	实操/口试	—

（一）网球比赛的观球礼仪（5 分）

配分与评分标准：

序号	考核内容	考核要点	配分	评分标准	扣分	得分
1	态度	自然、亲切、热情	2	态度冷淡、不热情，扣至 2 分		
2	基本概念	对所答问题的基本概念理解正确	1	基本概念不清楚或不正确，扣至 1 分		

续表

序号	考核内容	考核要点	配分	评分标准	扣分	得分
3	知识运用	能够运用所学知识综合讲解，回答问题	1	不能有效地运用所学知识分析问题，扣至1分		
4	叙述	清楚，有逻辑性，易于理解	1	叙述不清楚，扣至1分		
	合计		5			

（二）介绍与解答（15分）

有关网球运动的发展概况。题目略。

配分与评分标准：

序号	考核内容	考核要点	配分	评分标准	扣分	得分
1	态度	自然、亲切、热情	3	态度冷淡、不热情，扣至3分		
2	基本概念	对所答问题的基本概念理解正确	4	基本概念不清楚，扣至2分。基本概念不正确，扣至2分。		
3	知识运用	能够运用所学知识综合讲解，回答问题	4	不能有效地运用所学知识分析问题，扣至2分		
4	叙述	清楚，有逻辑性，易于理解	4	叙述不清楚，扣至2分。叙述无逻辑，扣至2分		
	合计		15			

（三）技术指导（45分）

题目略。

配分与评分标准：

序号	考核内容	考核要点	配分	评分标准	扣分	得分
1	课程组合的完整性	整备活动部分 讲解部分 练习部分 纠正部分 整理活动部分	10	每少一个部分扣2分，直至扣完		
2	课程组合的逻辑性	课程的流程	3	课程组合的顺序不正确，扣至3分		

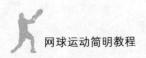

序号	考核内容	考核要点	配分	评分标准	扣分	得分
3	示范动作的正确性	动作技术 身体姿态	4	技术不正确，扣至2分 身体姿态不正确，扣至2分		
4	示范动作的合理性	示范的位置 示范的速度	4	示范的位置不正确，扣至2分 示范动作不清楚，扣至2分		
5	示范面	镜面示范	3	不能正确运用镜面示范，扣至3分		
6	讲解	清晰度 简明度	4	讲解不清晰，扣至2分 讲解不简明，扣至2分		
7	教学方法	教学方法应用	5	能正确运用1～2种教学方法，酌情给至5分		
8	练习方法	徒手练习 对镜练习	4	不能正确运用徒手练习，扣至2分 不能征求运用对镜练习，扣至2分		
9	场地的利用	安全性 高效性	4	不能确保学员安全，扣至2分 不能提高场地利用率，扣至2分		
10	观察与纠正	观察能力 纠正方法	4	不能准确指出错误动作，扣至2分 不能运用正确方法纠正，扣至2分		
合计			45			

（四）身体素质练习（35分）

题目略。

（1）准备要求：

序号	名称	规格	单位	数量	备注
1	网球场	标准场地	块	2～4	根据考生人数决定
2	球		个	若干	
3	健身器械		个	若干	根据场地数量决定
4	桌椅		套	2～4	
5	急救药箱		个	2～4	需有医护人员

（2）配分与评分标准：

序号	考核内容	考核要点	配分	评分标准	扣分	得分
1	示范动作的正确性	示范动作	2	示范动作不正确，扣至2分		
2	示范动作的合理性	示范的位置	1	示范的位置不正确，扣至1分		
3	讲解	清晰度 简明度	2	讲解不清晰，扣至1分 讲解不简明，扣至1分		
4	练习	练习方法	1	不能正确运用练习方法，扣至1分		
5	观察与纠正	观察能力 纠正方法	4	不能准确指出错误动作，扣至2分 不能运用正确方法纠正，扣至2分		
	合计		10			

附录2

NTRP 网球水平等级标准

NTRP 分级体系即国家网球分级体系（National Tennis Rating Program），它创立于 1978 年，是美国网球联盟专门为参赛选手设定的一个球员水平分级系统，旨在帮助不同水平的选手确定自己的水平，为以后接受培训、寻找陪练、参加比赛等提供便利。如何使用 NTRP？首先应详细阅读 NTRP 各个级别选手的技术特征，并寻找到一个最适合自己当前水准的级别，在以后的比赛中就可以找与自己实力相当或略高于自己水平的选手进行较量，便于提高自我。另外，各个俱乐部的教练经常会针对不同级别的选手提出一些建议，只有确认了自己的水平后，才可能为自己更好地学习适合自己水平的技术提供帮助。

1.0 正手：初学者（包括第一次打网球的人）。

1.5 正手：打球时间不长，还只顾得上把球来回打起来。

2.0 正手：挥拍动作不完整，不容易控制击球方向。反手：不愿意用反手接球，偶尔接一下也感觉没有把握。发球/接发球：发球动作不完整，抛球不稳定，经常双误；接发球容易失误。网前：还没有主动上网的意识，不会用反手截击，网前脚步跟不上。

特征：虽然正、反手都有明显弱点，但已初步了解单、双打中的基本站位。

2.5 正手：动作有所改进，开始能够慢节奏对攻。反手：握拍还有问题，击球准备不够早，喜欢用正手去接本该反手接的球。发球/接发球：挥拍动作趋于完整，可以发出速度慢的好球，抛球仍不稳定；能接好速度不快的发球。网前：网前感到不舒服，尤其是反手截击，经常用正手拍面打反手位截击。

特征：与水平相当的人能打出几个回合的慢速对攻，但还难以覆盖整个场地。能主动挑高球，但还不能控制球的高度和深度；能打到过顶球，但对能否打好没有把握。双打还不会调整站位。

3.0 正手：有较好的稳定性，也基本能控制方向，但还缺乏击球深度。反手：能提早准备，可以打出比较稳定的中速球。发球/接发球：开始掌握发球的节奏感，但大力发球时稳定性差，第二发球明显慢于第一发球；接发球比较稳定。网前：正手截击已经比较稳定，反手差一些，对低球和远身球还不适应。

　　特征：已经能打出比较稳定的中速球，但并不是每一拍都很舒服。在控制击球的深度和力量时还显得力不从心。能挑出比较稳定的高球。双打中与同伴的战位组合基本上是一前一后，上网还不积极，网前攻击力也不强。

　　3.5 正手：能打出稳定而有变化的中速球，能很好地控制击球方向，上旋球水平提高。反手：回中速球时能控制方向，但还处理不好高球、快球。发球/接发球：开始能控制落点并加力，也能发出上旋球；能稳定地接中速发球并控制回球方向。网前：上网更积极，步伐正确，能截击部分远身球；正手截击稳定，反手还不理想；接对方的截击球还有困难。

　　特征：对中速球的方向控制已经不错，但击球的深度和变化还不够。能在跑动中稳定地回击过顶球，开始能随球上网、放小球和打反弹球。第二发球基本能控制落点。双打中网前更积极，对场地的覆盖和与同伴的配合能力也在提高。

　　4.0 正手：击球已经有相当的把握，回击中速球有深度，能对付难接的球。反手：能稳定地回击中速球，能加上旋，也有深度。发球/接发球：第一发球和第二发球都能控制落点，第一发球力量大，能带旋转发球；接发球稳定，极少出现主动失误；单打接发球有深度，双打接发球能根据需要而变化。网前：正手截击能够控制并有深度，反手截击有方向但缺乏深度，学会截击远身球和低网球。

　　特征：已能打出有把握的中速正、反手边线球，也能控制击球的深度和方向。能够抓住机会或对手的弱点打出得分球。已经会使用挑高球、放小球和截击技术，而且其中有些球能够得分。发球偶尔也能直接得分。在多拍拉锯对攻中，可能会因为不够耐心而丢分。双打中能抢网，随球上网，也明显能够与同伴配合。水平达到这一级别的球员，在目前（中国）国内的业余网球赛中一般都能拿名次。

　　4.5 正手：非常有把握，能充分使用速度和旋转，有良好的深度控制，回击中速球有攻击力。反手：能控制方向和深度，但在受迫时会失误，回击中速球能加力。发球/接发球：发球有攻击力，能同时运用力量和旋转；第二发球能发到预期的位置，极少出现失误。能接好对手的大力发球，能抓住对方第二

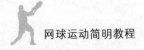

发球的机会，打出有深度和落点的回球。网前：能连续截击对方的回球，步伐到位，反手截击能控制方向和深度，网前的力量使用能轻重结合。常犯错误还是拉拍动作过大。

特征：能有意识地在打出有攻击力的落点球（如对方反手位）后随球上网，并靠连续的截击或高压球得分。击球速度加快，能避开自身弱点，但在处理难接的球时往往过于发力。比赛中能打出各种变化的球，开始针对不同对手来调整每盘的节奏；双打中网前能提早判断，回球更具进攻力，开始控制比赛节奏。

5.0 正手：在大力击球时能控制方向、深度和旋转，落点准确，能利用正手取得进攻优势，也能根据需要打出轻球。反手：能打出稳定的进攻球，多数情况下能控制好方向和深度，并有不同的旋转。发球/接发球：能发到对方的弱点位置上，为进攻取得优势；能有把握地变化发球；第二发球能利用深度、旋转和落点使对手回球软，为自己下一拍做准备；接发球能控制好深度和旋转，并能根据情况选择大力进攻或减速。网前：截击有深度、速度和方向，难截的球也能打出深度；能抓住机会靠截击得分。

特征：球员对来球能做出很好的提前判断，在比赛的关键球上经常有出色的表现并能拿下关键分。能够稳定地打出得分球，能救起小球和化解对方的截击球，也能成功地挑高球、放小球、打反弹球和高压球。能根据对手情况变化战术，双打中与同伴配合默契。随着经验的增加，不像4.5级球员那样容易败给自己；与5.5级的选手相比，输球更多是由于心理因素或体力原因。

5.5 正手：力量和稳定性（或二者之一）已经成为该级别选手的主要武器。能根据对手的抛球、站位、拉拍等动作进行判断，为自己下一拍进攻提前准备。在激烈的比赛中能变化战术和风格，在紧急关头能打出有把握的球。

6.0 正手：这一级别的选手一般在高中、大学期间就为参加国内（指美国）比赛而接受过强化训练，并在选拔赛或全国（指美国）比赛中拿过名次。

7.0 特征：这已是国际级别的选手，他们参加国际大赛并以比赛奖金为收入来源。

附录3

网球常用词汇中英文对照

一、场地器械用语

网球场：tennis court
网柱：net – post
底线：base line
单打边线：singles side line
发球线：service line
中点：centre mark
左发球区：the left service court
中心拉带：strap
中场：mid court
草地球场：grass court
红土球场：red clay court
比赛场：match court
双打球场：doubles court
塑胶球场：synthetic court
水泥球场：concrete court
挡网：back and side stops
发球器：ball machines
网球：ball
推水器：court squeegee
球夹：ball clip
网球拍：racket
拍面：racket face
中拍面：midsize

球网：net
单打支柱：singles stick
边线：side line
双打边线：doubles side line
发球区：service court
发球中线：centre service line
右发球区：the right service court
看台：stand
硬地球场：hard court
土地球场：clay court
练习场：practice court
单打球场：singles court
固定物：permanent fixtures
沥青球场：asphalt court
毯式球场：carpet court
记分牌：scoreboard
网球墙：tennis wall
穿弦机：tennis stringer
避震器：vibration dampening device
缠把：grip
拍颈：throat
大拍面：oversize
拍柄：handle

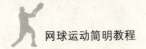

拍柄粗细：grip size

甜点：sweet spot

网球鞋：tennis shoes

网球帽：cap

网球裙：skirt

拍弦：string

拍框：frame

拍弦的磅数：tension

力量级别：power level

击球类型：stroke style

旋转速度：swing speed

硬度：stiffness

控制：control

平衡点：balance

拍弦类型：string pattern

横穿弦：crosses

竖穿弦：mains

拍头尺寸：head size

球拍长度：length

拍框厚度：construction

材料构成：composition

碳纤维：graphite

玻璃纤维：fiberglass

钛金属：titanium

二、技术用语

握拍法：grip

东方式握拍：eastern grip

西方式握拍：western grip

大陆式握拍：continental grip

正手击球：fore hand

反手击球：back hand

正手挥拍：forehand swings

单手反手击球：one – hander backhand

反手挥拍：backhand swings

双手反手击球：two – hander backhand

环状引拍：circular backswing

直线引拍：flat backswing

平击球：flat

抽球：drive

上旋球：top spin

下旋球：back spin

发球：service or serve

抛球：ball toss

炮弹式发球：cannon ball

第一发球：first serve

第二发球：second serve

截击：volley

正手截击：forehand volley

反手截击：backhand volley

高压球：overhead smash

挑高球：deferssive lab

接发球：received

正手削球：slice forehand

反手削球：slice backhand

正手上旋球：forehand top spin

正手平击球：forehand flat

正手下旋球：forehand back spin

反手上旋球：backhand top spin

反手平击球：backhand flat

反手下旋球：backhand back spin　　放小球：drop shot

直线球：down the line shot　　斜线球：crosscourt shot

击球点：contact point　　长球：long ball

深球：deep ball　　击落地球：ground stroke

击反弹球：half volley　　进攻：attack

落点：placement　　攻击球：forcing shot

开放式站位：open stance　　关闭式站位：closed stance

随挥：finish　　步法：foot work

转体：nip rotation　　拍面角度：vertical face

上网型球员：net player　　底线型球员：base - line player

三、国际网球组织和赛事用语

国际网球联合会：International Tennis Federation （ITF）

国际男子职业网球协会：Association Tennis Professional （ATP）

国际女子职业网球协会：Women's Tennis Association （WTA）

温布尔登大赛：Wimbledon

美国公开赛：U. S. Open

法国公开赛：French Open

澳洲公开赛：Austria Open

戴维斯杯：Davis Cup

联合会杯：Federation Cup

霍普曼杯：Hopman Cup

超九赛：Super 9

大满贯：Grand Slam

锦标赛：Championship

四、比赛和裁判用语

脚误：foot fault　　犯规：fault shot

发球直接得分：ace　　发球失误：fault

双误：double fault　　重发：let

擦网：net　　重赛：replay

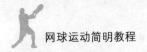

发球无效：the let in service　　活球期：ball in play

失分：to lose point　　得分：to win point

压线球：ball falls on line　　出界：out

没看见：unsighted　　手势：hands signal

摔球拍：abuse of racquet　　警告：warning

罚分：point penalty　　两跳：not up

意外干扰：invasion　　休息时间：rest period

身体触网：body touch　　更换新球：ball change

挑边：toss　　单局数：an add number of game

双局数：an even number of game　　准备练习：warm – up

分：point　　局：game

盘：set　　局点：game point

盘点：set point　　赛点：match point

破发点：break point　　0 分：love

15 分：fifteen　　30 分：thirty

40 分：forty　　15 平：fifteen all

平分：deuce　　占先：advantage

发球占先：advantage server　　接发球占先：advantage receiver

单打：singles　　双打：doubles

混双：mixed doubles　　交换发球：change service

交换场地：change sides　　三盘两胜：the best of three

五盘三胜：the best of five　　预赛：qualifying matches

第一轮：the first round　　四分之一决赛：quarterfinals

半决赛：semifinals　　决赛：final

平局决胜制：tie break　　长盘制：advantage set

抢 7 局：tie – break　　外卡：wild card（WC）

种子选手：seeded players　　正选选手：main draw players

轮空：bye　　比赛开始前弃权：withdraw

比赛中弃权：retired（RET）　　准备：ready

比赛开始：play ball　　名次：ranking

主裁判：chair umpire　　司网裁判：net – cord judge

司线员：linesmen

球童：ball boy（ball kids）

脚误裁判：foot fault judge

单打比赛：the singles game（men's，women's）

双打比赛：the doubles game

挑战赛：challenger

希望赛：futures

邀请赛：invitational match

卫星赛：satellite

元老赛：veterans´match

青少年赛：junior match

表演赛：exhibition

公开赛：open

友谊赛：friendly match

资格赛：qualifying competition

正选赛：main draw match

外围赛：qualifier match

国际排名：international ranking

国内排名：national ranking

赛制：tournament systems

循环赛制：singles round robin

淘汰制：elimination system

参考文献

[1] 柳景华. 网球快速入门与提高［M］. 武汉：湖北科学技术出版社，2008.

[2] 纽力书. 教你网球［M］. 长沙：湖南科学技术出版社，2010.

[3] 唐小林. 网球运动教学与训练［M］. 北京：人民体育出版社，2009.

[4] 白波. 跟我学网球［M］. 成都：成都时代出版社，2009.

[5] 李海. 网球入门教程［M］. 北京：人民体育出版社，2007.

[6] 穆瑞杰. 网球运动［M］. 西安：西安地图出版社，2007.

[7] 宋强. 网球全能技术图解［M］. 北京：北京体育大学出版社，2003.

[8] 孙卫星. 现代网球技术教学法［M］. 北京：北京体育大学出版社，2007.

[9] 陶志翔. 网球运动教程［M］. 北京：高等教育出版社，2003.

[10] 杨宁. 网球底线技术图解［M］. 北京：北京体育大学出版社，2003.

[11] 殷剑巍. 网球技战术教程［M］. 合肥：安徽科学技术出版社，2008.

[12] 张林中. 网球运动［M］. 哈尔滨：哈尔滨地图出版社，2009.

[13] 章朝晖. 网球学练问答［M］. 北京：北京体育大学出版社，2003.

[14] 钟振新. 网球实战技巧：技战术图解［M］. 北京：北京体育大学出版社，2003.